リーガルテック活用の最前線

AI・IT技術が法務を変える

編著 （株）FRONTEO　著 弁護士ドットコム（株）・弁護士 櫻庭信之

ぎょうせい

はしがき

まだ「リーガルテック」という言葉が使われていなかった17年前、「国際訴訟の場において、不慣れであるがゆえに苦戦を強いられる日本企業に、対等に戦える術を提供したい」、FRONTEOはファウンダーである守本正宏のこの想いから出発しています。そして、ここで言う「戦える術」とは、ひとえにITのことを指します。リーガル分野でのITの活用は、情報を収集・管理するためのものから、ビッグデータ化という環境の変化を経て、人工知能（AI）により、情報の発見や判断などの従来は人間が担ってきた領域についても、効率化や品質向上の術を提供できるようになってきています。

実際、ここ5年でAI活用の状況は大きく変わりました。以前はAIを使うこと自体が挑戦でしたが、現在はAIの活用自体は、より当たり前のこととらえられるようになってきました。また、活用領域も広がっています。われわれの例でも、AIがその判断を学びサポートするエキスパートたちは、弁護士や警察捜査員から始まり、ベテランの内部監査担当者、知財担当者、コンプライアンス担当者へと職種を広げ、業種も、金融や医療・創薬等さまざまな領域へと広がっています。文書を読んでリーガルにかかわるさまざまな判断をするという行為が、発達したAI――自然言語処理によって、大量なデータに対してなされるようになり、その副産物として、判断自体もAIにより、もっと正確で高品質なものとなっているのです。

本書では、フォレンジック、知財、金融、広告審査、MR日報解析などに例をとり、AIをとりまく最新の事情とAI活用方法を解説します。また、すでに「AIを活用することでどのような成果をあげるか」という段階に進んでいる企業に取材をし、実践事例を紹介します。さらに、第6章では弁護士ドットコムクラウドサイン事業本部リーガルデザインチームの橋詰卓司氏に日本における契約業務にかかわるテクノロジー発展の歴史と障壁について、第8章ではシティユーワ法律事務所弁護士の櫻庭信之氏にデジタル紛争に弁護士がかかわる事案におけるポイントについて、論じていただきます。

本書の作成にあたり、金融庁総合政策局総合政策課課長補佐 下田顕寛様、横浜銀行デジタル戦略部戦略企画グループ主任調査役 新川直敬様、SMBC日興証券ITイノベーション推進室兼経営企画部室長 中村哲也様（本書出現順）には、ひとかたならぬご尽力をいただきました。あらためてここにお礼申し上げます。

本書が、これからAIを活用したいとお考えの企業の法務部・知財部・DX関連部門、弁護士の方々のお力になれば幸いです。

2020年10月

株式会社FRONTEO

取締役CTO

行動情報科学研究所所長

武田 秀樹

凡　例

1　裁判例

裁判例等を示す場合、「判決」⇒「判」、「決定」⇒「決」と略した。また、裁判所等の表示については、次に掲げる略語を用いた。

最	最高裁判所
○○高	○○高等裁判所
○○地	○○地方裁判所

2　判例集・雑誌等出典略語

判時	判例時報
判タ	判例タイムズ
裁判集民	最高裁判所裁判集民事

目　次

第3章　大規模調査とAIの活用

第4章　知財調査における AI の活用

第5章　規制対応
――金融・広告・製薬分野でのAI活用事例

第６章　契約業務

第7章　米国でのリーガルテック最新事情——インタビューを中心に

第8章　弁護士にかかわるデジタル調査

図表目次

第1章
リーガルテックとは

本章では、X-Tech（クロステックまたはエックステック）の発展、リーガルテックの歴史、現状のソリューションおよび傾向について論を進めていく。

Ⅰ　X-Techの発展

2000年代後半より、IT技術を活用して業務のデジタル化を行うプラットフォームサービスが出現した。これらは総称して「X-Tech」とよばれている。国内では2016年以降、金融サービスを提供するベンチャー企業や大手金融機関の取組みが注目を集めたことをきっかけに、X-Techの金融版となるFintech（フィンテック）が先行して知名度を高めた。その後も、タブレットや人工知能（以下、本書において「AI」という）を活用した学習を可能にしたEdTech（エドテック）、気温や土壌等の計測にセンサー技術を用いた農業向けのAgriTech（アグリテック）など、ベンチャー企業がIT技術を活用して既存の業界にチャレンジするごとに、X-Techの裾野が急速に広がって

〔図表1－1〕　代表的なX-Tech

X-Tech	業界・業務	代表的なサービス
FinTech	金融	決済、送金、投資・運用、クラウドファンディング、等
RegTech	金融他	規制・コンプライアンス対応、リアルタイム取引監視、等
RetailTech	小売	Eコマース・決済、物流ロボット、O2O、等
MarTech	マーケティング	広告（AdTech）、最適化、顧客データ管理、等
FashTech	ファッション	C2C、ファッションレンタル、等
ReTech	不動産	マッチング、シェアリング、物件管理、等
HRTech	人材	採用・転職支援、適性診断、勤怠・労務管理、等
SportTech	スポーツ	スマートスタジアム、データ分析・トレーニング、等
EdTech	教育	デジタル教材、教員向けツール、等
AgriTech	農業	ノウハウ共有、モニタリング、センサーシステム、等
MedTech/BioTech	医療	電子カルテ、ゲノム・ロボット、等
HealthTech	健康	栄養管理、健康状態把握・管理、等

（総務省「情報通信白書〔平成30年版〕」を基に、FRONTEO作成）

いった。

X-Techは、「産業や業種を超えて、テクノロジーを活用したソリューションを提供することで、新しい価値や仕組を提供する動き」[1]と定義されるが、クラウド、AI、IoTなど、最先端のテクノロジーをベンチャー企業やユーザ企業が簡易に利用できるようになったことを背景に、さまざまな業界で盛んに取組みがなされるようになった。

X-Tech企業が、サービス基盤を共有化したり、利用者や開発者・関連事業者などのコミュニティを形成した場合、その企業は「プラットフォーマー」（またはサービスの場合は「プラットフォームビジネス」）とよばれるが、その前提として、X-Techが有効に成立するためには、ネットワーク・サーバー・端末などのサービスインフラ環境、データ収集・分析基盤、他システムやサービスと連携するためのAPI（Application Programming Interface）などの技術が鍵となる。たとえば、FinTechの代表的サービスである決済プラットフォームでは、決済を行うカードやスマートフォンアプリ、端末（ICカードなどの読取り機）等のサービスインフラが整備されていることと、仮想通貨の利用者ID・残高や利用履歴などを保持するデータベースなどがそれにあたる。こうした技術の開発が進んできたことにより、法務・知財の分野でも、ここ数年の間で、AIや先端技術を駆使し業務の効率化を実現しようという動きが広まってきた。その結果、「LegalTech（リーガルテック）」は、X-Techの大きな担い手として、今、大きな関心を集めている。

Ⅱ 米国で発祥したリーガルテック

X-Techが盛り上がりをみせるよりもかなり前から、法律業務におけるデジタル化のニーズは高かった。1990年に米国で発売されたWindows3.0上

1 総務省「平成30年版情報通信白書」〈http://www.soumu.go.jp/johotsusintokei/whitepaper/ja/h30/html/nd122200.html〉。

では、単純なワードプロセッシングソフトを用いた場合であっても、契約書作成業務を飛躍的に効率化させることができたことから、弁護士事務所がアーリーアダプターとなったことはむしろ当然であったともいえる。この当時から、文書の作成、推敲にIT技術が重用されていたが、IT技術のさらなる発展が進んだ1990年代後半以降は、文書作成に限らず、人による契約書への署名を不要とさせる電子署名ソリューションなども出現するようになった。こうした法務業務のデジタル化は、近年ますます加速しており、現在では、機械学習を用いたリーガルドキュメントの検索・ドラフトレビューを行うサービスも、急速な市場拡大を果たしている。弁護士の数が多く、激しい競争にさらされる米国の弁護士事務所では、コスト削減のみならず、サービスの高位平準化を実現すべくこうしたサービスの導入が積極的に進められている。このように米国ではいち早くリーガルテックの導入が進んだが、その盛り上がりを牽引してきたのは、「ディスカバリ（証拠開示）」手続であると考えられる。

ディスカバリとは、トライアル（正式な事実審理）に先立ち当事者間で行われる法定外の証拠開示手続をいう[2]が、1990年代前半より電子メールの利用が本格化すると、開示対象となる証拠の大半を電子データが占めるようになる。こうした流れにあわせ、電子データ化された証拠の開示は一般的に「eディスカバリ」とよばれている。eディスカバリにおいては、取り扱わなければならない情報量の多さ、証拠となる文書の改ざんの容易さ等から、特殊なIT技術を用いた開示手続を行う実務が定着している。具体的には、証拠の精査と相手方への提出を原本の証拠性を維持した状態で行えるよう、デジタル・フォレンジック（第2章で詳述）とよばれる技術を用いて、サーバーやパソコンに保存されている文書の保全・収集、データの処理・分析が実施される。また、必要に応じてパスワードクラッキングや、当事者によって削

2　米国法曹協会ウェブサイト〈https://www.americanbar.org/groups/public_education/resources/law_related_education_network/how_courts_work/discovery/〉。

除されたデータを復元するといった作業も行われる。このｅディスカバリの分野では、2010年代前期よりAIが導入され、現在もなお、競うようにAI技術の開発が進められている。2019年現在、ｅディスカバリ市場は、リーガルテック市場の５割強、金額にして1.6兆円を占めるまでに成長し[3]、リーガルテック市場の拡大に大きく貢献してきたということがわかる。

Ⅲ　日本におけるリーガルテックの起源

国内でリーガルテックという言葉が本格的に使われ始めたのは、同領域でベンチャー企業が複数社起業された2015年以降だが、2000年代初頭よりすでに法務・知財関連業務にデジタル技術を活用したサービスが出現している。

①　判例検索

遅くとも2000年代前半には「判例秘書」や米国の判例を集めた「Westlaw」といった判例検索システムが法律実務家の間で用いられていた。これらのサービスは、現在も広く活用されている。

②　法令データ提供システム

日本の法令の検索・閲覧システムとして、2001年４月に総務省運営の「総合案内クリアリングシステム」に追加される[4]。現在は「e-Gov法令検索」の名称で法律・政令・府省令・規則といった法令データを提供している[5]。

③　弁護士相談

2005年には、弁護士ドットコムが同社のポータルサイトにおいて無料法律相談や法律事務所の検索サービスの提供を開始している。同社はこれらのサービスを通じて相談者と登録弁護士とのマッチングを行ってお

3　Reports Intellect社ウェブサイト〈https://www.reportsintellect.com/report/335720-global-ediscovery-market-growth-status- and-outlook-2019-2024.html〉。

4　e-Gov電子政府総合窓口「e-Govの沿革」〈https://www.e-gov.go.jp/about/history.html〉。

5　e-Gov法令検索〈https://elaws.e-gov.go.jp/search/html/readme.html〉。

り、登録弁護士からの会費を主な収益源としている。

④　デジタル・フォレンジック（インシデント調査）

ハイテク犯罪、情報漏えい、品質・検査不正、カルテルや贈収賄を始めとするコンプライアンス違反等の不正調査において、コンピュータやデジタル記録媒体（たとえば、パソコン・サーバー等）の中に残された証拠を保全・収集、調査・解析するデジタル・フォレンジックを提供する企業（FRONTEO（旧社名UBIC)、リーガルテック（旧社名AOSリーガルテック））が2000年代に相次いでサービスを開始した。FRONTEOは、アジア言語の処理能力を強みに主に日系・アジア系企業の米国での訴訟・当局調査におけるｅディスカバリを中心に事業を拡大し、米国市場においてもサービスを展開している。昨今、わが国では、デジタル・フォレンジック技術は第三者委員会による調査案件でも活用されており、不正調査に役立つ技術として幅広く用いられている。

⑤　知財検索

知財領域においても、日本の特許庁は1990年に世界に先駆けて電子出願の受付を開始しており、1996年には野村総合研究所が特許検索サービス「NRIサイバーパテントデスク」の提供を開始している。

Ⅳ　リーガルテックの主要ソリューション

2015年以降、デジタル化・ペーパーレス化・働き方改革などの流れを受け、さまざまなサービスが生まれた。リーガルテック全体では、2018年には228億円の国内市場規模があるといわれ、2023年にかけて年率9.8%で成長すると予想されている[6]。

リーガルテックの主なソリューションを法務・知財の主要業務にマッピングした（［図表1-2］参照)。

6　矢野経済研究所ウェブサイト〈https://www.yano.co.jp/press-release/show/press_id/2224〉。

① 法務業務

ⓐ 契約書作成・管理

契約書の作成において、選択肢を選んでいくと選択に応じた契約書が出力されるサービスなど、契約書作成業務を支援するサービスである。また、締結された契約書をクラウドなどで管理し、検索や参照を容易にするサービスも存在する。

ⓑ 電子契約

従来は紙で行っていた契約書の締結や管理をインターネット上で完結させるものである。電子署名を生成し、即時に契約が締結されるサービスも存在する。

ⓒ リスクレビュー

契約レビューにおいて、条文をAIで分析しリスクを警告したり、対案を提示したりするサービスなどが存在する。

ⓓ 規制対応

主に金融業界や医療・製薬業界などの被規制機関によって利用される、規制・報告義務等の法令遵守をサポートするサービスである。

ⓔ 登記・申請

不動産登記、商業・法人登記等、登記および電子公証に関する手続をオンラインで申請するサービスである。

ⓕ 証拠調査・保全

パソコンやサーバー、スマートフォンなどのデジタル機器から、不正調査に係るデータを保全・収集・調査まで一貫して提供するサービスである。主に警察や検察の捜査などで用いられるデジタルデータの復元サービスも存在する。

ⓖ 弁護士相談・紹介

弁護士相談や検索・紹介などをインターネット上で行うサービスである。

ⓗ 法令・判例調査

法令・判例・法律関連の文献を検索できるサービスで、類似する文献や同義語の違い、別名での表現による検索をサポートする。

ⓘ　労務／HR

社会保険に関する書類の自動作成・電子申請や、労働時間管理などのソリューションが存在する。

ⓙ　監査サービス

社内で使用される電子メールやチャットを定期的もしくは常時モニタリングを行う。また監査のチェックリストや証跡管理を行うものもあり、リスク管理手法、機能・プロセス、手法、インフラ等を一元管理する統合型サービスなどが存在する。

②　知財業務

ⓐ　特許・商標出願

〔図表1-2〕　国内の主要なリーガルテックソリューション

［□］主なリーガルテックソリューション

	法務業務	知財業務
平時	1. 契約法務 ［契約書作成・管理］［電子契約］ ［リスクレビュー］ 2. コンプライアンス法務 ［規制対応］ 3. 組織法務 ●株主総会、取締役会対応 ●社内法務相談対応 4. 登記・登録業務 ［登記・申請］ 5. 社員教育・啓蒙 ［eラーニング］	9. 権利化 ●他社調査 ●出願 ●権利維持 ［特許・商標出願］［特許・商標管理］ 10. 知財管理 ［知財管理］ 11. 社員教育・啓蒙 ［eラーニング］
有事 （インシデント対応）	6. 紛争対応 ●苦情処理、仲裁 ●訴訟、告訴対応 ［証拠調査・保全］ 7. 内部調査・第三者委員会対応 ［不正調査］	12. 係争・訴訟対応 ●鑑定 ●交渉、法的措置 ［証拠調査・保全］ ［不正調査］
共通	8. 調査 ［弁護士相談・紹介］［法令・判例調査］ ［労務/HR］［監査サービス］	13. 調査 ●特許・商標監視 ［特許・商標調査］

特許・商標のオンライン出願準備、電子申請を実現するサービスである。海外の知財出願申請に特化したサービスも存在する。

ⓑ 特許・商標管理

知財部門のみならず、研究開発や技術などの事業部門、特許事務所なども対象に、さまざまな知財業務のワークフローを提供するシステムである。

ⓒ 知財管理

技術の群管理など知財情報や評価情報、契約／経費情報の一元管理を提供するシステムである。

ⓓ 特許・商標調査

類似のものも含め、包括的に国内外の特許・商標を検索・提示するサービスである。

Ⅴ 日本のリーガルテックの市場規模（推計）

FRONTEO が独自に行った調査に基づくと、ソリューション別の市場規模は〔図表１－３〕のとおり推定される。

Ⅵ リーガルテックのトレンド

2015年以降、立て続けに新たなリーガルテックを用いたサービスが生み出されてきたが、それらのトレンドを紐解いていくと、３つの傾向があることが指摘できる。

１ ベンチャー企業による新規サービス

法律実務家によるスタートアップの参入が多く、逆に大手や他業界からの新規参入は少ない。これは、業務の高い専門性が参入障壁となっていることと、まだ市場が黎明期にあり、参入を視野に入れている企業が少ないためと想定される。一方で、AI技術の発展に伴い、市場への関心は高まっており、出資・提携といった形での大手法律事務所やリーガルサービス大手企業、ベンチャーキャピタルの参画は相次いでいる。

2　技術の発展とサービスの拡大

2015年より前は、主にインシデント（不正調査、訴訟、当局調査対応等）に対応するソリューションが多く利用されていたが、2015年以降は、それらに限らず、契約書作成や電子契約、監査といった平時からの備えとなる予防法務を支援するソリューションも多く利用されるようになった。こうした流れは、リーガルテックに対する期待感や導入意欲の高まりにもつながっていると思われる。

〔図表1-3〕　リーガルテック市場規模2019（試算）

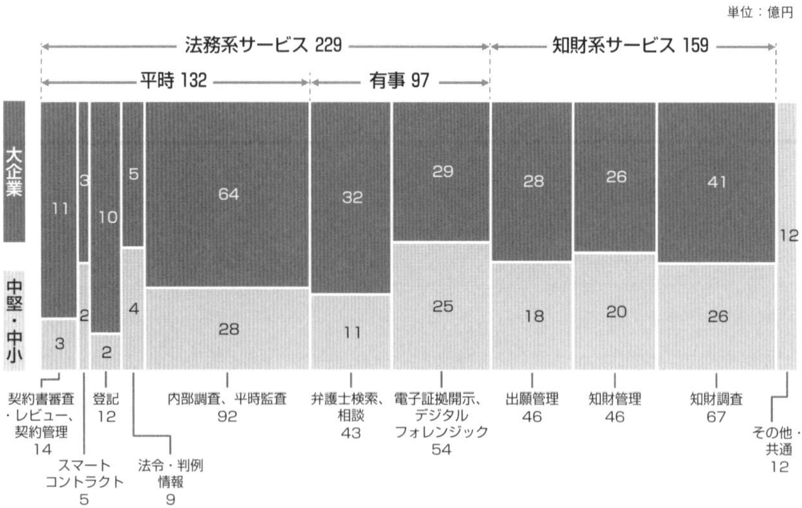

（各種レポート、企業動向調査、公開情報よりFRONTEO推計）

3 AIの活用

法務・知財関連業務で取り扱っている情報は、契約書、判例、証拠資料となる電子メール等、テキストデータが中心となるが、これらのテキスト（文字）情報や自然言語を解析するAI技術が開発され急速に発展してきたこと、また、契約書の作成・分析、判例や特許の検索、証拠の精査といった業務はAIの活用による効率化や精度の向上が比較的容易に実現可能であることから、AIを活用したリーガルテックの導入が進んでいる。実際、AI活用をうたったサービスもすでに多数存在しており、今後より一層AIを活用したリーガルテックの開発や導入が進むことが予測される。

第2章以降ではリーガルテックにおけるこれらのトレンドも踏まえて、法務・知財関連業務で活用されている具体的な内容について実例も踏まえながら紹介していく。

（池上成朗）

第2章
デジタル・フォレンジックによる企業内不正調査

Ⅰ　デジタル・フォレンジックの適用範囲

1　デジタル・フォレンジックとは

フォレンジックとは、「犯罪科学の」「科学的犯罪捜査の」「法医学的な」といった意味をもつ。コンピュータや電子機器媒体、電磁的記録（電子データ）に対しての調査・解析やそれらに係る手続や手法のことを「デジタル・フォレンジック」や「コンピュータ・フォレンジック」とよぶ。警察白書では「犯罪の立証のための電磁的記録の解析技術及びその手続」と定義され、コンピュータ等の記録媒体から情報を抽出し、法的手続のために証拠化する技術でもあるといえる。

また、特定非営利活動法人デジタル・フォレンジック研究会によれば、「インシデントレスポンス（コンピュータやネットワーク等の資源及び環境の不正使用、サービス妨害行為、データの破壊、意図しない情報の開示等、並びにそれらへ至るための行為（事象）等への対応等を言う。）や法的紛争・訴訟に対し、電磁的記録の証拠保全及び調査・分析を行うとともに、電磁的記録の改ざん・毀損等についての分析・情報収集等を行う一連の科学的調査手法・技術」を、総じてデジタル・フォレンジックとよんでいる[1]。

2　デジタル・フォレンジックの目的

デジタル・フォレンジックの目的は、犯罪・不正の証拠として押収された紙媒体の資料や物証がデジタルデータに変わっただけで、「事件・不正を解明・解決する」ことに変わりはない。

まず、①事件・不正の道具として用いられているかを調査し、加害の直接対象であるという事実解明を行う。加害の対象とは、不正を行った者がパソ

1　特定非営利活動法人デジタル・フォレンジック研究会ウェブサイト〈https://digitalforensic.jp/〉。

コン等のデジタル・デバイスを不正を行うためのツールとして使用した事実をいう。たとえば、意図的な情報漏えいを行った可能性のある人物のパソコンやスマートフォンなどを調査し、情報漏えいのツールとして使ったという事実を発見することである。

次に、②事件・不正のターゲットは何か、被害の直接対象の事実解明が目的となる。たとえば、不正メールを受信し、そこに添付されたファイルやURLにアクセスすることで、パソコンがマルウェアに感染し、そのために企業内ネットワークの情報を収集されてしまうケースがある。このような事案におけるマルウェアに感染したパソコンを調査して、当該端末から情報が持ち出されていないか、どのような被害を受けたのかを解明する。また、犯罪捜査においては、殺人事件の被害者の持っているパソコンやスマートフォンなどを調べることによって、なぜ犯罪に巻き込まれたのかを調査する。あるいは、被害者のSNSを確認し、どのようなコミュニティに参加していたかや、その中で犯罪に巻き込まれた可能性を調べ、被害の事実解明を行う。

また、③事件・不正の解明・解決につながる証拠が含まれているかを調査し、加害・被害の間接的証拠が含まれていることの事実解明を行う。デジタル・デバイスは、犯罪をした側、された側のどちらにも関連するので、加害側・被害側いずれの立場にかかわらず、フォレンジック調査によって情報収集ができる。

3　デジタル・フォレンジックの必要性が認識された著名な事件

2006年のライブドア事件では、東京地検特捜部がライブドア社のパソコンを押収し、10万通以上の電子メールを調査したとされる。しかし、あまりに多くの電子メールが日々やりとりされていたことから、これらの中には未読メールも多かった。未読メールは、その記載された内容を本人が認知していないということになるため、調査にあたり未読メールを既読化しない、つまり証拠を改変しないように調査を行う技術の必要性が議論された。

2010年に起きた日本相撲協会八百長事件では、携帯電話（いわゆるガラケー）から削除された電子メールを復元し、八百長に関する打合せの記録を発見している。

同じ年に話題になったのが、大阪地方検察庁の主任検事が証拠のフロッピーディスクのデータを自分たちのストーリーに沿って改ざんしたとされる事件である。フロッピーディスク内に保存されていたファイルのタイムスタンプという時間情報[2]が特定の人物が不利になるように改ざんされた。証拠改ざんの事実が露呈したことで、デジタル・フォレンジックの技術が注目される大きな機運になった事件である。

2011年のオリンパス巨額損失隠し事件では、第三者委員会の調査報告書によって大がかりなデジタル・フォレンジック調査をしたことが示された。第三者委員会調査報告書の別紙に詳細なデジタル・フォレンジックの調査報告書が添付されており、過去数年間の膨大な電子メールや、各報告書、議事録などをすべて調査するために、デジタル・フォレンジック技術が使われたことを、多くの人が認識した。

2012年のパソコン遠隔操作事件では、捜査過程で誤認逮捕が生じた。この事件は、インターネット上の掲示板サービスを介してパソコンを遠隔操作し、殺害や襲撃等の10件以上の犯罪予告がなされたものである。誤認逮捕が生じた背景には、警察が掲示板サービスに書き込まれた殺害予告のIPアドレスから、その書き込みを行ったと思われる端末を特定するという方法をとったことがある。つまり、IPアドレスから探索された端末の所有者が犯罪予告や襲撃予告を掲示板に書き込んだ人物であると判断してしまった。しかし、IPアドレスから探索された端末は、遠隔操作ウィルスに感染し、別の者が遠隔操作によって書き込み行為を行っていたものであり、実際は、遠隔操作ウィルスのプログラムを作成した人物が真犯人であった。この事件では、警察の能力を上回る技術により捜査が混乱したため、この後、警察のサイバー犯罪対策チームは、産官学連携を強化することになった。たとえば、

2　ファイルの作成日時、更新日時を示す情報である。

企業に警察官が派遣され調査技術などを学ぶといった取組みが行われている。

4　デジタル・フォレンジックの対象――人間とコンピュータとの関係

上記のとおりデジタル・デバイスなどを調査することが多いが、中間的なデバイスでも間接的に事実を証明できる場合もあることから、あらゆるデジタル媒体がデジタル・フォレンジック調査の対象となる。

インターネットに接続するルーターやファイアウォール、ハブ、無線LAN、サーバー、プリンタ、携帯電話やスマートフォンなどのモバイル端末、IC レコーダーや USB メモリなどが調査対象であり、それぞれの端末に保存されているドキュメントや動画・音声ファイル、あるいはネットワークの接続の記録（ログ）などが調査される。

2003年頃は、コンピュータやパソコンがほとんどであったが、最近では、スマートフォンやタブレットのようなモバイル・デバイスが対象となることが増えている。今後は、ウエアラブル・デバイスなど、より身近で、日常的に使用されるものが調査対象となっていくと予想される。

5　調査対象データの爆発的増加（ビッグデータ化）

上記４のように、デジタル・デバイスが身近になったこととも関連するが、世界のデータ量は想像を絶する速度で増加している。1950年代にコンピュータが発明され、1970年代にインターネットの研究が進み、1993年に World Wide Web が無料公開されたことで、急激にデータ量が増え、2000年には6.2EB（Exabyte）、2003年に32EB、2006年に161EB と前年比40％で増え続け、2020年には、40ZB（Zettabyte）にまで拡大している[3]。

このような大量・膨大なデータの調査は、もはや人間の力では不可能であり、AI の活用が不可欠となっている。

3　総務省「平成26年版情報通信白書」〈https://www.soumu.go.jp/johotsusintokei/whitepaper/ja/h26/pdf/26honpen.pdf〉100頁。

Ⅱ　デジタル・フォレンジック調査の流れ

デジタル・フォレンジックは、〔図表2－1〕のとおり大きく5ステップに分かれる。事前準備、データ収集、データ復元、データ分析、報告である。

1　事前準備

事前準備とは、主にデータ収集作業を行うためのフォレンジックツールやその装備などを事前に準備することである。

裁判官や弁護士とともに証拠保全手続に赴く場合には、対象者がどのようなパソコン等を使用しているかはわからない。しかも、保全手続への協力を得られない可能性もあるため、さまざまな状況を想定した準備が必要となる。電源を借りられないケースを想定し、発電機を持っていくこともある。証拠保全手続にあたり、パソコンのみが調査対象だった頃は、パソコン内のデータを収集するための一定の基準の装備があれば、どのようなパソコンであっても通常はデータ収集に問題はなかった。しかし最近は、スマートフォンなどのモバイル・デバイスが増えてきたこともあり、特定のフォレンジッ

〔図表2－1〕　デジタル・フォレンジック調査の手順

クツールのみですべての調査対象となるデバイスからのデータ収集が可能というわけにはいかなくなってきた。

モバイル端末には、大きく分けて2つのOSが存在する。1つはApple社のiPhoneやiPadに搭載されているiOS、もう1つはGoogle社のAndroidである。Android OSはさまざまな機器ベンダーのモバイル端末に搭載されている。Android OSは各機器ベンダーによってカスタマイズされていることが多いため、特定のフォレンジックツールのみですべてのAndroid OS端末の解析ができるわけではない。事前に調査対象がどのようなモバイル端末なのかわからないときは、さまざまなフォレンジックツールを準備しておかないと現場で対応できない場面がある。企業内の不正調査のような場合には、あらかじめ調査対象企業の情報システム部門と協力して調査対象機器についてヒアリングを行うことが重要である。

2　データ収集

(1)　証拠データの複製の作成

データの収集のステップで行うことは、簡単にいうと調査対象となるパソコンなどのデバイス内に保存されているデータの複製の作成である。

まず、複製を作成するためのコピー先ハードディスクを準備する。このハードディスクについては、あらかじめ完全消去しておき、いかなる残留データもない状態にしておく必要がある。完全消去にあたっては、実際にある特定の情報を上書きするような書き込みを行う。コンピュータデータは、ビットという情報の最小単位で構成されており、すべてが0か1の集合体である。それを事前にすべて0もしくは1になるように上書きし、後に残留データとして影響が出ないようにする。

そのうえで、調査対象のパソコンなどに保存されているデータを完全消去済みのハードディスクに複製する（コピー方法に関しては次項(2)参照）。

一般的なファイルの複製は、Windowsのエクスプローラを用いてハードディスク内の現存するファイルのみをコピー・アンド・ペーストするイメージであるが（〔図表２－２〕参照）、フォレンジック調査におけるデータの複製にあたっては、使用していない領域もしくは過去使っていたデータがある領域に潜在的に証拠が残っている可能性があるので、ハードディスク内のすべてをそのままコピーすることが必要となる（〔図表２－３〕参照）。たとえば、ハードディスクが500GB（Gigabyte）や１TB（Terabyte）というものであれば、全く同じ大きさのデータサイズでコピーを行う。元が500GBのハードディスクであれば、500GBのデータをとるのである。それによって、現存するデータのほかに、過去に削除されたが復元できる状態で残っている可能性のあるデータの確保が可能となる。また、原本のデータをそのままコピーすることで証拠性が保持できる。つまり、データ収集にあたっては、現存・確認できるデータのみを複製するのではなく、ハードディスク内そのものを完全に複製する。これをフォレンジックコピーとよぶこともある。

このハードディスク内の完全複製については、100％物理コピーとイメージファイルコピーの２種類がある（〔図表２－４〕参照）。100％物理コピーは、完全なクローン・コピーをいう。隠された領域や削除データ領域を含む調査対象のハードディスクの全領域を、同一のサイズを有する別のハードディスクにコピーするものである。たとえば、500GBのハードディスクのデータ収集の場合は、同じ500GBの空のハードディスクを準備して、元のハードディスクのデータを空のハードディスクに完全に同じ形で移すことになる。一方、イメージファイルコピーとは、隠された領域や削除データを含む調査対象ハードディスクの全領域を、一定サイズのファイルの塊（イメージファイル）に分割し作成する方式である。すべてのデータの領域を複製する点は100％物理コピーと同様であるが、たとえば、500GBのハードディスクから１GB（もちろん２GBなど他のサイズでも可）のファイルを500個作成する。つまり、指定したデータ量ごとのファイルで複製を作成し、全体のデータを複製する方法である。

以前は、最初に100％物理コピーを作成した後、複製されたデータをイメージファイルに変換するという２ステップをとっていたが、最近は、100％物

〔図表２－２〕　ファイルコピー

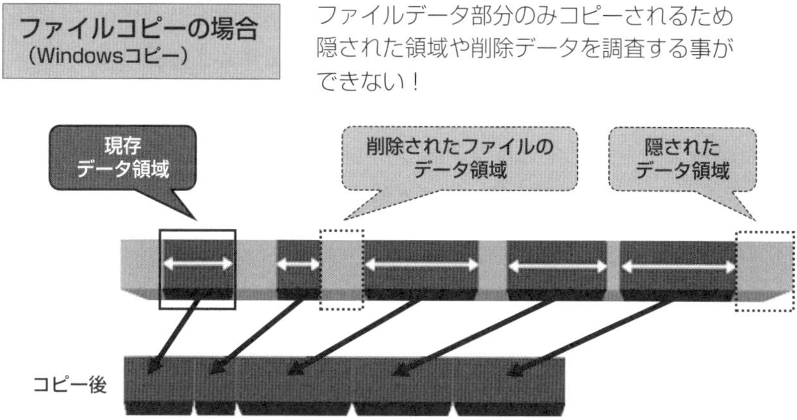

〔図表２－３〕　フォレンジックコピー

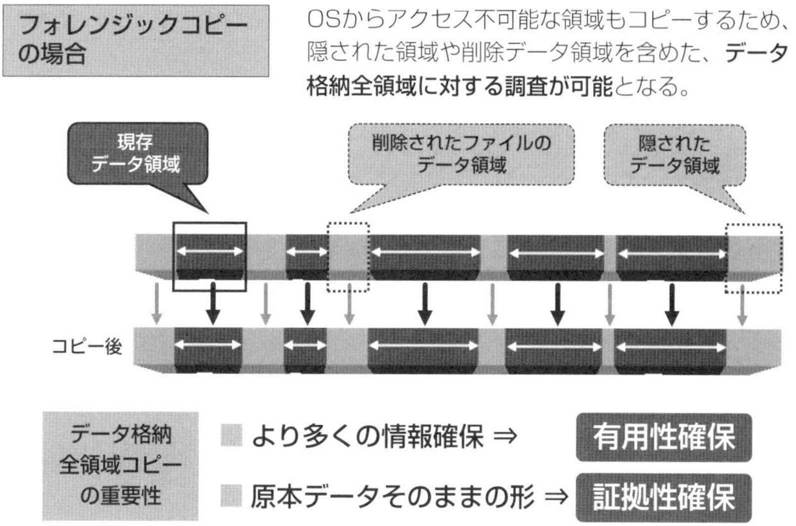

理コピーをとらず、証拠データの原本から直接イメージファイルコピーをとるケースが増えている。100％物理コピーの場合は、全く同じ受け皿を準備

する必要があり、たとえば、1TBや500GBなどさまざまな容量のハードディスク内のデータが収集の対象である場合には、同じ容量のハードディスクを準備しなければならない。それは非常に煩瑣であるため、イメージファイルコピーにより、証拠の対象物よりも大きな受け皿を準備し、そこに複製を作成するようになった。たとえば、複数の500GBのハードディスクの複製にあたって、3TBのハードディスクを用意していくことで、その複数の500GBの証拠データをまとめて1つの3TBのハードディスクに複製することができる。

イメージファイルで複製を作成するもう1つの利点として、証拠がファイル化されていることから、イメージファイルを冗長化されたサーバーなど安全なところで確保、保管することができる。100%物理コピーの場合はハー

〔図表2-4〕　100%物理コピー（クローン）とイメージファイルコピー

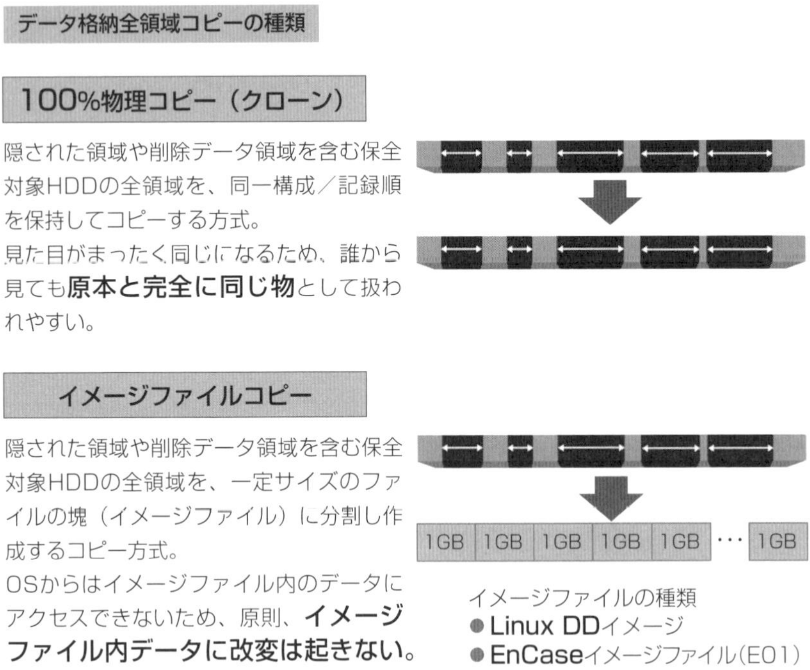

ドディスクそのものを証拠として保管しなければならず、ハードディスクの故障リスクが存在するが、イメージファイルで保管することによりそのような証拠破損のリスクを軽減できる。

⑵　証拠の同一性維持・継続性

デジタル・フォレンジックにおいては、証拠の同一性維持・継続という概念があり、データ収集対象データ（オリジナル）と複製データ（コピー）の同一性を、各作業フェーズで維持し続ける必要がある。

フォレンジック調査では、複製作成時のオリジナルデータと複製データの同一性検証や証明、調査に用いた複製データの調査後の状態とオリジナルとの同一性検証や証明等に、ハッシュ値を用いている（〔図表２－５〕参照）。

ハッシュ関数という関数にデータを入力すると、ハッシュ値が出力される。ハッシュ値はデジタルデータの指紋に例えられる。全く同じデータからは必ず同じハッシュ値が出力されるため、ハッシュ値が変わっている場合

〔図表２－５〕　証拠の同一性・継続性

証拠の同一性維持／継続性

デジタル・フォレンジックにおいて重要なことの一つに、証拠の同一性維持／継続という概念があり、証拠保全対象データ（オリジナル）と複製データ（コピー）の同一性を、各作業フェーズで維持し続ける必要がある。
フォレンジック調査では、複製作成時のオリジナルデータとコピーデータの同一性検証や証明、調査に用いたコピーデータの調査後の状態とオリジナルとの同一性検証や証明等に、**ハッシュ値**を用いる。

【ハッシュ値による同一性証明の概念図】

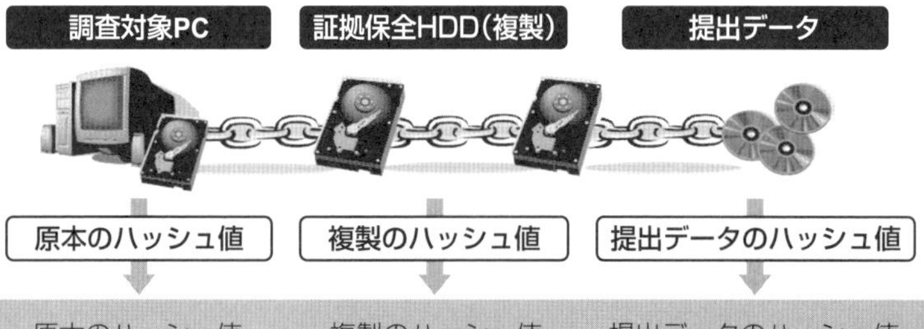

原本のハッシュ値　＝　複製のハッシュ値　＝ 提出データのハッシュ値

ハッシュ値によるデータの同一性証明

は、データが変更されているということになる。そこで、調査にあたっては、まず調査対象であるパソコン内のデータすなわちオリジナルデータのハッシュ値とデータ収集によって完全に同一に複製されたデータのハッシュ値を算出する。データ収集の際は、ハッシュ値を計算できるフォレンジック専用のデータ収集ツールを準備し、原本データのハッシュ値と複製されたデータのハッシュ値を出力して、この2つのハッシュ値が同じであることを確認する。その段階では、ハッシュ値は同じであるため、複製データは原本と同一であることが証明できる。それらの情報を監査ログとして記録しておく。

この後、複製されたデータを解析していく。解析にあたっては、複製データを書き換えるとハッシュ値が変わってしまうため、そのような事態を招かないように書き込み防止装置を使用する。書き込み防止装置の使用により、証拠データの中身は確認できるが、データの内容の書き換えは一切できないようにして証拠の改変を防止するのである。最終的に、解析した内容について報告書を提出するが、調査終了時に再度ハッシュ値を計算し、値が変わっていないことを確認する。この作業によって原本データ、複製段階、調査終了時において、証拠の同一性が維持されたことが示される。デジタルデータは、揮発性が高く変更がされやすい。デジタルデータの調査においては、何がオリジナルなのかの証明が非常に難しいところであるが、ハッシュ値が変わっていないことの証明によって証拠の同一性を実現している。

(3)　調査対象機器取扱いの注意点

調査対象となるパソコンを直接起動したり、書き込み防止の処置を行わずに調査対象のハードディスクやデータに直接アクセスすると、証拠が書き換わってしまうことがある。

たとえば情報漏えいをした可能性がある社員や退職者のパソコンを調査するにあたって、そのまま直接その調査対象のパソコンを起動して調べたりしてはならない。調査する者の操作によって本来調査すべき調査対象者の操作履歴が書き換わってしまう可能性があり、その後、フォレンジックの調査を行い、訴訟で証拠を提出しても、退職者側の弁護士から被告の退職後にデータが変更されている履歴があると指摘され、証拠の改ざんを示唆される可能性もある。調査対象のデジタル機器は不用意にアクセスせず、デジタル・フォレンジックのフローに従い適切なデータ収集による証拠保全を行うことが重要である。

3 データの復元

(1) データの消去・削除

データを削除する方法はいろいろある。

一般的にデータの削除とは、「ごみ箱」に移すことをいう。Deleteボタンを押して、「ごみ箱」というフォルダに入れ、そのうえで「ごみ箱」を空にする。ファイルの削除（Shift+Delete）は、ごみ箱に入れずに直接消す方法で、いったん「ごみ箱」に移すという段階がない。ほかに、パーティション構成の解除（削除）という方法もある。パソコンのハードディスクやソリッドステートドライブは、パーティション作成（分割）という操作によりCドライブやDドライブといったドライブが作成されるが、そのパーティション情報を消去することにより、そこに保存されていたデータが読めなくなる。そのため、この方法で証拠隠滅を図る者もいる。ドライブが削除されていた場合には、この方法がとられたことがわかる。また、論理フォーマットとは、一般のユーザがパソコンを使って行うフォーマットで、それによってすべてのデータが削除される方法である。

一方で、物理フォーマットは、たとえばハードディスクなどの記録媒体の出荷前に業者が行うフォーマット処理である。完全消去は、上書き消去である。さらに、物理破壊、デガウスによってデータを消去する方法もある。物理破壊は、ハードディスクなどの記録媒体に穴を開けるなどして実際に破壊することである。デガウスとは、強磁気などをかけてデータの利用を不可能にする方法である。

〔図表2-6〕の中でデータの復元が可能なのが、上の4つである。半面、

〔図表2－6〕 デジタルデータの消去・削除方法

デジタルデータの消去／削除方法	●「ごみ箱」への移動➡「ごみ箱を空にする」 ●ファイルの削除（Shift＋Delete） ●パーティション構成の解除（削除） ●論理フォーマット	復元可能性あり
	●物理フォーマット ●完全消去（上書き消去、DoD方式 等） ●物理破壊・デガウス 等	復元困難

下の3つ、物理フォーマット、完全消去、物理破壊[4]・デガウスにより削除されたデータの復元は、フォレンジック・ベンダーやデータ復元業者に依頼しても極めて困難である。

⑵　データの復元方法

(A)「ごみ箱を空にする」、「Shift+Delete」による削除データの復元

「ごみ箱」に移動して「ごみ箱」を空にする、またはShift+Deleteにより削除されたファイルの場合は、データ本体が上書きされていなければ、ファイルシステムの管理情報を解析することによりデータの復元が可能である。

この場合のコンピュータへのデータの記録方法は、書籍をイメージするとわかりやすい。まず、コンピュータにはファイルシステムという、ファイルを記録し管理するシステムがあり、書籍でいえば目次の役割をしている。つ

4　実際に、データが保存されているハードディスクを直接破壊する方法が行われることがある。ハードディスクでは、磁気の円盤（プラッタ）に情報が記録されており、そこにキリのようなもので穴を開けるといった証拠隠滅が行われた。この場合は、データの復元はほぼ困難である。ハードディスクは内部で複数のプラッタが高速で回転しているため塵のようなものが入っただけでもデータが読み取れなくなることが多いため、非常にクリーンな状態で密閉されている。そのため、火災や水没といった場合には、回収が速やかに行われるとハードディスクの中の情報が記録されているプラッタが無傷であればデータ復元できる可能性はあるものの、プラッタそのものを対象とした物理的な破壊は、もはやデータの復元は望めない。

まり、ファイルの名前やドキュメントの作成時間・更新時間などの時間情報、そのファイルがそのコンピュータのどこに保存されているか（マイドキュメントにあるのか、デスクトップにあるのかなど）といった属性情報が記録されている。一方で、実際にファイルを開いたときに表示される表計算ソフトの表やプレゼンテーションソフトのスライドなどは、データの中身そのものであり、書籍でいえば本文にあたる。そして、ファイルの削除とは、目次に「このファイルは削除されました」という印がつくことと考えればよい。チェックボックスにチェックが入るイメージである。目次に削除されたというチェックが入ると、ユーザからは見えない状態となり、ごみ箱からも削除された様態となる。

そこで、「ごみ箱を空にする」ことでデータが削除された場合は、データ復元にあたり、フォレンジックソフトによってファイルシステムにある、いわばファイルの目次に「削除された」というチェックがあるものを調査することになる。削除されたファイルをみつけた場合、本文のデータが残っていれば、目次の「削除された」というチェックをはずすことでデータを復元できる。

ただし、「ごみ箱」を空にする、あるいはShift+Deleteによってファイルを削除してから時間が経過すると、データの復元が困難な場合が生じる。

先述の例でいえば、目次に「削除された」というチェックが入った状態に

〔図表２－７〕　ファイルシステムの解析によるデータ復元（一般的なデータ復元）

復元可能性あり

- 「ごみ箱」への移動➡「ごみ箱を空にする」
- ファイルの削除（Shift＋Delete）

復元方法

データ本体が上書きされていなければ、ファイルシステムの管理情報（FAT、MFT等）を解析することによりデータが復元可能である。

➡ **ファイルシステムの解析**（一般的なデータ復元）

なると、その目次に紐づけられた本文のデータ領域は再利用が可能となり、新しいデータを書き込むことができるようになる。新しいファイルが作成されると、新しい目次が作成され、そのデータはコンピュータの「削除された」というチェックが入っている目次に紐づけられている本文の上に保存される。新しいデータが書き込まれると、そこにあった古いデータは上書きされてしまい、古いデータの復元は不可能になる。

(B)「パーティション構成の解除（削除）」、「論理フォーマット」による削除データの復元

次に、パーティション構成の削除や論理フォーマットによる削除データの復元である。これらの方法によるデータの削除は、書籍の例では、目次をいったんすべて白紙にすることといえる。つまり、ファイルシステムの管理情報が真っ白になり、あらためて一から目次を作成し、そこに紐づけられたファイルを使うことができる状態になる。そのため、「ごみ箱を空にする」や「Shift+Delete」によるデータ削除と異なり、目次から削除されたファイルを探すことはできない。この場合は、データカービングという方法を用いることになる。

パーティション構成の削除や論理フォーマットの場合は、目次（ファイルシステム）を確認してもすべて真っ白な状態で削除したファイルの痕跡はみつからないので、直接本文（データ本体）を探す方法をとる。データ本体がもっている特徴的な情報として、ヘッダー情報というものがある。ヘッダー情報はデータ本体の最初に位置し、そのデータ本体がどのようなファイル形式かが識別可能な情報として記録されている。たとえば、JPEGの画像データであればJPEGファイルのヘッダー情報、PDFの書類データであればPDFファイルのヘッダー情報が記録されている。データカービングではこのヘッダー情報をデータ領域から直接検索して探し出すことにより、ヘッダー情報から続くデータ本体を切り出して復元することが可能となる。ただし、この方法では、データをデータ領域から直接復元するため、目次（ファイルシステム）に記録されていた情報は存在しない。つまり、復元されたデー

〔図表２－８〕　データカービング（高度な復元）

復元可能性あり

- ●パーティション構成の解除（削除）
- ●論理フォーマット

復元方法

ファイルシステムの管理情報（FAT、MFT等）がクリアまたは破損等により解析できない場合でもデータ保存領域を解析することで復元が可能な場合がある。

➡ データカービング（高度な復元）

タが、どのようなファイル名だったか、作成日時はいつか、どこに保存されていたかといったことは復元することができない。ただ、このようなJPEG画像が存在した、PDF書類データが存在したということがわかるだけである。

ハードディスクに保存されているデータは、データ領域においてきれいに並んで格納されているわけではなく、複数の箇所に断片化して格納されている。書籍でいえば、文章の最初の３行の次の５行は５頁先にあり、またその続きは６頁戻ったところにあるといったイメージである。そのため、目次（ファイルシステム）があれば、断片化されたデータでも格納場所が識別できるが、目次がないと、ヘッダー情報によってデータの最初の場所とそれに続く断片化されたデータの塊はみつけられるものの、途中から別の場所に格納されている次の断片化データをみつけることは困難となる。よって、データカービングでは、多くの場合、ヘッダー情報とそれに続くデータの一部分しか復元できない。

データカービングは、画像データの復元によく使われる。画像データの場合は、ヘッダー情報に続いている断片化データのみでも画像の一部として開けるため、その部分の情報だけでも証拠として活用することができる。

⒞ 「物理フォーマット」、「完全消去（上書き消去、DoD 方式等）」、「物理破壊・デガウス」によるデータの削除

情報のすべてを書き換えてしまう物理フォーマットや、データの上書きによる完全消去、物理破壊・デガウスによるデータの削除は、復元が困難である。完全消去は、現存するデータに異なるデータを上書きする方法である。物理破壊は、ハードディスクをその名のとおり物理的に破壊してしまう方法である。デガウスは、強い磁力をハードディスクにかけ、記録されていた磁気データを破壊する方法である。

データの上書きによる完全消去は、フリーツールでもさまざまなソフトウェアがある。これは、都合の悪い情報を削除する目的に利用されるとは限らず、パソコン等の廃棄にあたって、個人情報保護などのためにデータを削除する際にも活用される。この場合は、データの復元は困難ではあるが、そのようなソフトウェアを使った痕跡をみつけることで、意図的にデータを復元できないようにする意思があったことを推定できる。

〔図表２－９〕　データ復元が困難な場合

復元困難

- 物理フォーマット
- 完全消去（上書き消去、DoD 方式 等）
- 物理破壊・デガウス

ファイルのデータ本体部分を､別のデータにより上書きされた場合は復元が困難（≒無理）

４　データの分析

⑴ デジタル・フォレンジックによる調査・解析

データ収集した複製データに対して調査・解析を行い、調査対象のデジタル機器において発生していたインシデントの原因や経緯、不正行為の内容等を特定・確認したり、証拠となり得るものを探し出して抽出・収集する。

調査・解析で得られた結果は、調査対象者に責任を問う、不正への関与を

裏付ける、もしくは否定する材料となる。

この作業には、フォレンジック専用ソフトウェアを用いることが推奨されるが、必要に応じて汎用ツールを用いる場合もある。調査・解析において重要なのは、書き込み防止装置を用いてデータの改変が起こらない環境下で行うことと、誰が行っても同じ結果が得られる（再現性がある）ことである。

(2)　デジタル・フォレンジック調査でわかること

調査対象者が使用しているパソコンのフォレンジックコピーを作成した後、データ分析のフェーズにおいては主に下記の調査を行う。

①　削除済みデータの復元
②　電子メールの使用状況
③　外部機器の接続履歴
④　ファイルアクセス履歴
⑤　インターネット閲覧履歴
⑥　電子メール・ドキュメントレビュー
⑦　パソコン起動・終了履歴
⑧　プログラム実行履歴
⑨　ハードディスクフォーマット日時（NTFS）
⑩　パスワード解析（Document PW）
⑪　メタデータの調査（オリジナルファイル作成者の特定・コピーファイルの特定）

①の削除済みデータの復元は、あらゆる調査目的において必ず行われる調査である。不正を働いた者はその痕跡を隠そうとデータを削除する。また、意図的に隠ぺいあるいは削除している場合もあるが、単純に古いデータであるために削除されているケースもある。削除済みデータを復元することで証拠となり得るものがみつかる可能性がある。

②の電子メールの使用状況は、会社の電子メールに限らずインターネット・メールのようなフリーメールを使っていないかなども調査する。あるいは、電子メールの使用時間や、どのような相手とやりとりしているかといっ

た調査を行う。

③の外部機器の接続履歴は、主に情報漏えいにかかわるところで、ハードディスクやUSBメモリなどを使っていないかを調査する。これらの機器をパソコンに接続すると、接続したハードディスクやUSBメモリの固有のシリアル番号のようなものがパソコン上に残る。その事実がわかることでパソコンから何らかの情報を持ち出したり、ウィルスに感染させたりした外部機器を特定できる。また、固有の番号の調査により、たとえばその番号のUSBメモリの持ち主が内部不正や情報漏えいを行っている可能性が高いといったことがわかる。

④のファイルアクセス履歴は、調査対象のパソコンからどのファイルにいつアクセスしたかを調査する。この調査では、パソコン内に保存されているファイルだけでなくサーバー内にあるファイルへのアクセスの履歴も確認できる。

⑤のインターネット閲覧履歴とは、インターネットの使用履歴である。業務外利用の調査の場合もあるが、検索しているキーワードを調査することで、調査対象者がどのようなことを調べて、何に興味をもっているかなどがわかる。また、インターネットが情報漏えいのルートとして利用されるケースが増えているため、オンラインストレージの使用などを確認することもある。オンラインストレージは、無料で数GBまで使用できるものもあり、企業から大量の情報が持ち出される場合に、以前はインターネット・メールを利用するケースが多かったが、近年はオンラインストレージの使用が増加している。これらは、意図的に転職先に情報提供する目的の場合もあれば、本人には悪意はなく自宅で勉強するために使用する場合もある。仮に本人に悪意がなくても、自宅のパソコンに重要な情報を移すことには大きなリスクがある。たとえば、ある会社から開発を依頼されていたものの設計図あるいは仕様書などのデータを、自宅で作業するために持ち出すといった場合、自宅のパソコンのセキュリティは、会社のものほどしっかりなされていないために、そこから情報漏えいが生じる可能性もある。

⑥の電子メール・ドキュメントレビューについては後述する（第3章参照）。

⑦のパソコンの起動・終了履歴は、パソコンを立ち上げたりシャットダウンしたりした履歴であり、パソコンの使用日時や時間の長さがわかる。

⑧のプログラム実行履歴は、パソコン上で実行されたソフトウェアの実行履歴を調査する。たとえば、調査対象者がデータを完全消去するソフトウェアを使用し、証拠の隠滅を図っていた場合、そのようなソフトウェアを実行した履歴を追跡できる。

⑨のハードディスクフォーマット日時は、フォーマットによりハードディスクのデータをすべて消去されたケースなどで実施する。たとえば、調査対象者がそのパソコンやハードディスクを何年間か継続して使用していることは間違いないはずなのに、パソコンを調査すると伝えられたその日にフォーマットをした場合、何かを隠すためにフォーマットを行い証拠の隠滅を図った可能性がある。

⑩のパスワード解析は、重要なファイルをパスワードでプロテクトして確認できなくしていたり、退職した社員が嫌がらせでパスワードをかけてファイルを開けない状態にしたりする場合に調査を行う。パスワードは、入口の鍵をしているだけではなく、データ自体も暗号化された状態になっているので、パスワードを解析しないと、データを読み取ることができない。パスワードの調査は、対象者が備忘のために使用しているパソコン内にまとまって保存されているテキスト情報を辞書として活用したり、8桁の英数字などを総当たり攻撃（ブルートフォースアタック）により解析したりする。

⑪のメタデータとは、あるデータが付随してもつそのデータ自身についての付加的なデータであり、ファイルのプロパティの詳細タブにて確認できるファイルの作成時間や更新日時、そのファイルが最初に作成されたときの組織名や会社名などの情報があげられる。これらの情報は、中途採用された社員が、以前在籍していた会社の情報を持ち込んでいないかといったことを調べるときに活用される。ファイルのプロパティの組織名にその社員が以前在

籍していた会社名が残っていることがわかると、後々、会社としては、仮に社員が勝手に行ったことであっても、他社の情報を不正に利用しているといった指摘をされかねないため、メタデータの組織名などを確認して、不正に別の組織から持ち込まれたデータがないかどうかを調べることがある。

そのほかに、多くの企業で使われているOSであるWindowsの中にレジストリファイルというものがある。これは、Windows OSが管理している設定情報や履歴を、データベース管理しているようなファイルである。このレジストリを調査すると、パソコンの使用環境やUSBメモリなどの外部接続機器の接続履歴などの情報がわかる。

また、ハードディスクの未使用領域は、新たなデータが書き込まれる領域である。ここには、新たなデータが保存されるまでは、過去に使っていたデータや、削除されたデータが残っている。すべてのデータが残っていなくてもフォレンジック調査では、ある文章の一部分が残っていないかなどを細かく調査できる。

上記は一例であるが、これらの情報をすべて基本的には時系列で調べる。履歴情報は、日時やイベントなどと紐づいているので、情報のイベントを時系列にまとめることで、パソコンの使用者が、いつどのようなことをしたのかがみえてくる。それぞれの情報を組み合わせることでパソコンの使用者の足跡をたどることが可能になるのである。

5　報告・証言

調査・解析で得られた結果は、調査依頼者に報告することになる。

報告の形態としては、報告書の作成、報告会の開催、抽出データの提出等があげられるが、その際の内容には下記の条件を満たすことが求められる。

・公平であること

・客観的であること

・真正であること

・理解可能であること

公平であることとは、調査する側は、どうしても調査対象者が不正をしている証拠をみつけることに意識が向きがちだが、そういった考えにとらわれると、不正を否定するような情報を見逃してしまいかねない。極力、先入観なしに調査を行い報告書をまとめる必要がある。

真正であることとは、調査結果に誤りがあってはならないので、きちんと調査結果を証明できるフローを経るということである。たとえば、ハッシュ値の同一性によって、一切改ざん等されていないものだということが証明できるといったことである。

理解可能であることとは、ITの技術的な説明は難解で、裁判官や弁護士、一般の方に理解してもらうことはなかなか難しい。しかし、専門用語が並び理解できない内容では、報告としての意味をなさないので、かみ砕いた説明による報告が求められる。

場合によっては、専門家の意見を求められることもある。その際には、自らの調査の知識・経験に基づき、相手方の疑いや反論の差し挟まれる余地がないように帰結することが重要である。

Ⅲ 企業内不正調査事例

1 退職者による情報持ち出し（情報漏えい）

〈案件概要〉

- Ａ社の役員であったＸ氏は会社代表らとの意見が相違し、別の競合会社の設立を画策。側近のSEであった契約社員Ｙ氏に「役員に届くメールについてフリーメールに転送を指示」した嫌疑が発生した。
- Ａ社はＹ氏を「派遣期間満了に伴う契約終了」として契約を終了したが、Ｙ氏はそれを不服として提訴した。
- Ｘ氏とＹ氏は退職後に競合会社Ｂ社を設立し、その際に顧客データを持ち出した嫌疑が発生した。

調査内容は、X氏が使っていたパソコンはすで廃棄されていたが、Y氏が使用していたパソコンがあったので、その調査を行った。また、メールサーバーに残っているメールデータの調査を行った。

その結果、Y氏のパソコンの削除されたデータから、X氏の個人メールアドレスであるフリーメールに役員宛ての電子メールを転送した痕跡が確認できた。また、やはり削除されたデータからファイルサーバーに保管されていた顧客データをY氏個人のパソコンにコピーした痕跡がみつかった。

さらにY氏のパソコンから、X氏とともに競合会社B社を設立する準備のための資料（事務所物件を選定する資料）をA社で作成していた形跡も確認できた。

これらの結果をまとめ、A社が依頼した代理人の弁護士に説明し、弁護士から管轄の裁判所に対して調査結果の報告書を提出した。相手方Y氏はA社を提訴していたが、結果として訴えを取り下げ、A社の実質的な勝利になった。その後A社は、X氏とY氏に対して、不正競争防止法違反による訴えを提起した。

2　労務事案におけるデータ整理（タイムライン）

〈案件概要〉

- 社員X氏が突然脳梗塞で倒れ、長期入院することとなった。家族は以前からX氏より「仕事が忙しい」という報告を受けており、過労による労災認定、および会社に対しての損害賠償を検討している。
- 企業側は社内にてX氏の勤務環境について同僚からの聞き取り調査をしたが、いわゆる「超過労働」ととらえられる勤務の実態は確認できなかった。
- 両者の意見が食い違うことから、労働基準監督署からX氏のパソコン、および、X氏の行動記録のすべてについて調査を行い、実態について報告するように指示があった。

調査としては、X氏のパソコン、使用していた外付けハードディスクドライブ内に残る「人為的挙動についてのログ」の整理・提出と会社の入出記録、

ETC カード使用記録等を含めたX氏の行動ログの作成である。

X氏は社有車を与えられており、ETC カードも会社から貸与されていたため、その使用履歴も確認する必要があった。

「人為的挙動についてのログ」とは、調査対象者の行動に紐づくログのことであり、パソコンの起動・終了、スリープモードの履歴ほか、ファイルアクセス履歴、ファイルの新規作成・コピー・更新記録、電子メールの送受信日時、プログラムの起動履歴、業務用 SAP の利用ログなどである。これらとあわせて会社への入退室の時間や ETC カードの使用状況などを時系列にまとめたところ、業務時間外は業務とは関係のない行動が多いことがわかった。

これらの調査結果を労働基準監督署に会社担当者とともに報告したところ、労災認定は下りなかった。

3　不正競争防止法関連の操作ログ調査

〈案件概要〉

・Ａ社の元従業員Ｘ氏が大量の営業秘密情報をUSB メモリにコピーし持ち出したうえ、競合会社Ｂ社に転職した。２年後、類似製品が無断で製造され、海外に販売されていることが発覚し、Ａ社は社内調査を行うこととなった。

・Ａ社はセキュリティ監査ツールを導入しており、個人パソコンの動作（ファイル作成・コピー・消去、ネットワーク接続、接続先 URL 等）はログに記録される状況であった。

当該ログを確認したところ、退職日の数日前に大量のコピーが実施されていることなどを確認できたが、ログデータは大量にあるため、正確にＸ氏の情報持ち出しに関する動作を特定するには至らなかった。

・裁判所の見解としては「本人と営業秘密の動作を特定することが必要」とされており、Ａ社の IT 担当は100万を超えるレコード情報の中から、正確に不正なコピー・削除を抽出することは困難であり、また第三者性に欠けることが懸念点としてあがった。

Ａ社はまず、調査会社と契約して行動調査を行ったところ、Ｘ氏は、Ｂ社の研究所に出入りしていることがわかった。そこでＡ社は、Ｘ氏が情報、技術を持ち出しており、不正競争防止法違反であると確信して、訴訟も見据えて調査が必要と考えた。

しかし、すでにＸ氏が使用していたパソコンはなかった。ただ、そのパソコンの使用履歴のログは残っていたことから、このログを解析し、退職前に営業秘密情報をコピーした痕跡を探すこととした。一方で、ログの調査にあたってＡ社が自ら調査すると、客観性が担保できないことを危惧し、FRONTEOに調査依頼がなされた。

調査内容は、まず、上記ログデータを証拠保全することとし、ログのデータ収集を行い、ハッシュ値をとり、ログデータを証拠化した。その後、上記ログを解析し、２年前に退職した社員の行動の履歴を調査した。そして、その調査結果を基に鑑定意見書を作成するにあたって協力した。

パソコンのデータ収集の場合、前記のとおり（Ⅱ２⑵参照）、専用のフォレンジックコピーをとるツールを用いてハッシュ値をとることで、原本と同じものが複製されていることを担保できる。

しかし、この事案のログあるいはデータやファイルそのものを保全するときには、専用のツールはないことから、改ざんと疑われない状態で専門家である第三者が複製を作成したことが証明できるように、作業工程をすべて撮影するなどして、ログデータの複製を行い、ハッシュ値を算出した。

100万レコードという膨大なログを調査したところ、Ｘ氏は、退職前に外付けのハードディスクやUSBメモリに約30万件のファイルをコピーしていることが判明した。

Ｘ氏は、自分の端末のログが記録されていることに気づいたようであり、社内ネットワークにつながっているLANケーブルを抜いて、パソコンをスタンドアローンの状態にしたうえで、コピーしたデータをパソコンにいったん保存して、そのパソコンでデータが復元されないようにする等の作業を行っていた。

しかし、LANケーブルを抜いて作業を行っても、一時的にパソコン上に記録が残り、あらためて、会社のネットワークにつないだときに記録されるシステムであったため、X氏の一連の行為が判明した。

調査結果については、営業秘密目録に記載されている操作ログを不正操作フェーズごとに表にまとめ報告書を作成した。また、弁護士の意見書または調査報告書で、調査プロセスの適法性と事実認定の適正をサポートした。

結果は、監査ログを根拠として、相手方のファイルの所持の可否を問わず、データのコピー、持ち出しが認定され、X氏に不正競争防止法違反があり、営業秘密の使用・開示の差止めと、損害賠償金の支払いが命じられた。

ログ調査においてカバーした範囲のデータに関してのみ差止請求が認められ、解析結果が裁判所の心証に与えた影響は大きかったものと思われる。

4 派遣スタッフによる機密情報漏えい

〈案件概要〉

- 派遣会社A社のスタッフX氏が派遣先B社において機密情報を漏えいした。
- 漏えい情報は、派遣先B社の顧客企業C社の重要プロジェクト情報だった。
- C社はB社に対して情報漏えいの調査と状況報告を依頼した。
- A社はCSR部門、法務部門、情報システム部門と協議し、調査結果の信頼性や説明責任、緊急性を重要視して、漏えい事象の前後関係、原因把握、意図的な情報漏えいか、二次漏えいの危険性はないかを調査することとした。

案件の概要を整理すると、派遣会社A社からB社に派遣されたX氏が、B社がC社から受注した重要プロジェクトの情報を漏えいしたというものである。C社がネットワークの監視を行っていたところ、B社の社員が許可されていない外部への電子メール送信を行っている事実がみつかった。そこで、C社はB社に対して送信内容の確認と送信後にどのような対応を行っているのかの説明を求めた。B社の調査により、外部へ電子メール送信をしていた社員は、A社から派遣されたX氏だったことから、A社に詳細な調査を指示した。

調査結果は、電子メールの送信先はX氏の個人メールアドレスであった。X氏は、個人メールアドレスへの電子メール送信の事実を認め、理由は、自分の技術蓄積のためやスキルアップのためであると説明した。

個人所有のパソコンは、会社のパソコンと異なりセキュリティなどがきちんとなされておらず、ウィルス感染等により情報が漏えいする危険もあることから、本人の許可を得てX氏の個人所有のパソコンを調査した。供述どおり電子メールの受信は確認されたが、当該パソコンからの外部接続機器を使用した情報の拡散やウィルス感染等による二次漏えいの事実は認められなかった。

C社は事実を確認し、再発防止を指示したのみで、訴訟等は行われなかった。

5　退職社員による顧客情報の漏えい

〈案件概要〉

- 通販会社であるA社の元社員X氏が、転職先に「お土産」としてA社登録顧客の個人情報を持ち出した疑いが発覚した。
- A社は情報システム部を中心に、X氏の使用していたパソコンを調査したところ、情報を持ち出した形跡があるものの、決定的な証拠は認められなかった。

個人情報の持ち出しは、個人から発覚するケースが多い。持ち出された情報が不正に使われ、ダイレクトメールや営業電話、あるいはメールマガジンなどが送られてくると、案内された側は、案内の事実に疑問をもち、個人情報が流出したのではないかと、自らの個人情報を登録した会社に問合せを行う。そのような問合せが、複数件あると情報流出の疑いが大きくなる。

この案件では、A社の依頼でFRONTEOによる外部接続機器の接続履歴とインターネット・メールの調査が行われ、インターネット・メールを使って登録顧客の情報をもち出している痕跡がみつかり、決定的な証拠が確認できたため、訴訟準備を行うこととなった。

（野﨑周作）

第3章
大規模調査とAIの活用

I　デジタル・フォレンジックの大規模調査にAIが必要となる背景

1　大量のドキュメントファイルの調査が必要となる事例

第2章では、企業不正調査において必要とされるデジタル・フォレンジック技術について解説した。その中で、データの爆発的増加にふれたが、デジタル・フォレンジックにあたって、膨大なデータをどのように効率的に解析するかが問題となる。

特に膨大なデータの調査を要する2つの場面がある。第1は第三者委員会による企業内不正調査の場面、第2は国際訴訟に対応する場面である。

2　第三者委員会によるフォレンジック調査

企業や官公庁、地方自治体、独立行政法人あるいは大学、病院等の法人組織において、犯罪行為、法令違反、社会的非難を招くような不正・不適切な行為等が発生した場合、当該企業等の経営者ないし代表者が不正の事実を調査するにあたり、「企業等から独立した委員のみをもって構成され、徹底した調査を実施した上で、専門家としての知見と経験に基づいて原因を分析し、必要に応じて具体的な再発防止策等を提言するタイプの委員会」を第三者委員会という[1]。

この第三者委員会の調査は、実際には大規模なフォレンジック調査であるといってよい。たとえば、不祥事に関与したと思われる役員の過去数年間のすべての電子メールを確認し、その役員の関与の度合いから不祥事が調査対象企業のどのレベルまで波及しているかなどを調査している。

1　日本弁護士連合会「『企業等不祥事における第三者委員会ガイドライン』の策定にあたって」(2010年7月15日。改訂2010年12月17日)。

日本弁護士連合会の「企業等不祥事における第三者委員会ガイドライン」においても、「第5．委員等についての指針」として「2．調査を担当する専門家」について、「第三者委員会は、事案の性質により、公認会計士、税理士、デジタル調査の専門家等の各種専門家を専任できる。これらの専門家は、第三者委員会に直属して調査活動を行う」としている。また、「第6．その他」の「1．調査の手法など」においては、「第三者委員会は、デジタル調査の必要性を認識し、必要に応じてデジタル調査の専門家に調査への参加を求めるべきである」と明記されている（下線筆者）。

上記から、第三者委員会の調査にあたって、専門家によるデジタル調査の必要性が求められているといえる。

3　国際訴訟への対応――ディスカバリ（Discovery：証拠開示）

⑴　ディスカバリ（Discovery）とは

ディスカバリ（Discovery）とは、米国の民事訴訟における制度であり、有利・不利関係なく、事件に関連性のある文書や資料などすべての証拠を訴訟の当事者が互いに提出するというものである。この制度によって、一個人が大企業に対して訴訟提起し、多額の賠償金が認められる判決が出るケースもあり、米国の訴訟社会が成り立つ要因の一つともいえる。

2006年12月に米国の連邦民事訴訟規則が改定され、ディスカバリの対象として電子データの提出を考慮することが義務づけられた（eディスカバリ：Electronic Discovery、e-Discovery）。

ディスカバリにおいては、すべての証拠の開示が原則とされ、提出すべきデータを提出しなかったり（保存場所がみつからない等）、破棄したりした場合は厳しい制裁（Sanction）が課せられる場合があるが、弁護士・依頼者間の秘匿特権（Attorney-Client Privilege）は開示対象から除外される。

ディスカバリは米国の訴訟手続であるとはいえ、日本企業にとっても無関係ではない。米国支社が現地で紛争に巻き込まれた場合はもちろん、日本本社に保存されているデータで紛争とかかわりがあるものは、提出の対象となる。

⑵　ディスカバリの重要性

米国の訴訟手続では、ディスカバリがなされた段階で、90％以上が審理を経ずに和解に至っている。つまり、証拠開示の巧拙により紛争の勝敗が決定するといってよい。

証拠の正確性や迅速な提出のあり方の工夫が紛争の結果に直結するということであり、ディスカバリの対応は、訴訟戦略ともかかわる非常に重要な手続であるといえる。

〔図表３－１〕　ディスカバリの重要性

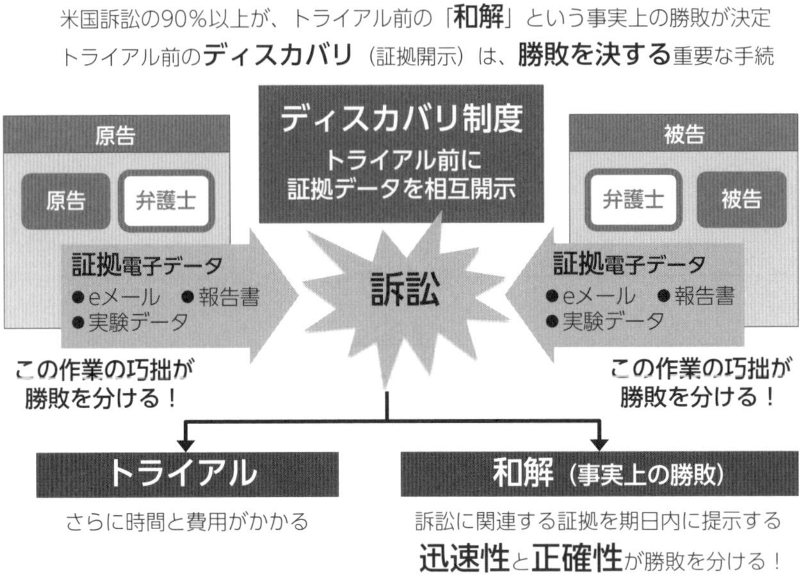

⑶　ディスカバリの流れ

ディスカバリの流れは、〔図表３－２〕のとおりである。

まず、ディスカバリの計画策定の段階がある。原告と被告が直接交渉して、対象者（対象データ）、どのような情報を提出するか、どのような流れで進め

〔図表3-2〕 ディスカバリの流れ

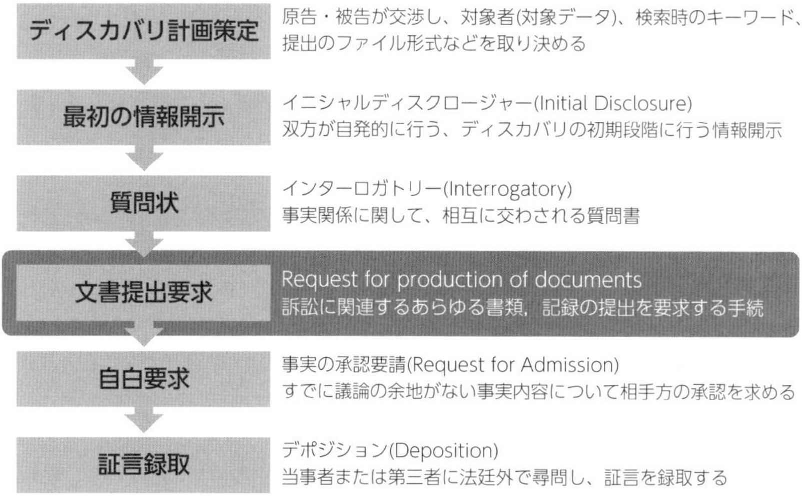

ていくかといった計画を作成する。

次に最初の情報の開示を行う。ここでは、イニシャルディスクロージャー[2]（Initial Disclosure）を双方が自発的に行うことになる（裁判所に対して提出するものではない）。

最初の情報開示を経た後に、もう一度事実関係について、お互いに質問状を交わす段階がある。これをインターロガトリー（Interrogatory）という。

その次の段階が文書提出要求（Request for Production of Documents）である。ここでは、訴訟に関連するすべての書類を提出することが求められる。

すべての書類を確認した後に、議論の余地がない事実について相手方の承認を求めるのが事実の承認要請（Request for Admission）である。その事実を相手方が認めた場合には、その事実については、以後、議論はなされな

2　イニシャルディスクロージャー（Initial Disclosure）とは、①開示当事者が自らの主張または抗弁の立証のために提出する可能性のある情報について、その情報を有している人の名前、居所、電話番号、どのような情報か、②開示当事者が自らの主張または抗弁の立証のために提出する可能性のある文書、電子的に保存された情報（ESI）および有形物（Tangible Things）の概要と保管場所、③損害額の計算などである。

い。

最後に、当事者または第三者に法廷外で尋問し、証言を録取するデポジション（Deposition）という手続がある。原告側の弁護士が被告側の企業や対象者に直接口頭で質問して、口頭により情報を収集する。この口頭質問のやりとりは撮影・録画されることもある。

⑷　eディスカバリ作業

文書提出要求手続（Request for Production of Documents）では、裁判所から要求される文書を提出する必要があり、弁護士が提出する文書の範囲を決定する。文書提出要求手続においては、一般的に訴訟に関連するあらゆる情報を開示する必要があるため、企業内のパソコンやサーバーに保存されている電子データや印刷されて保管されている紙媒体などが広く対象となり、データ収集や情報の精査に膨大な費用と時間がかかる。デジタル・フォレンジック技術が活用されるeディスカバリとよばれる作業は主に文書提出要求手続に関係する作業である。

弁護士・依頼者間の秘匿特権（Attorney-Client Privilege）は、訴訟に関

〔図表3－3〕　ディスカバリ作業

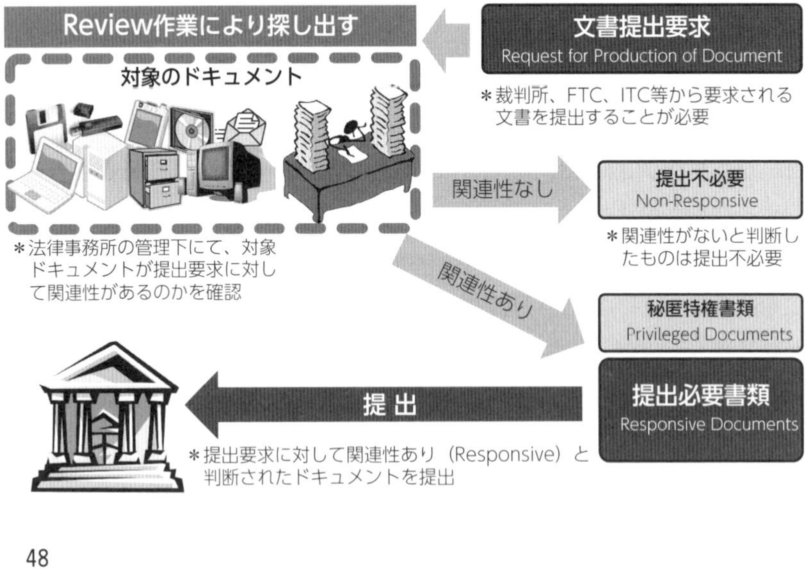

〔図表3－4〕 ディスカバリ（証拠開示）が必要となる機関の例

アメリカ合衆国司法省
(United States Department of Justice：略称 DOJ)
アメリカ合衆国の連邦政府行政府における司法関係事務をつかさどる機関。連邦法により、市民の利益を守りまた、市民に公正で公平な権利を保障することを目的としている。合衆国司法省はアメリカ合衆国司法長官によって管理されており、また司法長官は閣僚の1人でもある。

アメリカ国際貿易委員会
(International Trade Commission：略称 ITC)
アメリカ合衆国内の貿易に関する調査機関。アメリカの国内産業に対して損害を与えるダンピングや輸入品の商標、特許および著作権等知的財産権の侵害などを調査分析し、不公正な貿易を是正することを目的に設立された連邦政府の独立機関である。

アメリカ証券取引委員会
(U.S. Securities and Exchange Commission：略称 SEC)
アメリカ合衆国における株式や公社債などの証券取引を監督・監視する連邦政府の機関。不正会計、インサイダー取引等に関する捜査、民事制裁金の請求などの権限がアメリカ証券取引委員会(SEC)に与えられている。

連があっても開示対象から除外される（〔図表3－3〕参照)。

なお、民事訴訟以外でも司法当局からの文書提出要求においてディスカバリが必要となる場合がある（〔図表3－4〕参照)。

Ⅱ EDRM に基づく e ディスカバリの工程

1 情報統制から特定

EDRM（Electric Discovery Reference Model）とは、電子情報開示参考モデルを意味し、e ディスカバリ関連業界が推奨する、e ディスカバリの実施に関する参照手順である。文書提出要求に際し、電子情報の開示を行う際の世界の標準的な作業指標となっている（〔図表3－5〕参照)。

EDRM における最初のステージは「情報統制」である。ディスカバリ手続によって情報開示が求められる状態にはない平時の情報管理状況である。

〔図表3-5〕 EDRM（eディスカバリ開示参考モデル）

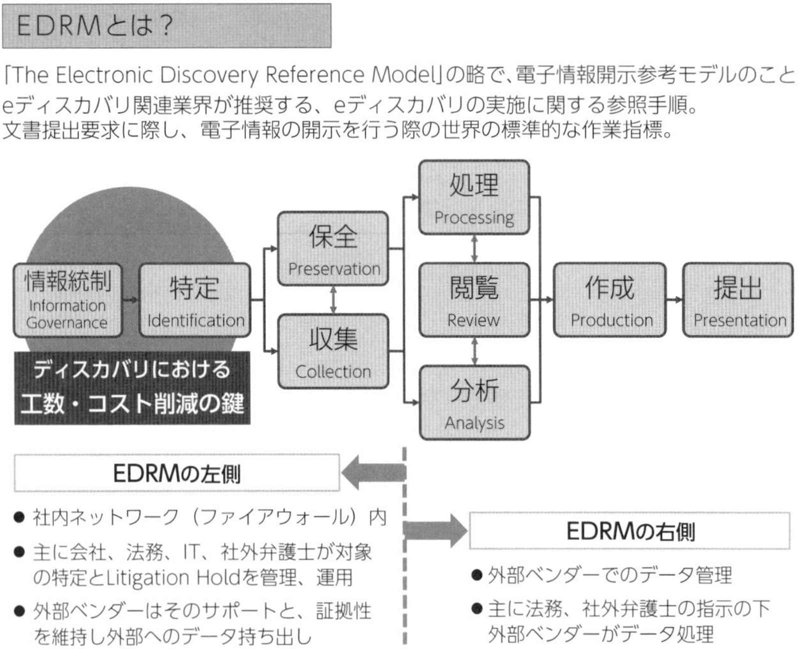

訴訟の提起などにより、提出すべき電子情報を「特定」する段階に進む。まず、対象者（カストディアン：Custodian）を特定する。カストディアンとは、関連ドキュメントを所有し管理している人物で、データ保持者である。たとえば、知財訴訟であれば対象となっている技術の開発者であり、PL訴訟であれば設計部門や品質管理部門などの情報が集約される立場の者が対象者として特定される。弁護士は、その対象者に対して訴訟の内容を説明し、関連情報をもっているか、保管場所はどこか（ファイルサーバーの中か、個人のメールボックスなど）、バックアップデータをとっていないかなどを質問する。

なお、〔図表3-5〕に「ディスカバリにおける工数・コスト削減の鍵」とあるが、これは平時の情報統制の段階から不要な情報は適切に破棄するような文書管理規定を設定することの重要性を意味している。たとえば、不要なバックアップデータがさまざまな媒体に残っている場合、それらすべてが対象として特定される可能性があるため、対象の範囲が拡大しディスカバリの工数やコストが増加する要因となりうる。

2 リティゲーションホールド（保全）

「特定」から「保全」「収集」の段階に進む。企業が保持しているデータの「保全」において、訴訟に関連する書類は、その訴訟が終わるまでは改変や消去あるいは保存場所の移動をしてはならない（訴訟ホールド、リティゲーションホールドともいう）。多くの場合、企業の法務部や知財部の担当者がカストディアンに対してリティゲーションホールドノーティスという連絡メールを通知することで、カストディアンは極力現状を保全しなければならなくなる。当然ながら、自らに不利なデータであっても消去してはならず、有利・

〔図表3-6〕 データの特定・データの保全

データの特定

文書提出要求に対して、

- **誰の？**
- **いつの？**
- **どの？**

といった上記内容を特定させる作業。
弁護士や社内のインタビューとの突合せから対象者（Custodian）の特定を行う。
人事異動や退職者に関しても考慮する。

データの保全

調べる事象が、削除・改ざんされないよう、企業で保持しているデータを保全することを**訴訟ホールド（Litigation Hold）**という。訴訟のおそれがあると合理的に予見された時点で訴訟ホールドを行う。このタイミングを見誤ると保全が遅れ、証拠文書の破棄や隠匿につながり、裁判所から厳しい指摘を受ける恐れがあります。基本は弁護士指示の下、実施。

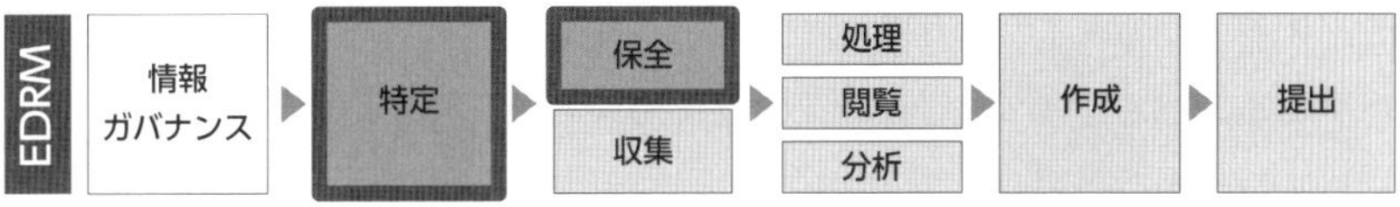

不利・中立的かを問わず、保有する文書であって、いずれかの当事者の主張に関連すると考えられる文書は、保全の措置がとられる。

リティゲーションホールドは、訴訟のみならず政府機関による調査の可能性があると合理的に予見（Reasonably Anticipated）された時点で、文書保全義務が発生する。したがって、データの保全の前段階である「特定」における作業も、訴訟提起がなされるより前に開始する場合がある。

データの「保全」が適切になされていなかった場合は、裁判所から不利に扱われるおそれがある。意図的か不注意によるものかを問わず、データを消去してしまった場合は、その事実そのものが証拠の破棄（Spoliation of Evidence）と認定されたり、あるいは敗訴に近い認定をされたりすることもある。

リティゲーションホールドは、社内の文書管理規定に優先される。すなわち、社内の文書管理規定において保管期限が定められ、その期限を経過した文書は破棄することになっていても、リティゲーションホールドがとられたときには、破棄せずに現状を維持するための施策をとらなければならない。

3　収　集

リティゲーションホールドによって保全されたデータは、実際に情報開示を行うための調査にあたり、まずはデータ収集によって複製が作成される（データ収集方法については、第2章Ⅱ 2参照）。

電子データは存在せず紙文書のみが残っている場合は、紙文書をスキャンしてOCR（Optical Character Reader：光学式文字読取装置）により文字情報を識別してテキストデータ化し、電子データをあらためて作成する作業を行う。紙文書の電子化により、この後の作業工程を他の電子データとあわせて進めることが可能となる。ただし、紙文書の電子化は、ホチキス止めやバインダーからはずし、電子化した後、また元の状態へ復元するなど時間や手間がかかることも事実であり、「特定」の段階で、選別されたものに限定して効率的に行う必要がある。

〔図表3-7〕　データの収集

Collection（収集工程）
ESI : Electronically Stored Information

- 不正調査では、削除されたデータの復元も見据え、単純なデータのコピーではなく、デジタル鑑識技術を用いた、完全なクローンを作成してデータを収集。
（フォレンジックコピー）
- 完全なクローンコピーが作成できない場合においても、ファイルの内容だけではなく、ファイルのタイムスタンプやメタデータを改変せずに収集することが必要となる。

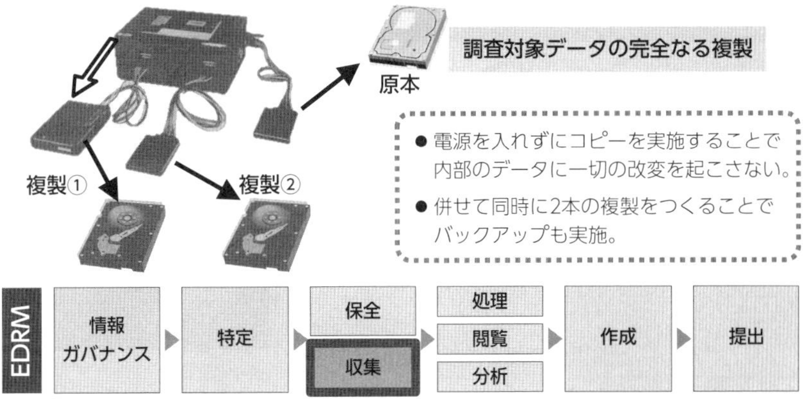

OCRによる読み込みは、手書きのものでは困難な場合もある。電子データとして保管されている書類であっても、実際の紙文書には、手書きで書き込みがなされており、さらにその内容が訴訟との関連を有することもある。その場合は、弁護士による目視確認で関連性を判断し、電子化せずに紙文書のまま内容を確認し、開示対象の文書を選別することもある。

4　処　理

(1)　データの処理内容

データを「特定」し、「保全」「収集」したものを「処理」する工程について解説する。

①ユーザ作成ファイル抽出、②メールアーカイブファイル展開、③圧縮

ファイル展開、④テキスト情報抽出、⑤メタデータ抽出、⑥検索用インデックス作成、⑦メールファミリー保持などの工程がある。

(A)　ユーザ作成ファイル抽出

まず、「収集」されたデータについてユーザ作成ファイルを抽出する。

コンピュータの中には明らかに訴訟とは関係のないデータも多くある。たとえば、Windowsという OS（オペレーティングシステム）には、OSが起動するためのプログラムファイルや設定ファイルが含まれる。一方、調査の対象となるのは人によって作成されたドキュメントである。そこで、これらのシステムファイルを排除し、ユーザの作成したオフィスファイルや電子メールだけを抽出する必要がある。

(B)　メールアーカイブファイル・圧縮ファイルの展開

メールアーカイブファイルや圧縮ファイルの展開を行う。コンピュータの中は、Zipファイルに代表されるように、いくつかのファイルが圧縮されて保存されている場合が多い。電子メールも、1つのメールアーカイブファイルの中に数万通の電子メールメッセージや添付ファイルなどのレコードがまとまって保管されている。しかし、1つにまとめられてしまっている状態では調査はできず、実際には、1つひとつドキュメントを精査することが求められる。そこで、圧縮ファイルや電子メールのアーカイブファイルを展開して、それぞれのドキュメントを調査できるように分解する。電子メールについては、本文のデータと添付ファイルのデータをそれぞれ調査できるように処理する。なかには、電子メールの添付ファイルに電子メールが添付されており、さらにその電子メールにZipファイルが添付されているなど、5層にも6層にもなっているものもある。こういった場合においても、深い層のドキュメントも調査できるように分解していく。実際には、各ファイルを展開するためのシステムがあり、自動的に処理が行われる。

(C)　テキスト情報の抽出

テキストの内容を精査するために文字情報のみをまとめて抽出する。テキスト情報をもたないPDFファイルなどはOCR処理を行い、テキスト情報を抽出する。抽出されたテキスト情報を用いてキーワード検索やAIによる分析を行う。

(D) メタデータの抽出

メタデータの抽出とは、コンピュータの中にある視認できるテキストだけでなく、ファイルのプロパティに記録されている属性情報などを抽出することである。属性情報とは、たとえば、ファイルを更新した更新者の情報や作成日時、最終更新日時のような時間情報といったものである。

(E) 検索用インデックスの作成

抽出されたテキスト情報を用いてそれらを検索するための言語のインデックスを作成する。

(F) メールファミリー保持

上記のとおり電子メールは、本文と添付ファイルとを展開して、個別の内容を精査できるようにするが、本文と添付ファイルを合わせて電子メールメッセージという1つのグループとして扱われる。ディスカバリで電子メールを提出するときは、弁護士の方針にもよるが、添付ファイルが重要な証拠であっても、添付されていた電子メールの本文も一緒に提出する必要がある。そこで、個別の精査のために分解する際に、本文と添付ファイルの関連性が失われないように、データベースの中でそれぞれの関係性がわかる状態にしておく。こういった本文と添付ファイルの関連付け処理もシステム内で自動的に行われる。

(2) データの絞り込み

データを処理した後、訴訟に関係するものを絞り込んでいく。

多くのケースでは、日付による絞り込みを行う。ファイルにはタイムスタンプという時間情報があるので、紛争となっている事象に該当しない期間のファイルは排除する。電子メールであれば、送信日時や受信日時で該当する電子メールを抽出する。

また、重複ファイルを除外する。対象者からデータの収集を行うと、中には重複するデータが出てくる。コンピュータ内のファイルと電子メールの添

〔図表3-8〕 データの処理と絞り込み

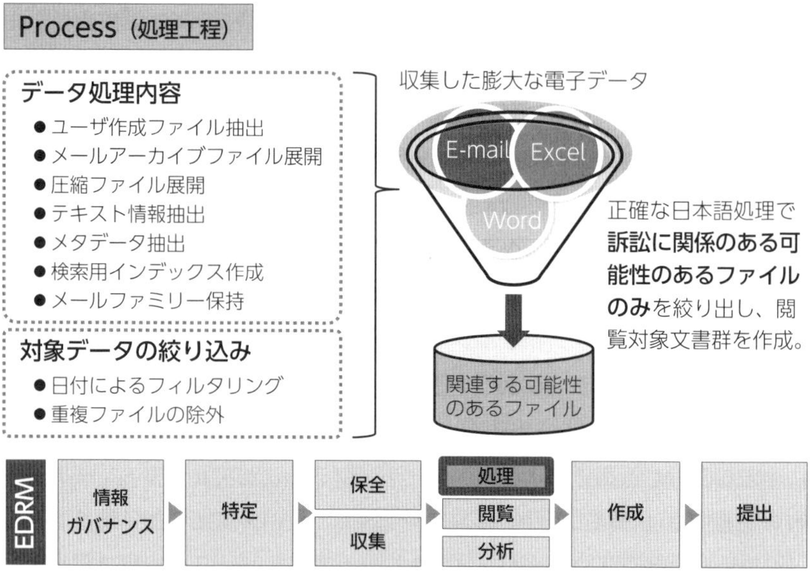

付ファイルが重複しているケースなどである。複数人が同じデータを保管している場合も多い。そこで、ハッシュ値（第2章Ⅱ2(2)参照）により重複データを判別し、同じと判別されたものを除外していくことで、その後の作業負担が軽減される。なお、除外とは、消去するわけではなく、1つのファイルのみを調査対象とするということであり、同じデータがどの対象者によって保管されていたかは確認できるようにしておく。

(3) 日本企業におけるeディスカバリの技術的注意点

これらのデータ処理により、調査対象となる電子データが絞り込まれ、ディスカバリを求められている訴訟事案との関連性の有無を確認する前段階に進む。

次の段階では、キーワード検索などにより、事件と関係のあるドキュメントを絞り込んでいく。しかし、日本語は、アルファベットと記号のみで検索できる英語などとは異なり、漢字や平仮名、片仮名があり、さらに片仮名と英数字に関しては全角と半角が混在して使われるなど、表記が複雑であるため、正確な検索のためのハードルが高い。

コンピュータには文字コードが割り当てられているが、英語と日本語とではコードが異なる。また、全角のＡと半角のAもコードは異なる。この点をきちんと理解していないと、正確な検索が行えず、本来、ディスカバリに提出すべき証拠が漏れてしまう可能性が生じる。

文字コードには、UnicodeやShift-JISといったさまざまな種類があり、1つの言葉についてもいろいろな文字コードで表すことができる。英語の場合には、ASCIIとUnicodeが使われる。ASCIIは、米国で最初に生まれた英数字に対応したシンプルな文字コードであり、Unicodeは、1つの文字コードで世界のあらゆる言語を統一的に表せるようにするという意図の下に作成されたものである。日本語の解析を行う場合は、Shift-JISやEUC-JPといった日本独自の文字コードも処理できる解析ソフトを使わなければ文字コードが正確に判別されず、文字化けが発生し、検索できないといった事態が生じる。

なお、EUC-KRは韓国語の文字コード、BIG-5やGBKは中国語の文字コードである。アジア言語は表記方法が英語とは大きく異なるため、それぞれに適した文字コードによりドキュメントを解析する必要がある。さらに、英語とアジア言語との特に大きな違いは、スペースの有無にある。英語は単語ごとにスペースをはさむが、日本語などの一部のアジア言語には単語間のスペースがないため、文章解析に対する技術的なハードルが高い。

また、日本語特有の問題として、電子メールのアプリケーションの多様性があげられる。たとえば、Becky!は日本語の電子メールソフトで、オープンソース化されており、性能や使い勝手もよいことから、多くの日本企業で利用されている。このような日本語特有の電子メールアプリケーションに対して欧米の解析ソフトを用いる場合は、メールアーカイブファイル展開における添付ファイルや圧縮ファイルの正確な取扱いに支障を来すことがある。つまり、欧米の解析ソフトを用いると、Becky!による電子メールのデータ

〔図表3－9〕　日本企業におけるｅディスカバリの技術的注意点

1 文字コードの問題－文字化け

Code	Character "A"	Character "1"	"漢"	Byte
ASCII	41	31		1
Unicode (UTF-8)	41	31	E6,BC,A2	3
Shift-JIS	41	31	8A,BF	2
EUC-JP	41	31	B4,C1	2
EUC-KR	41	31	F9,D3	2
BIG-5	41	31	BA,7E	2
GBK	41	31	9D,68	2

2 スペースの有無

"今日は対象の半導体デバイス構造の特許訴訟に関して弁護士とMeetingしました。"

3 多様なアプリケーション

- 日本特有の電子メール全対応
- 文字，メタ情報展開
- 添付ファイルの正確な取り扱い
- 圧縮ファイルの正確な取り扱い

群があるにもかかわらず、メールデータであることを認識できず、処理できない可能性がある。現在では、日本のみで活用されているアプリケーションや日本語、アジア言語のドキュメントを解析できるシステムが開発されている。

5　分析――キーワード検索

データ処理を行ったデータを文字コード等に留意しつつ解析したうえで、訴訟事案との関連を確認するためにデータを分析していく。その前に、関連するデータを抽出するために、キーワードにより検索する作業を行う。

⑴　ブーリアン検索

キーワード検索にあたっては、まず、ブーリアン検索というANDやOR

あるいはNotによる検索条件を設定する。たとえば、東京で行われた会議について検索する場合には、東京を意味する言語（「東京」OR「Tokyo」OR「トウキョウ」OR「とうきょう」）を「OR」でいずれかの表記が入力されているものが検索されるようにする一方、「会議」を意味する言語（「会議」OR「打合せ」OR「meeting」OR「MTG」）といったキーワードを「OR」でつなぎ、そのうえで、その双方を「AND」でつなぐことで、「東京」を意味するキーワードと「会議」を意味するキーワードが両方とも存在するデータを検索することになる。

日本企業が米国の訴訟に巻き込まれ、ディスカバリの必要が生じて、日本の本社で関連書類を提出しなければならなくなった場合、米国の弁護士が、上記のような検索条件を作成して条件に該当する文書を準備するよう指示されることが多い。キーワードは膨大な数に上り、1000以上のキーワードを扱うこともある。

(2) 近傍検索

ブーリアン検索による場合、たとえば、「AND」という条件であれば、検索対象となっている2つのキーワードが、100頁の書類の1頁目と100頁目にある場合にも検索される。しかし、2つのキーワードの間が離れすぎている場合、この100頁の書類の内容を確認しても訴訟事案とはかかわりのない場合が多い。つまり、複数のキーワードは、1つの文章や段落の中で相互に関連をもって使用されていないと、意図に沿った形での検索とならないことがある。書類の中で、検索したキーワードが偶然すべて使用されていても、それらのキーワードに関連性がない場合は、検索される書類の量がいたずらに増え、確認に膨大な時間を要することになる。

こうした事態を防ぐために、近傍検索という方法を用いる。すなわち、検索すべきキーワード間の距離を文字数として検索条件とするのである。たとえば、「東京」と「会議」をキーワード検索するにあたって、これらのキーワードが100文字以内に両方含まれていることを条件とすることができる。

⑶　正規表現

また、「京都」というキーワードを検索する場合、日本語の特性上、部分一致で検索され「東京都」も検索されてしまうことがあるが、いうまでもなく両者は全く異なる地名のキーワードである。そこで、正規表現とよばれる演算子を用いた検索手法を用いることにより、「京都」の前に「東」のつかない場合のみを検索させることが可能となる。正規表現は電話番号やクレジットカード番号、マイナンバーといった特徴的な桁数や表記の数字の並びを検索して調査する際にも使用される。

6　閲　覧

⑴　オンラインレビューシステム

ドキュメントを実際に閲覧する際には、オンラインレビューシステムにデータをアップロードする。それにより、企業の訴訟担当者や米国の弁護士がインターネットを介して国境や時間に関係なくデータを閲覧できるようになる。

訴訟担当の弁護士がオンラインレビューシステム上でキーワード検索等により絞り込まれたデータを実際に目で見て確認し、最終的に提出するデータを決定する。

⑵　ドキュメントレビュー

最近は、ビッグデータ化が進み、そもそも最初の段階で蓄積されているデータが膨大であるため、各プロセスにおいてデータを絞り込んでいっても、なお多くのデータが目視での関連性の確認を要するものとして残ってしまう。とはいえ、実際にデータの内容を確認すると、訴訟事案と関連性がないと速やかに判断できるものも多く存在する。そのため、一次レビューと二次レビューに分けて閲覧する方法が採用されることが多い。一次レビューは、どちらかというと関連性のないものを効率的に排除する目的で、Hot（重要）、関連性がある（Responsive）データと関連性がない（Not-Responsive）データを大別する作業である。これは、弁護士ではなく、ディスカバリベンダーが対応することが多いが、排除の基準は、弁護士の指示に基づく。一次レビューで排除されなかった訴訟事案に関連性のある可能性があるデータについて、弁護士が二次レビューを行い、最終的に相手方に開示すべきデータを決定する。

(3) コーディングパネル

上記において、一次レビューにおいては、Hot（重要）、関連性がある（Responsive）データと関連性がない（Not-Responsive）データを分類するとしたが、実際には、〔図表3-10〕のとおり細かい分類に分けて確認しておくことが多い。

〔図表3-10〕 コーディングパネル（カルテル訴訟事例）

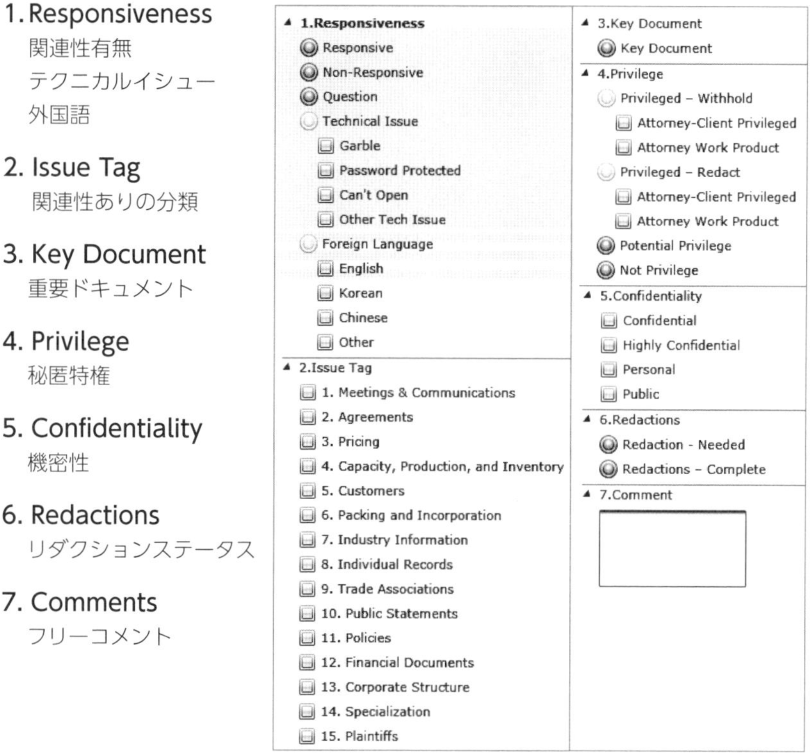

たとえば、「1．Responsiveness」は、関連性の有無のほかに、技術的な問題があって閲覧できない、使用言語でない言語によって作成されており判断できない、といった分類もされている。また、「2．Issue Tag」は、ミーティングに関係するもの、アグリーメント（契約）に関係するもの、プライシング（価格）に関係するもの、カスタマー（顧客）に関係するものなどに分類することを求められる場合もある。

一次レビューの段階で細かく分類ができると、二次レビューを行う弁護士の負担は相当に軽減される。

「3．Key Document」はより重要なドキュメントの場合、「4．Privilege」はクライアントと弁護士の訴訟に関する相談事項として非開示が認められているもの、「5．Confidentiality」は機密情報にかかわる内容が記載されているもの、「6．Redaction」は内容の一部がPrivilegeに係る場合など、その部分を墨塗りなど判読できないようにして非開示部分と開示部分を分けたうえで提出する必要のあるもの、「7．Comments」はフリーコメントつまり自由記述欄である。

⑷　Privilegeドキュメントの確認

一次レビューでは、Responsive（提出対象）に仕分けられたドキュメン

〔図表3-11〕　Privilege（秘匿特権）ドキュメント確認のための代表的なキーワード

- **代表的なキーワード1：**
  弁護士事務所名、弁護士名、電子メールアドレス等
- **代表的なキーワード2：**
  "attorney" "privilege" "law" "lawyer" "legal" "litigation" "DOJ" "Subpoena" "コンプライアンス" "パテント" "リーガル" "義務" "虚偽" "強制" "検察" "検事" "勾留" "抗弁" "拘留" "告発" "根絶" "差し押さえ" "差押" "債務" "事案" "事件" "自首" "執行" "出頭" "処分" "召喚状" "審判" "接触" "捜索" "損害賠償" "逮捕" "脱会" "脱法" "知財" "知的財産" "仲裁" "調停" "特許" "賠償" "判決" "被害者" "被告" "負債" "法的" "法務" "法律" "令状" "和解"

トに関して、Potential Privilege（秘匿特権可能性あり）とタグ付けを行うことが多い。一次レビューは弁護士資格をもたない者が行うことが多く、最終的にPrivilege（秘匿特権）に該当するか否かの判断は二次レビューにおいて弁護士が行うため、あくまで秘匿特権の可能性について判断することになる。

もちろん一次レビューにおいて、Privilege（秘匿特権）の可能性があるデータの見落としがないように、広い範囲でPotential Privilege（秘匿特権可能性あり）のタグ付けを行うようにしているが、二次レビューにおいても、たとえば、弁護士事務所の名称、弁護士名、弁護士の電子メールアドレスのドメインの部分、あるいは「Attorney」「Privilege」「義務」「虚偽」「強制」「検察」といった弁護士と依頼者が法的な相談を行う場合によく出てくるキーワードなどにより再度検索し、最終的な確認を行う。

7 作 成

(1) 画像化（イメージング）とプロダクション

最終的に裁判所等に提出する文書は「Responsive（提出対象）」文書であり、「Privileged Documents（秘匿特権）」ではない文書である。

提出対象となった文書は、この時点まではオリジナルのファイル形式を維持した状態であるが、一般的に画像ファイル形式（TIFFファイル／PDFファイル）に変換し、ConcordanceやSummationとよばれるデータベース形式として提出する。その際、画像化した文書の各頁にBates Numberという通し番号を埋め込む作業を行う。Bates Numberが付加されることにより1頁単位でユニークな証拠として扱われるのである。このような提出データの作成をプロダクションともよぶ。

(2) Privilegeドキュメントの取扱い

Privilegedドキュメントについては、WithholdとRedactという扱いとなる。

Privileged Withholdとは、文書全体が秘匿特権の対象であるから提出をしないという取扱いをする文書である。これに対して、相手方は、Privilege Logの提出を求める。Privilege Logとは、文書の内容について関連性があるもののPrivilegedであるため提出しないと判断されたもののリストである。

Privileged Redactとは、上記のとおり、文書の内容の一部がPrivilegedであるものについて、該当部分を墨塗り等により判読できないようにして、提出する取扱いである。この場合も、Privilege Logへの記載が必要である。

Ⅲ　TAR（Technology Assisted Review）

1　レビュー（閲覧）にかかる費用

eディスカバリにかかるおおよその費用は、大きくプロセス工程における費用とレビュー費用に分けられる。

プロセス工程の費用には、証拠保全（第2章Ⅱ2参照）、プロセス（分解、絞込み等）、オンライン証拠閲覧、ホスティングサービス、提出作業である。ただし、これらの費用は基本的にはシステムにかかる費用であり、自動的に処理されるものが多く、人件費はほとんどかかっていない。

一方で、レビュー費用は、クライアントや弁護士に証拠データとして提出する前の閲覧確認や弁護士が開示する証拠としての妥当性や秘匿特権等を確認するための費用であり、そのほとんどは人件費で、eディスカバリにかかる費用の70％がこれに占められる（〔図表3-12〕参照）。このことから、レビュー対象データの量を合理的に削減することでレビューの効率化が図られ、時間等の節約にもなることから、ディスカバリ費用の削減が可能になるといえる。

なお、〔図表3-13〕に各作業のおおよその時間コストを掲げた。

〔図表 3 -12〕 レビュー（閲覧）にかかる費用

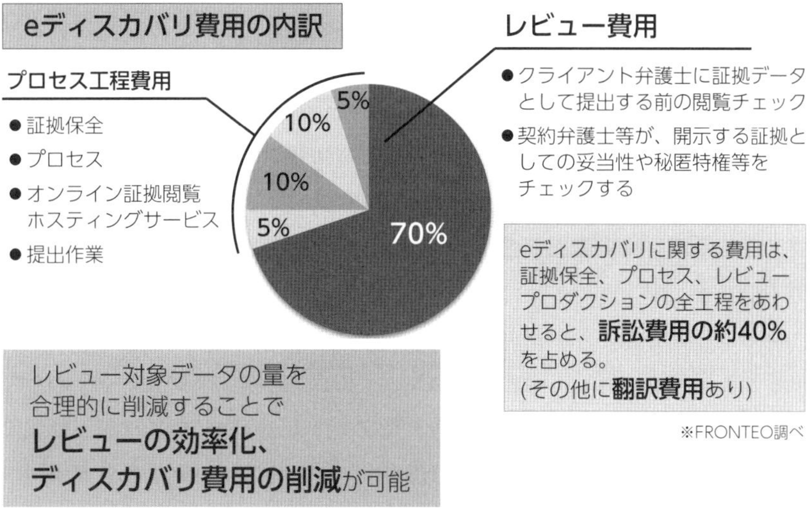

〔図表 3 -13〕 レビュー（閲覧）にかかる時間

2 TARとは

TAR（Technology Assisted Review）とは、技術によって、人の目で見るレビューという作業をサポートするものであり、CAR（Computer Assisted Review）、Predictive Coding（予測符号化）などともいう。

2012年以降は、EDRM（Electric Discovery Reference Model）を作成した団体[3]より、AIの活用が提唱されており、AIがドキュメントの訴訟事案との関連性の有無を分類していくといった技術の活用が進められている。

米国の司法省（DOJ：United States Department of Justice）も、2013年８月のレポート[4]でPredictive Codingの有効性を解説している。また、同年11月のレポート[5]にも、やはりPredictive Codingに関して、膨大なデータの収集や素早く正確なドキュメントの認識にあたり時間と費用の節約に有効であるとしている。

Ⅳ　AIの活用

1　ビッグデータが抱える共通の課題

昨今、文書はほとんどがコンピュータ上で電子作成され、ビックデータ化が進んでいる。このため企業においても個人のコンピュータ内においても膨大なデータが蓄積され、従来のIT技術ではそこから訴訟と関連のあるデータを抽出することは非常に困難である。たとえば、キーワード検索はあくまでも対象となるキーワードの有無で文書が検出されるため、明らかに訴訟との関連性がない文書の多くが検出されてしまう。母集団となるデータ量が少ない場合はキーワード検索でも十分なデータの絞り込みが可能であったが、母集団のビッグデータ化が進んでいる現在ではキーワード検索による絞り込みだけでは証拠の抽出には不十分である。

2　「情報発見」へのAIの活用

そこで、膨大なデータから訴訟と関連性のある証拠の抽出のためにAI活

3　2005年に発足したEDRMプロジェクト。
4　IP, Antitrust and Looking Back on the Last Four Years_20130208 (P.13).
5　HEARING ON OVERSIGHT OF THE ANTITRUST ENFORCEMENT AGENCIES_20131115 (P.8).

用の必要性が高まった。現在では、さまざまなAIによる証拠の解析が行われているが、本章においては、FRONTEOが開発したKIBITを例に解説していく。

少なくとも現時点では、すべての機能を備えているAIはなく、画像解析に強いもの、音声認識に強いもの、数値解析に強いものなど、特定の目的のために開発されている。その中でKIBITは、文章解析を目的に開発されたAIである。

KIBITは、自然言語処理、機械学習能力が高く、英語だけでなくさらに複雑な言語であるアジア言語の処理をも網羅している。また、従来のAIは膨大な教師データを学習させることによって初めてモデルを作成でき、対象データの特徴を解析することが可能であったが、KIBITは少量の教師データの学習によりモデルを作成することが可能である。

3　言語データの解析

企業内不祥事（談合）に際して、担当者のコンピュータ内の膨大な電子メールの中から事案の関連性の高いものを抽出する作業を例にして解説する。まず、KIBITに学習させるための電子メールデータを用意する。談合を行うため同業他社の担当者を飲み会に誘う「見つけたい」電子メールと、問題のない通常の社内懇親会に誘う「見つけなくてよい」電子メールの2種類である。この2種類のデータを「見つけたい」「見つけなくてよい」という属性も含めてKIBITに学習させ、電子メールの文章を「形態素」に分ける。「形態素」とは、文章の中で意味をもつ言語の最小単位である。

KIBITは、伝達情報量を利用し、電子メールで与えられた形態素のうち、「見つけたい」電子メールのみに含まれているものを「重要度が高い」、「見つけなくてよい」と「見つけたい」に両方あるものを「重要度が低い」とみなす。

そして学習した電子メールの形態素の出現頻度とあわせて計算し、0から1点の間で「重み」を表す点数をつけていく。上記の例でいえば、談合の打

〔図表3-14〕　困難な言語データの解析

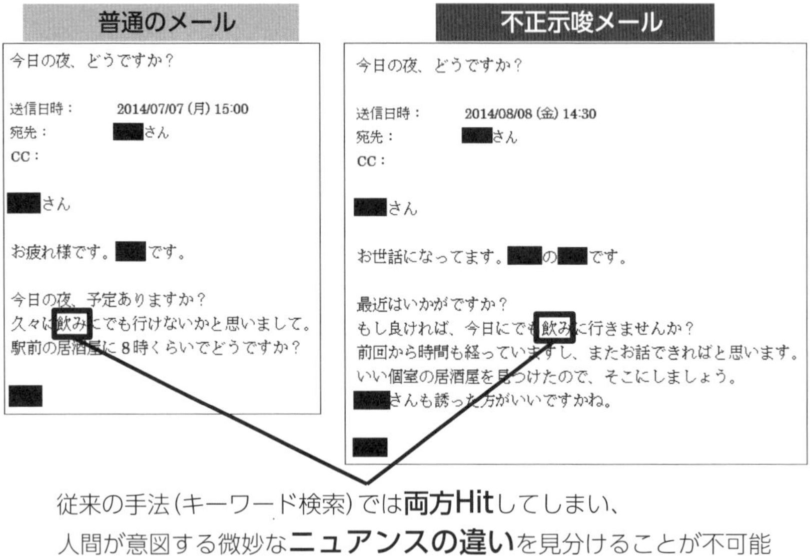

〔図表3-15〕　AIの学習（KIBITにおける教師データの作成）

人間のすぐれた判断を学習し、人間の判断をサポートする人工知能「KIBIT」も、最初は何も知らないため判断を行えない。そこで、判断を学習するために必要なのが「教師データ」。KIBITでは、この教師データの作成も非常に簡単に行うことが可能。

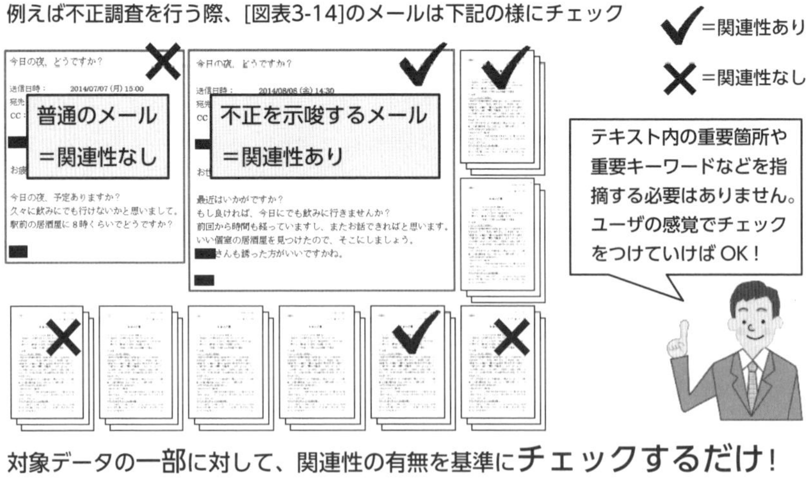

合せのための飲み会は、他人に話を聞かれない場で行う可能性が高いことから「見つけたい」電子メールだけにある「個室」という形態素は点数が高くなり、重要な成分となる。一方で、「見つけたい」「見つけたくない」の両方の電子メールにある「飲み」や「居酒屋」の形態素は点数が低く、出現頻度の高い「飲み」は、特に点数が低くなる。

こうして電子メールを1通ごとにスコア化し、スコアの高い順にデータを並び替えたうえで、スコアの高い、つまり談合の打合せのための電子メールである可能性が高いものを確認する。それにより、日付順や受信者ごとに電子メールを確認していくよりも証拠の発見が速やかにできる。また、一定の点数以下の電子メールは確認しなくてよいことにすれば、すべての電子メールを確認する必要がなくなり、調査時間の大幅な短縮が実現できる。

〔図表3-16〕　AI（KIBIT）の機能概要

人間の判断軸を少数のデータから学んだ人工知能KIBITは、大量のデータに対してスコアリングを実施。スコアの高い文書からレビューすることで、時間とコストを大幅に削減することが可能。

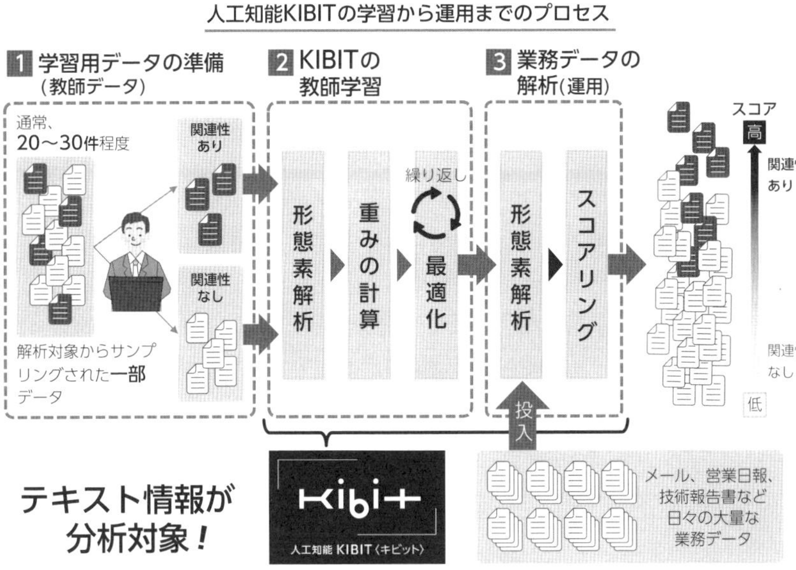

ここでのポイントは、「見つけたい」電子メールの情報だけでなく、「見つけなくてよい」という電子メールの情報もあわせて学習させるところにある。これにより、KIBITは、「関連性あり」「関連性なし」の判断ができ、点数をつけるための「重み」付けもAIが自ら行う。また、学習にあたって、キーワードを入力する必要もなく、前述の例でいえば、電子メールそのものを学習させることで、文章からAIが判断していく。

たとえば、調査対象のコンピュータの電子メールには、「飲み」という言葉が6回出てきたが、「飲み」という言葉は、「関連あり」の文章に「2回」出てきた一方で、「関連なし」の文章にも「4回」出てきた。このことから、「飲み」という言葉は、「関連あり」を判断するための重要度は低いと判断される。しかし、「個室」という言葉は、電子メールに2回出てきたが、いずれも「関連あり」の電子メールに出てきて、「関連なし」の電子メールには

〔図表3-17〕 伝達情報量による形態素の重みづけ

伝達情報量の定義

p(m): 文書が事象Xに関連するかどうかの確率
p(t): 形態素が文書に含まれるかどうかの確率
p(t, m): p(t)とp(m)が同時に起こる確率

$$I(T;M) = H(T) + H(M) - H(T,M) = \sum_{m \in M} \sum_{t \in T} p(t,m) \log \frac{p(t,m)}{p(t)p(m)}$$

教師データ内における形態素の出現頻度			
文書数（合計10）		関連あり文書数（合計3）	関連なし文書数（合計7）
形態素	個室（合計2）	2	0
	飲み（合計6）	2	4
	居酒屋（合計6）	3	3

p(t)	
p(1)	p(0)
30%	70%

	p(m)	
	p(1)	p(0)
個室	20%	80%
飲み	60%	40%
居酒屋	60%	40%

	p(t, m)			
	p(1,1)	p(1,0)	p(0,1)	p(0,0)
個室	20%	10%	0%	70%
飲み	20%	10%	40%	30%
居酒屋	30%	0%	30%	40%

	伝達情報量
個室	0.115
飲み	0.0017
居酒屋	0.081

一度も出てこないことから、「関連あり」の判断にあたって重要なキーワードであると判断される。

もちろん、伝達情報量だけで言葉の重要性（重み）を決めているわけではなく、さまざまな要素を加えて、最終的に、形態素ごとの重み（ウェイトとよんでいる）を決めている。

結果、形態素解析がされてそのウェイトが決められ、文書のスコアが計算される。最高値が1万点で、ゼロから1万点の幅で関連性が表示される。KIBITは少量の教師データで特徴を学習できるため、大量のデータを解析するためのスーパーコンピュータのような大規模な設備は必要なく、ノートパソコンでも十分に活用できる。

4　人工知能技術

⑴　探したい文書全体数に対する発見された証拠文書数の割合（再現率）

では、AI（KIBIT）による解析は、人間が文書を解析した場合に比べて、同じような結果となるのか。1つの事案について、あらかじめ「関連あり」の証拠を一定数用意し、人間とAIで全体の文書のどのくらいの割合を閲覧した時点で、すべての証拠を発見できたかという検証を行った。

〔図表3-18〕は、横軸が閲覧率つまり全く確認していない状態を0％、すべての文書を確認した場合を100％として、縦軸はその再現率つまり証拠を発見できた割合である。

人間の場合（破線）は、すべての文書を確認した段階で再現率は100％となる。これは、文書をランダムに確認していくことになるため、すべての文書を確認しなければ、すべての文書について「関連あり」あるいは「関連なし」の判断ができないからである。

一方でAI（KIBIT）の場合（実線）は、スコアリングによって、高い得点の文書から確認していくことができるので、全体の30％の文書を確認した段階で90％の再現率に到達している。

実際には、調査対象文書の中に証拠となる文書がどの程度あるのかはわか

〔図表3-18〕 探したい文書全体数に対する発見された証拠文書数の割合

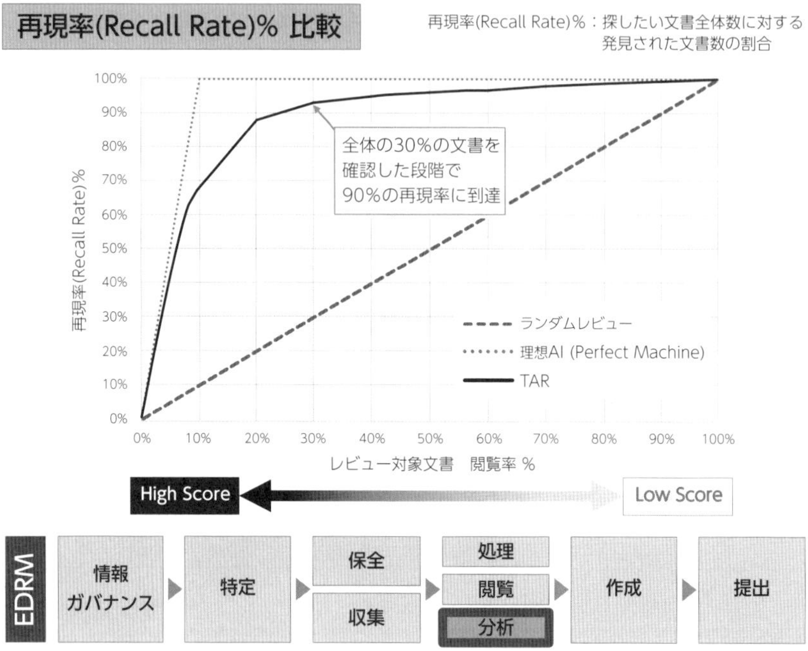

らない状況にあるため、すべての証拠を発見するには100%の閲覧が必要となる。しかし、実際の調査においては、データ量が膨大であるため100%の閲覧を完了する時間を確保できないことや、90%の証拠を把握できれば不正の概要を把握できることから、AI（KIBIT）による調査は人の力のみによる場合よりも時間と費用の削減においてすぐれているといえる。

⑵ レビュースピードと重要文書発見数

次に、レビューのスピードについて検証した。

〔図表3-19〕は、1日にどのくらいの文書を確認することが可能で、かつ重要文書を発見できたかを示したものである。

横軸が日数であり、縦軸がレビューファイル数である。

1日目から13日目までは、一定数の人間が、文書の確認を行った。1日目は、作業に慣れていないこともあり、また、作業工程を確認しながら行ったため、1000件のファイルを閲覧した。その後、作業効率が上がり、また、日によっては確認しやすいファイルのときもあり、7日目には、4000件のレビューファイルを確認できた。一方で、13日目は、3000件を下回るなど、確認数には波がみられた。

棒グラフは、その日にみつかった「関連あり」の重要なドキュメント数である。

13日目までに、ある程度の量の重要なドキュメントが確認できたことから、これを「関連あり」の文書としてAI（KIBIT）に学習させ、15日目からはAI（KIBIT）がスコアリングして並び替えて「関連あり」と判断した高いスコアの文書から確認していった。

〔図表3-19〕 レビュースピードと重要文書発見数

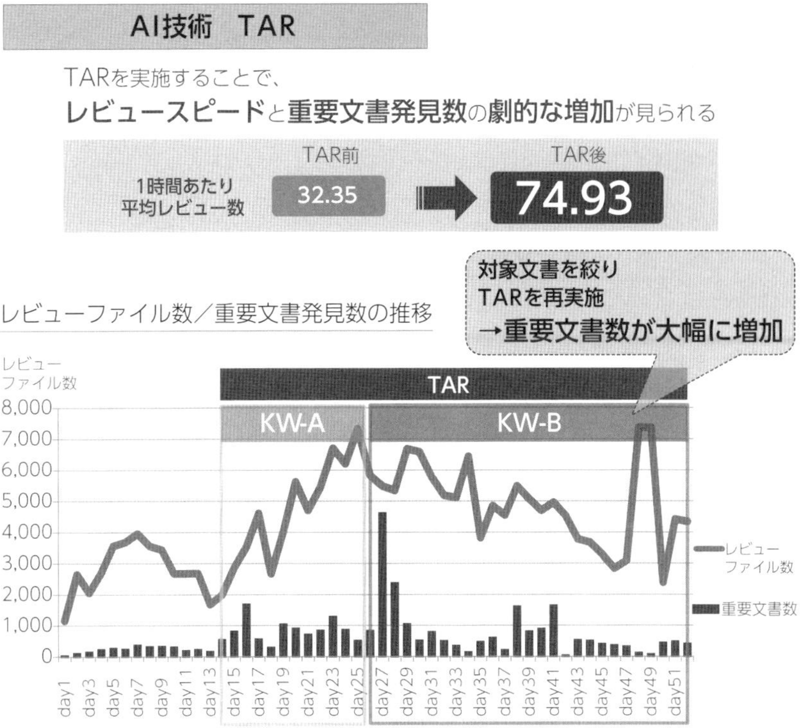

すると1日目には1000件しか確認できなかったチームが25日目には7000件を超える文書を確認でき、また、15日目からは発見された重要文書数が増加した。

スコアが高いものから確認していくと、なぜ1日あたりのレビュースピードがあがるのか。人間がランダムにレビューを行う場合、種類や内容が異なる文書を、1つひとつ頭を切り替えながら訴訟事案との関連性を検討しなければならないため、考えるのに時間を費やす。一方、AI（KIBIT）で関連性の高い順番に並び替えることで、種類や内容が類似した文書が同じようなスコア帯に集まるため、判断の時間が節約され、結果としてレビュースピードの向上につながったのである。

27日目には、25日目までに確認された重要文書をあらためて「関連あり」文書としてAI（KIBIT）に学習させ、スコアの高いものからレビューを行っており、さらにレビューファイル数と重要文書の発見数が向上していることがわかる。

つまり、AI（KIBIT）によって「関連あり」と判断されたものから文書を確認することにより、重要文書を早くみつけられるだけでなく、人間の作業も効率化が図られるといえる。

⑶　人間とAIとの精度比較

〔図表3-20〕は、あるレビュープロジェクトにおいてAI（KIBIT）の判断と人間の判断の相関性を示したものである。

横軸がAI（KIBIT）のスコアで、高いスコアほど関連性が高いと判断したもの、0は関連がないと判断したものである。縦軸は、人間により関連があると判断した割合である。つまり、人間が各スコアにおいてどのくらいの割合で関連がある文書と判断したかを示している。

当然、人間の判断もAI（KIBIT）の判断も同様であることが望ましい。つまり、人間が関連性が高いと判断したものは、AIも関連性が高いと判断している状態である。

このプロジェクトでは5人がレビューを行った。その平均が「All

Reviewers Average」である。これをみると、スコアゼロからスコア3000くらいまで、右肩上がりになっている。AI（KIBIT）が3000点以上をつけているドキュメントは、人間も関連ありと判断している。このことから、3000点以上は、重要なドキュメントである場合が多く、それよりスコアが低くなるに従って関連がないものが増えているということがわかる。

しかし、局所的にみると、たとえば、Reviewer 1は、「All Reviewers Average」と比べて、低いスコアも40％の割合で関連ありと判断していたり、3000点以上のスコアでも、ほかの人は100％近く関連ありと判断しているのに、60％程度しか関連ありとしていなかったりする箇所がある。つまり重要な文書をきちんと判断できておらず、しかも関連のないものまで関連ありとしている。Reviewer 1は、全体的に関連性有無の判断基準を他のReviewerに比べて理解できていない可能性がある。

〔図表3-20〕　人間とAI（KIBIT）との精度比較

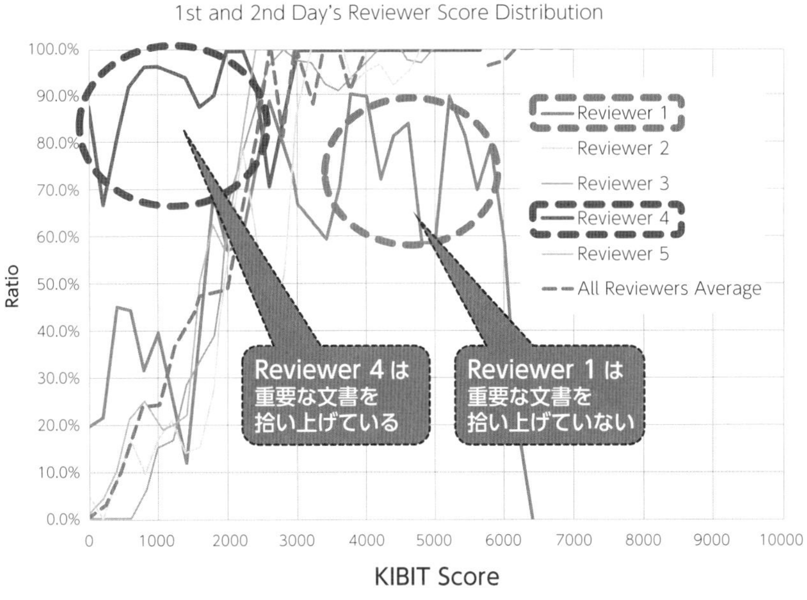

同様にReviewer 4をみると、AI（KIBIT）が0点とした文書で、ほかのReviewerもほとんど関連ありと判断していない文書について、関連ありと判断している。Reviewer 4は、全体的に関連ありと判断する傾向があり、1000点以下の文書も80%以上の文書を関連ありと判断している箇所がある。Reviewer 4は、関連ありの判断基準を他のReviewerに比べて広くとらえている可能性がある。

つまり、AIの判断と人間の判断の相関性を確認することで、レビューする人間の作業の正確性を評価することができる。

5　AIを活用したドキュメントレビューのQC活用

〔図表3-20〕における検証によりAIをドキュメントレビューのQC（Quality Control）に活用できることがわかる。

ドキュメントレビューにおいて、QCを行う目的は、①レビュアーごとの認識の確認とフィードバック、および②誤ってコーディングされているドキュメントを探して訂正することにある。

しかし、たとえば従来のランダムに10%抽出したドキュメントによるQCでは、①抽出したサンプルにばらつきがあると公平なフィードバックができず、②ランダムで抽出するため、誤ったドキュメントにあたらなければ、訂正がなされず、③「全体の10%は正しかった」と保証できるものの、それ以外の保証はできないことになる。

一方、AIを活用したQCであれば、①一目でレビュアーごとの作業の精度がわかり、②誤ったコーディングをAIがみつけ出し、③効率よく精度の高いQCレビューが実現できる。

つまり、AIのスコアの結果と、人間の結果に大きく差異がある箇所がわかることから、そこを選択的にQCすることができる。〔図表3-20〕における検証であれば、AI（KIBIT）がつけた3000点から6000点までのドキュメントのReviewer 1の評価は、QCを実施する必要があると判断できる。

〔図表3-21〕は、横軸がAI（KIBIT）のスコアであり、縦軸がReviewer

である。AI（KIBIT）が高いスコアをつけている箇所で、関連ありと判断している箇所は、濃い色になり、そうでない箇所は薄い色になる。つまり、AI（KIBIT）と人間の判断が相関すれば、左から右にグラディエーションで色が変わっていく。

〔図表3-21〕では、Reviewer 4と5は、AI（KIBIT）が関連する可能性が高いとしている文書を関連なしと判断している。そこで、QCを実施したところ、Reviewer 4と5が関連なしと判断した文書の中に、実際は関連ありの文書があることがわかった。

レビューは、AIよりも人間のほうが正確な判断ができるのではないか、という意見も多い。しかし、実際にはレビューを行う人によってさまざまな

〔図表3-21〕 AIを活用したドキュメントレビューのQC活用

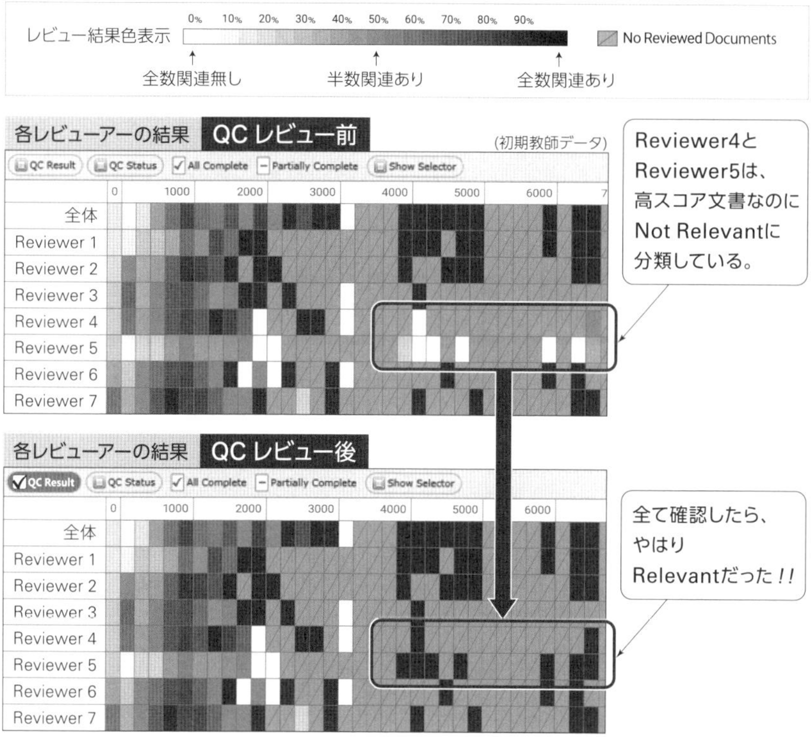

〔図表3-22〕　KIBIT Automatorを利用した有事案件レビューの流れ

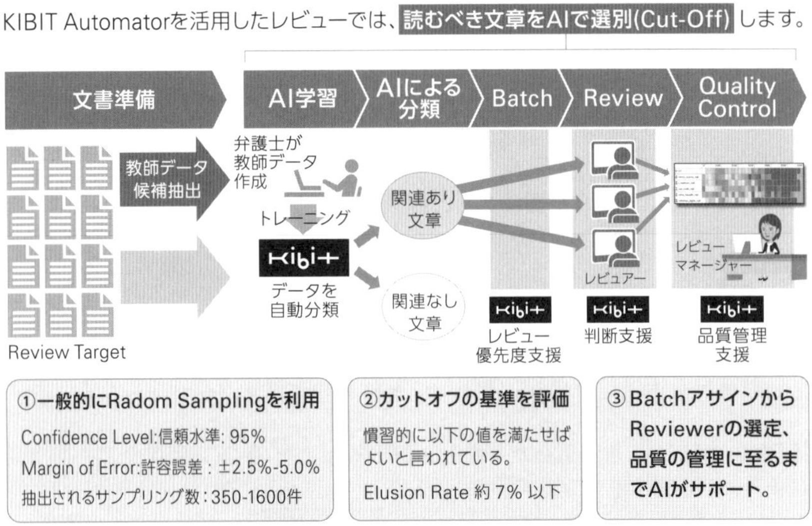

考え方や情報の受け取り方によるアウトプットの誤差が発生するため、結果として人間が集まったチームよりもAIの精度が高いと考えられる。また、AIは人間のように長時間の労働により疲労し判断基準がぶれることもなく、圧倒的に早いスピードで処理できることはいうまでもない。

本章では、証拠の発見にあたって関連あり・関連なしの判断についてのAI（KIBIT）の活用について解説したが、実際には、学習させる教師データによって、さまざまな場面で活用することが可能である。

Ⅴ　AIレビューシステム

上記Ⅳでは、AIを活用したレビューのあり方を解説したが、本項では、より具体的にみていく。

上記ⅠからⅣを踏まえて、実際にAIを活用した有事案件レビューの流れを解説する（〔図表3-22〕参照）。

たとえば、企業内不正が疑われる事案があり、社内の文書を調査・確認する作業を行うことになったとする。対象文書は、およそ10万ドキュメント存在する。まず、その中から、AIに学習させるべきデータの候補を抽出する（KIBITでは、これを「教師データ」候補の抽出とよぶ）。無作為にサンプルとなるデータをいくつか選別するが、どのくらいの数を抽出するかは、信頼度（Confidence Level）や許容誤差（Margin of Error）により統計的にある程度母集団を反映できるサンプル数を計算する。10万ドキュメントであれば、目安としては、2000ドキュメント程度のサンプル数が必要となる。このサンプルを弁護士が確認し、「関連あり」と「関連なし」に分類し、その結果を教師データとしてAI（KIBIT）に学習させモデルを作成する。その後、残りの9万8000ドキュメントについて、学習した教師モデルにより「関連あり」「関連なし」のスコアリングが可能となる。そのうえで、点数が高いものについて、確認していく。

次に、一定のスコア以下のものはレビューをしないと判断し、対象文書のカットオフを行う。どのスコア以下をカットオフするかの基準となるのが、エルージョン率（Elusion Rate）である[6]。エルージョン率が一定の割合以下であれば、スコアリングを信頼し、カットオフのスコアとするというものである。エルージョン率は母集団全体に占める「関連あり」の割合（Richness）によって変動し、ディスカバリの場合は原告・被告双方の代理人弁護士同士の合意によって決まる。また、企業内不正調査の場合には取り扱っている調査事案の性質や許容される調査期間によっても基準は変わってくる。

スコアリングを行い、点数の高い順に並べ、カットオフしたものを除いたものについては、実際に人間がレビューする必要がある。この段階では、スコアの高い文書、中程度の文書、低い文書に分けて、適した人間に適した文書のレビューを割り当てる。たとえば、レビュー経験が豊富な者、あるいは

6 カットオフをする予定の文書の中からいくつか無作為にサンプルをとって確認を行い、その結果、「関連あり」の文書が確認された割合をエルージョン率（Elusion Rate）という。

レビューを専門に行っている者が、重要な文書の見落としを防止するため関連性の高い文書が集まっていると考えられるスコアの高い文書を確認し、逆に低い文書については、経験が浅い者あるいは補助的にレビューに参加する者がレビューを行う。最後にQC（Quality Control。上記Ⅳ5参照）を行い、プロジェクト全体のレビューの品質を担保する。

上記AIレビューシステムを用いて作業を行うことで、これまでのドキュメントレビューと比べて時間と費用の大幅な節約ができ、かつ高品質のレビュー結果が得られる。

Ⅵ　有事案件事例――大量ドキュメントの短期間調査（AIの効果的利用）

本項では、AIを活用して短期間で調査を完了した事例を解説する。

〈案件概要〉

- 決算を7日後に控えた上場企業A社において、子会社の不適切な会計（売上げのつけ替え、繰越金）の可能性が浮上した。
- 担当監査法人からは「現状が明らかにならない場合、四半期決算について監査を完了できない」旨を告げられ、急きょ全体を網羅的に調査することとなった。（調査期間は5日以内）
- 対象者のメールレビュー調査を行うことになったが、メールソフトがBecky!であり、海外製レビューツールでは処理に4日かかるといわれた。

本件では、すでに経理の担当者は不正を認めていたが、監査法人からは、状況が明らかにならない限り監査完了のサインができないとのことであり、調査の期間は、5日間しかなかった事例である。また、当該企業のメールソフトはBecky!であり、海外の調査ツールでは処理に時間がかかり調査が困難であった。そこで、日本独自の電子メールソフトにも対応しているLit i View E-DISCOVERYにてデータ処理を行った。

調査対象となる電子メールデータの数はおよそ100万件であった。これを関係するキーワード検索により絞り込んだところ、4万2000件のレビューが必要なことが判明し、20名の人員が3日間で4万2000件のデータをすべて確認した。

その結果、不正会計にかかわる電子メールが約150件確認できた。従来の調査ではここで調査を終了するケースもあるが、本件においては限られた時間の中で調査の網羅性を担保するため、調査していない残りの約96万件の電子メールデータに対してAIを活用した調査を行った。

まず、レビューによって確認された150件の「関連あり」データを教師データとしてAI（KIBIT）に学習させ、96万件の電子メールデータについてスコアリングした。その結果、スコアの高い上位200件の電子メールデータを追加でレビューしたところ15件の「関連あり」データが確認された。

AIの活用により、短期間で100万件の対象電子メールデータの調査を網羅性を担保した形で行うことができ、不正は担当者が認めていた事案に限られていたことが確認され、監査法人は無事監査を終了した。

Ⅶ　平時監査事例――企業不正とテクノロジーの活用

組織は平時から、テクノロジーを活用した不正対応策を行うようになっている（〔図表3-23〕）。これは特に、電子メールの監視について、効果があると考えられている。AIを用いた電子メールの監視について、事例を基に解説する。

1　電子メールのスコアリングによる不正の予兆・事実の察知

国内外あわせて約200の子会社を有するグローバル企業において、買収によりある企業を子会社化したところ、その子会社に費用の不正流用が疑われ横領の可能性があることがわかった。そこで、すべての子会社について電子メールの定期確認を行うこととなった。

まずは1か月ごとに子会社のメールデータを集め、それをキーワードにより検索を行い、粉飾決算、ずさんな資産管理、贈収賄、データ改ざんなどの不正がなされていないか、人の目による確認を行った。これを1年かけて全子会社に対して行い、レビュー結果の分析を通じて、各子会社における傾向を把握し、データの蓄積を図った。

そのうえで、レビューの調査結果をAIに学習させ、さらに効率的な監査を実施できるようにした。これによりAIによる電子メール監査システムが活用され、常時監査が可能となった。AI（KIBIT）による監査では、日々、電子メールのスコアリングが実施され、得点が高いもののレビューが行われた（得点が低いものは確認しなくてよいこととし、業務の効率化が図られた）。しかもスコアリングにあたっては、不正の可能性という抽象的な形ではなく、ある電子メールについてカルテルの可能性があるとして3000点、別の電子

〔図表3-23〕　企業不正とテクノロジーの活用

組織は、**不正対応策**として
これまでとは違った**革新的なテクノロジー**に価値を見出し始めている。

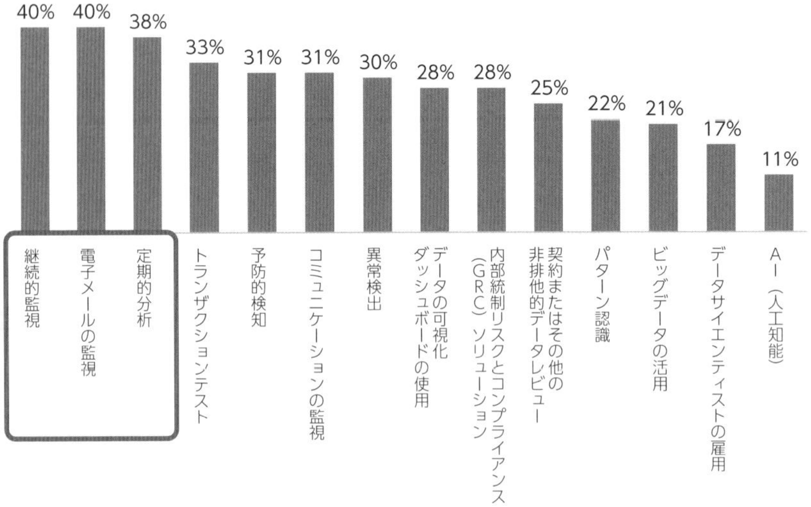

（PwC's 2018 Global Economic Crime and Fraud Survey）

〔図表 3 -24〕　子会社の不正監査（AI 活用による常時監査）

人工知能KIBITが**不満メール**を管理画面で**検知**した状況

						[1]RS.Hot eq	MAIL.Date	MAIL.Subject	MAIL.From	MAIL.To	MAIL.Cc
3						323	6/03/29 11:32	RE: ユニット納期に関しまして	Yamada Atsushi	Sato Kyoji	BabaTaro
4						204	6/03/29 16:36	Re: 口座開設について	Taro Hirayama	Shimizu Ryo	Yamanaka
5						450	6/03/30 10:59	Urgent request.	Tanaka Yoshimasa	Sato Kyoji	Baba Taro
6						2200	6/04/01 09:49	RE：再調査のお願い	Yamada Atsushi	Arimura	Baba Tar
7						300	6/04/01 11:37	FW: Again: APD requirements	Nishikubo Tetsuya	Yamazaki Shi	Yamanaka
8						36	6/04/01 17:15	お願いと質問	Taro Hirayama	Yoshizumi N	Kuriyama T

人工知能が事前に学習したデータを基に不正の兆候を**検知**、管理者へ**報告**。

メールについてはハラスメントの可能性があるとして5000点、といった形で評価され、一定のスコアを超えるとアラートメールが管理者に通知される（〔図表 3 -24〕参照）。

実際には、電子メールの文章のみから不正が発覚することはほとんどない。たいていは、関連性のありそうな電子メールが確認されることによって調査が行われ、不正の予兆や事実が発見される。

平時からの監査が有効とわかっていても、人的リソースを割り当てるのはなかなか困難であり、今後は AI を活用した平時監査が主流になっていくと思われる。こうしたシステムは電子メールの監査に限らず、SNS やチャットのコミュニケーションの常時監査にも応用可能である。

2　電子メールにおけるコミュニケーションの解析

たとえば、ある特定の社員がやりとりした電子メールを解析し、その社員を中心とした相関図を表示して、人間関係を把握したり、その社員の電子メール内での行動を表す言葉の組合せ（共起）を解析し、そのやりとりの全

〔図表3-25〕　ドメイン分析

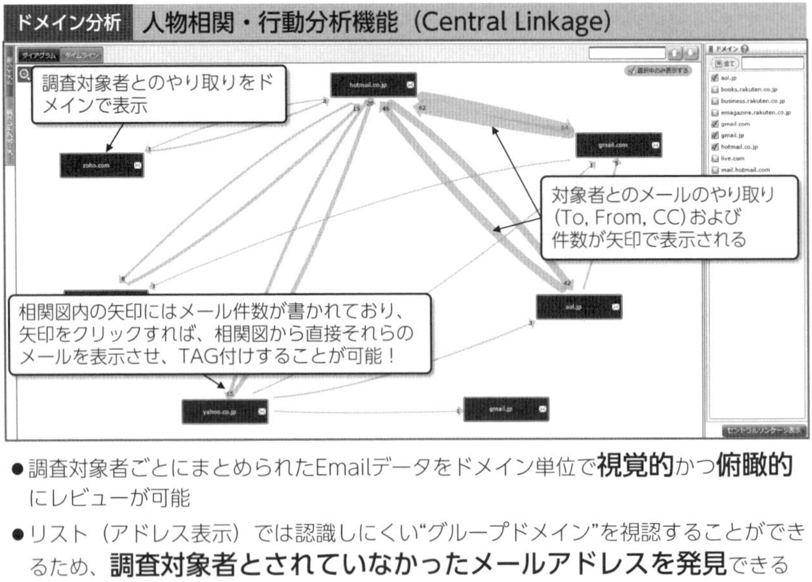

容を「見える化」したりすることができる。

また、ドメインの解析により、調査対象者ごとにまとめられた電子メールデータをドメイン単位で視覚的かつ俯瞰的にレビューすることが可能である。リスト（アドレス表示）では認識しにくい「グループドメイン」も視認できるため、調査対象者とされていなかったメールアドレスを発見することができる（〔図表3-25〕）。

さらには、電子メールアドレスとドメイン分析を組み合わせて人物相関と行動分析を行うことも可能となる。たとえば、アドレスやドメイン分析によって相関図を作成し、コミュニケーションの中心人物については四角が大きくなるように表示する。必然的に誰がその組織の責任者やプロジェクトのハブとなっているかが把握される（〔図表3-26〕）。

AIによる電子メールのスコアリングの機能を組み合わせることで、たとえばハラスメントの教師データのスコアが高い電子メールのやりとりが相関

〔図表3-26〕　ドメイン＆アドレス分析による相関とやりとりの「見える化」

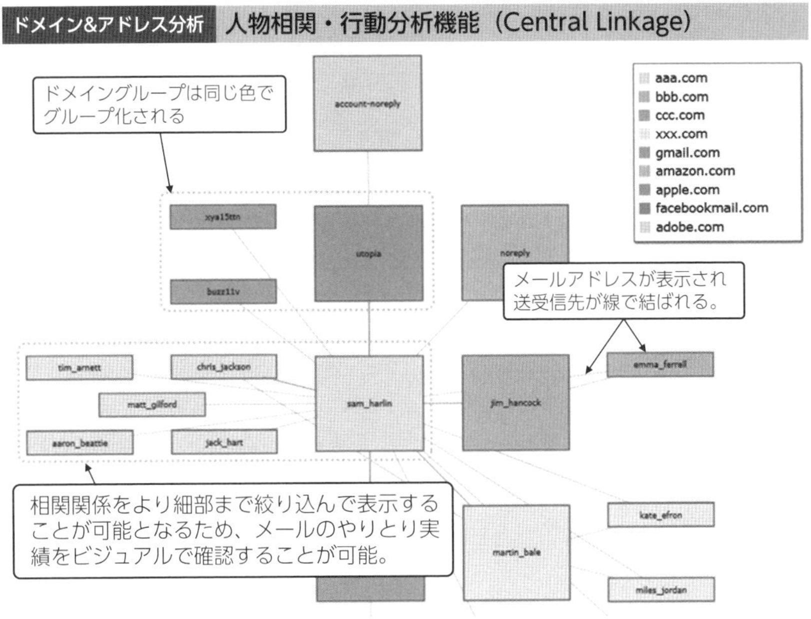

図で表示されるようにし、ハラスメントを行っていると思われる人物とその被害者の範囲などを把握することも可能である。

（野﨑周作）

第４章
知財調査におけるAIの活用

Ⅰ　知的財産業界の動向――特許調査システムの変遷

特許関連業務は、①先行技術（商標）調査業務、②弁護士、弁理士等が企業の知的財産登録の手続を行う出願業務および出願管理業務、③訴訟対応やライセンス交渉などの渉外業務に分かれている。その中で、現在、AI・IT技術を用いている分野としては、①が中心であり、本章においては先行技術（商標）調査業務について解説する。

知的財産業界は、もともと大量のデータが蓄積されている。近年は、ビッグデータという言葉の浸透が示すとおり、データの有効活用が考えられるようになった。日本では、明治時代に発明を保護し専売権を与える制度が整備され[1]、その後、さまざまな発明が特許として紙の書類で申請され登録されることで技術データが蓄積されてきた。発明の出願・登録にあたり、先行技術については、紙で登録された情報を特許庁へ出向き、手動で調査・確認したうえで、出願等の手続を行っていたのである。

Ⅱ　知的財産関連業務（先行技術（商標）調査業務）におけるAIの導入

1　時代背景

インターネットの普及によりネットワーク社会が進展する中、日本政府は1998年11月に高度情報化社会を見据えた基本方針を提唱した。①電子商取引の普及、②電子的な政府の実現、③情報リテラシー向上、④情報通信インフラの整備、の4つの目標を設定し、①民間主導、②政府による環境整備、③

1　竹田和彦『特許の知識〔第8版〕』（ダイヤモンド社、2006年）7頁。

国際的な調和に向けたイニシアティブの発揮、の三原則を柱とした。

この日本政府の基本方針に先駆け、特許庁は1980年代にペーパーレス計画を実施し、1990年12月には世界初のオンラインによる電子出願の受付を開始した。この電子出願制度の導入により、従来「紙」をベースとしていた出願関連書類が電子化され、特許庁における特許管理業務も効率化が図られた[2]。1990年代の後半には、申請データや登録データは紙ではなく、コンピュータによって管理できるようにシステム化され、登録日の日付、技術分類、キーワード検索が可能となった。

なお、システム化以前に日本では、国際特許分類（IPC）よりもさらに細分化した分類によって特許情報を管理することとした。それが1987年に導入された「FI」「Fターム」である。日本独自の特許分類であるFIの約20万項目を約2600にまとめて、それをテーマと称して「Fターム」として検索のために提供されている（現在は、約1900テーマにおいて、それぞれFタームの分類体系が形成されている）。「紙」ベースの時代には、特許庁の審査官は、これらの特許分類に従って技術文献を整理し、また先行技術調査においては、整理された技術文献を手でめくりながら実施していたのである[3]。

その後、さらにシステム化が進み、1999年3月にはインターネット経由による無料の特許電子図書館（IPDL）がリリースされた。現在では、特許情報プラットフォーム（J-PlatPat）（2015年3月リリース）という日本国内に限らず欧米を含む世界の特許、実用新案、意匠および商標に関する公報情報や審査経過情報が収録された、無料の検索・閲覧システムへと発展を遂げたのである。

なお、ここで検索手法・システムの観点から進化を概説すると、前述した「IPC」や「FI」「Fターム」等の特許分類を主に使った手動による「紙」ベースの特許検索から、1980年代には電子化された特許関連情報についてそれら特許分類による機械検索が主流となった。その後、ハードウェアの発展とと

2　澤井智毅＝仲間晃「特許検索システムの変遷」電気学会誌120巻2号（2000年）96頁。
3　澤井＝仲間・前掲論文（注2）96頁。

もに、特許公報上に記載の書誌情報（出願人名、発明の名称等）や請求項、明細書等を対象とした全文検索が1990年代に可能となった。この流れに、1950年代から研究開発が進められていたAIが導入されてさらなる発展を遂げ、2010年代ではAIによる類似特許検索が生まれたのである。次項では、AIによる特許検索の特徴と利点を解説する。

2　AI 導入による利点

(1)　特許調査

まず特許調査の種類について概説する。特許調査は、主に先行技術調査、無効資料調査、技術動向調査、侵害（予防）調査（抵触調査）の４つに分類される。

先行技術調査は、出願前にすでに同じ技術について登録されていないか、新規性、進歩性等について調査する。

無効資料調査は、これから出願する特許やすでに保有している特許を製品化する場合に、障害となり得る他社特許を無効化するための証拠を探す調査をいう。

技術動向調査は、自社の技術・事業分野、あるいは注目する技術分野での競合他社・全体的な研究開発動向を知るための調査である。いわば、特許情報を使用した市場調査である。競合分析・調査でも行われる。

侵害（予防）調査（抵触調査）は、すでに保有している特許による製品化やサービスの提供を検討するにあたって、他社の特許を侵害していないかを予防的に（事前に）確認する調査を指す。または、他社を権利侵害で訴えたい場合、あるいは他社から権利侵害していると訴えられたりした場合に事後的に実施する調査をいう。この調査では、訴訟に発展する可能性もあり、その場合には損害賠償等の負担のリスクもあるので、調査の網羅性が重要となってくる。

なお、現時点でAI搭載の特許検索システムが主に活用されている調査は、先行技術調査および無効資料調査である。これは、人手による特許調査よりも調査のスピードを優先し、網羅的ではないにしてもある程度の精度が重要視されているのが理由である。

(2) AIを用いた特許調査の事例

上記(1)にて概説した特許調査業務全般は、膨大な特許情報を確認する必要があるためその負担は過大なものである。現在は、AI技術の進化はもとよりハードウェアの進化により、膨大なデータに対する検索精度・処理速度の向上が実現している[4]。

日本国内ではFRONTEOが初めてAI搭載の特許検索ソフトウェアとしてLit i View PATENT EXPLORE（以下「Patent Explorer」という）を2015年10月29日にリリースした[5]。AI（KIBIT）については、第3章においても解説したところであるが、従来型の特許検索システムと比較し、特徴を解説する。

(A) 従来型の特許検索システム

従来型の特許検索システムは、複雑な検索条件を組み立てる必要があった。まず、膨大な特許情報をいくつかの分類で予備検索をかけ、ある程度の文献数に絞り込む。ここからさらに本検索という形でさらに文献数を絞り込んだうえで、スクリーニングをかけることになる。この各検索にあたり複雑な検索条件を作成する必要がある。たとえば、出願日、技術分類の属性、あるいはキーワードをいくつか組み合わせることになる。正確な検索を実施するためには、正確な技術分類の属性を選択し、効果的なキーワードにより特許データを抽出する必要があった。しかし、実際は、一度で必要不可欠な絞り込み結果が得られることはなく、「漏れ」「ノイズ」を軽減すべく、何度も検索条件を作成し、絞り込んだ結果を確認するという作業が必要であり、それは人的負荷も時間的負荷も過大なものであった。

---

4 以下ではFRONTEOが開発したAI（KIBIT）を搭載したLit i View PATENT EXPLORE（現在のPatent Explorer）を例として解説する。

5 FRONTEOプレスリリース（2015年10月29日）「トヨタテクニカルディベロップメントとの共同開発による人工知能を用いた知財戦略支援システム『Lit i View PATENT EXPLORER』の提供を開始」。

⒝　Patent Explorerによる特許調査

上記の従来型の特許検索システムと比較し、Patent Explorerでの特許調査は複雑な検索条件の作成は不要である。Patent Explorerは、自然言語解析のAI（KIBIT）を搭載し、形態素解析をベースとした類似特許検索システムであり、主な特徴および利点としては以下のとおりである。

①　複雑な検索式は不要。簡易的な検索式による大きな母集団作成で十分（これにより「抜け漏れ」を軽減。また、工数削減効果がある。〔図表4－1〕参照）

②　少量の教師データ（学習用データ。たとえば、請求項1と想定した自作文章）で検索可能（他のAIとは違い大量の学習用データは不要。また事前準備にも時間がかからない）

③　検索結果を類似度の度合いにより算出されたスコアの高い順に並べ替えることにより、効率的にレビューが可能（従来の4分の1～10分の1の工数でレビューが可能。〔図表4－2〕参照）

〔図表4－1〕　AIによる検索機能

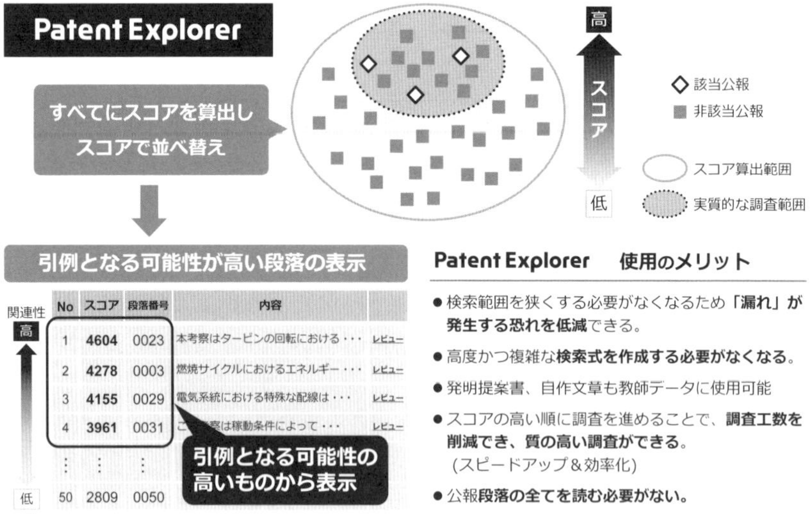

〔図表４－２〕 AI（KIBIT）を活用した無効資料・出願調査

Patent Explorerの活用シーン（無効資料・出願前調査）

■特許検索競技大会の問題（2017年機械分野問2）をPatent Explorerで解析

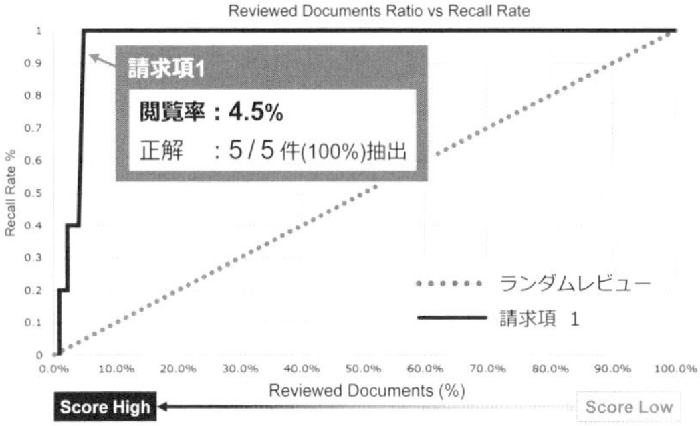

対象公報の**「請求項１」**を教師データとした場合の解析結果、**上位4.5%以内**に、正解文献の5/5件(100%)を抽出しました。

シンプルな解析ステップ（推奨）

- ■ 母集団はFI, IPC, Fタームなどの分類と、日付で設定
- ■ 教師データは、対象公報の「請求項１」もしくは「請求項１＋発明の効果」を設定
- ■ スクリーニング閾値はスコアの上位10%（もしくは100件）

※出願前調査での自作教師データ登録方法

① 発明提案書などWORD,PDF,テキストファイルをインポート（ファイル圧縮）

② ツール内の「テキスト直接入力」の機能を使い、自作の文章やキーワードを直接入力

なお、PLASDOCオンライン研究会では、無効資料調査・先行技術調査におけるPatent Explorerの活用の可能性について検証を行った。化学系特許９件の事例データについて検証を実施し、結果は、拒絶理由通知に引用された文献が上位にランクインし、調査工数削減効果が得られた[6]。また、現在Patent Explorerの導入ユーザ数（累計）は70社を超えており、実運用での業務効率化に寄与していることがうかがえる。

(C) AI活用の可能性

また、特許庁においても検証段階であるが、2016年以降に、AI活用の可能性について、たとえば以下の事業を実施している。

・人工知能技術を活用した特許行政事務の高度化・効率化実証的研究事業

6　検証結果については、太田文徳ほか「人工知能（AI）を用いた化学分野における無効資料調査・先行技術文献調査への活用検討」情報の科学と技術68巻９号（2018年）470頁以下に記載がある。

（2016年度）

・外国特許文献へのＦターム等付与に関する機械学習活用可能性調査事業（2016年度）

・Ｆターム等付与支援システム実用化に向けた実証的研究事業（2017年度）

さらに、2017年に特許庁では「人工知能（AI）技術の活用に向けたアクション・プラン」を公表し、以下の特許関連業務への AI 活用の検討を行っている[7]。

・特許分類付与

・先行技術調査

・先行図形商標調査

(3)　AI を用いた先行商標調査の事例

商標登録を考える企業・個人は、特許と同様に特許庁に申請することとなるが、どのようなトレードマークなのか、使用目的は何か、用途は何かといったことを申請書に文章で表現する。その内容を審査官が審査するが、分類が困難な申請があることから、AI によって効率化ができないか実証実験が行われており、現在研究が進んでいる。

商標は、看板やマークなど２次元の商標にとどまらず、音商標や立体商標など、さまざまなものに権利が与えられるが、AI による画像解析技術も、実用化が進んでいる。

特許庁では、先行商標調査業務において、AI 活用の可能性を検証するため、以下のような事業を実施している。

・人工知能技術を活用した先行図形商標調査業務の高度化・効率化実証的研究事業（2017年度）

・人工知能技術を活用した不明確な商品・役務チェック業務の高度化・効率化実証的研究事業（2017年度、2018年度）

7　特許庁「特許庁における人工知能技術の活用（平成28年度の取組と今後のアクション・プラン）」（平成29年４月）〈https://www.jpo.go.jp/system/laws/sesaku/ai_action_plan/document/ai_action_plan/01.pdf〉から一部抜粋。

なお、「人工知能技術を活用した不明確な商品・役務チェック業務の高度化・効率化実証的研究事業」（2017年度）については、コンソーシアムにてFRONTEO が取り組んだものである。

本事業では、年々出願件数が増加する商標登録出願に関する実証的研究が実施された。従来、商標登録出願の審査では、商標の権利範囲を明らかにするために「指定商品・指定役務」が適切な区分か、明確な表示であるかのチェックを行っている。その際、商品・役務名が既存データに存在しない場合には、先行商標の調査に使用される類似群コードの自動付与がされず、審査官が多大な時間を費やし、手作業による対応となっていた。本事業では、人工知能技術、文書解析技術等の活用により、類似群コードの自動付与率向上やその根拠を審査官に対しシステムが示すしくみの構築をすること等の実証研究を行った。

検証結果では、自然言語処理技術と AI（KIBIT）等を駆使することにより、申請された指定商品の類似群コード付与率は45％から79.2％まで上昇する可能性があることが判明した。また、AI を用いたプロトタイプシステムのユーザ評価の結果では、最大17％もの作業時間の短縮が認められた[8]。

2018年度の本事業では、前年度の事業の成果・課題を踏まえ、不明確な商品・役務チェック業務の支援技術の精度向上の実証と審査支援ツールとしての利用可能性の検証およびシステム化に向けた検討を行った。

2018年度の本事業の検証結果では、類似群コードの仮付与支援機能について、2017年度事業の精度水準の向上・改善を示すことができた。ユーザ評価結果では、ツールの機能面や操作性にかかわる有用性はおおむね好意的となり、また実運用に向けたシステム開発においては、ユーザ検証の結果を踏まえ、UI 設計や要件定義のさらなる精緻化が必要となった[9]。

8　FRONTEO プレスリリース（2018年６月８日）「特許庁より受託した『人工知能技術等を活用した不明確な商品・役務チェック業務の高度化・効率化実証的研究事業』の報告書が特許庁 Web サイトに掲載されました」。

9　FRONTEO プレスリリース（2019年６月25日）「AI を活用した商標審査支援システムの有用性を特許庁からの受託研究事業にて実証」。

3　AI 導入時の課題

AI 導入時の課題として2点あげられる。

⑴　技術的専門用語（シソーラス）の網羅性

技術（商標）情報の調査にあたっては、元データ（教師データ）が必要になるが、現在の特許業界を含む知的財産業界では、発明にかかわる情報をいかにスピーディーに高い精度で調査できるかが焦点になっている。しかし、一方で、新しい技術が発明されれば、新しい用語も生まれる。この新しい用語にどれだけ対応していけるか、AI の学習スピードをいかに上げられるかが、課題である。技術的専門用語（シソーラス）の網羅性が高まれば、精度の高い調査結果が得られることになる。

⑵　AI のブラックボックス問題

AI、特にディープラーニング型の人工知能は、膨大なデータを学習し、自律的に答えを導き出すため、その思考プロセスが人間には不明になるという事実がある。つまり、AI が出した回答のプロセスが人間には説明ができない事態が生まれる。現在の特許（商標）調査にあたっては、検索式が組み立てられて結果の抽出が行われているため、検索結果については論理的にどのようにその結果が導き出されたのかが人間によって説明ができる。しかし、AI が高度化されてくると、従来と同じ形式での検索結果の説明ができなくなる。AI を利用した場合の説明性の確保をどのように行うか、その整理が必要とされている。

Ⅲ 今後の課題と展望

1 特許調査システムの今後

全世界の出願件数は年々増加傾向にあり、2018年では約333万件[10]となった。特許情報のビッグデータ化が加速の一途をたどっている。それに伴い、特許調査システムに求められているのは、AIによるさらなる検索の精度や処理速度の向上である。また、一方で、検索機能の向上だけでなく、特許の検索・解析結果から何がいえるのか、知財戦略の観点からどのような行動をとるべきかがビジュアルで確認できるマッピング機能も求められている。

2 商標調査システムの今後

商標も同様に出願件数が年々増加傾向にある。2018年の統計では約1432万件[11]にも及んだ。上記において、商標については、特許庁による実証的研究が行われたことを説明したが、今後は、知的財産を審査する側によるAIの活用が期待される。AIの活用により審査業務が効率化され、また、申請する側も事前に先行技術（商標）を確認したうえで、申請書が作成されることから、申請段階で拒絶判断がなされるケースは減少していくのではないかと思われる。

これは、企業にとっても大きなメリットであり開発技術の権利化にあたっての大きな効率化を図ることにつながると考えられる。

（野﨑周作）

---

10 世界知的所有権機関（WIPO）年次報告書「世界知的財産指標（World Intellectual Property Indicators）2019」。

11 前掲報告書（注10）参照。

第 5 章
規制対応
――金融・広告・製薬分野での AI 活用事例

Ⅰ　金融商品販売におけるコンプライアンス違反検知

1　時代背景

1990年代に始まった日本版金融ビックバンによる大規模な金融制度の改革と金融商品取引法（当時は、証券取引法）の改正が進められた。その一方で、金融商品販売時の不適切な勧誘が社会問題になったことを受けて、金融庁は2014年に「平成26事務年度金融モニタリング基本方針（監督・検査基本方針）」を公表し、国民の安全な資産形成と投資への促進のため、金融機関に対しフィデューシャリー・デューティー（受託者責任）を果たすことを求めた。これを受け、金融機関各社は、勧誘や契約時対応が適切であるかを管理する態勢と運用が必要となった。

2　実務上の課題

金融機関が金融商品を顧客に提案する際、金融商品取引法では、①適合性の原則、②書面交付義務、③禁止行為、④損失補てんの禁止が定められ、また、日本証券業協会ガイドラインでは、高齢顧客への勧誘による販売について、適切な説明や受注方法が求められている。

これらの規制を順守するため、現状では、営業店の役職者が注意深く応接記録内容を確認し、必要に応じて指導をしている。確認対象件数が多い場合、過去の経緯・資産状況・年齢など含めた判断は負荷が大きいことや、人による判断のブレが生じることなど、確認・指導のあり方のさらなる向上には課題があった。

3　金融コンプライアンス領域へのAI導入の取組み

そこで、テクノロジーを使い、一定の水準による確認の実現、効率化を図るべきとの問題意識が生まれた。FRONTEOではAIを用いた金融機関の

〔図表５−１〕　FinTech 実証実験ハブ３号案件――体制図

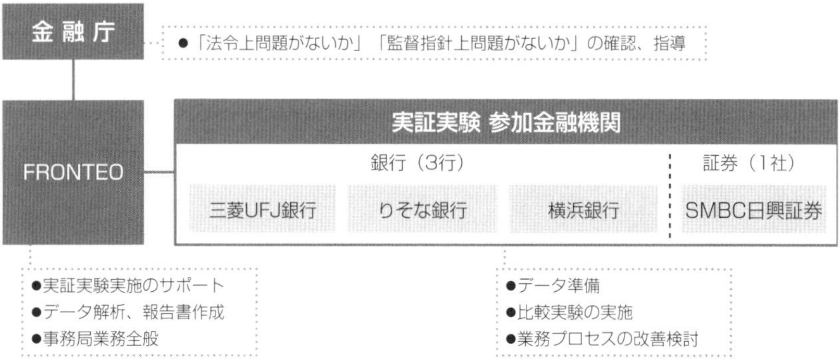

（FRONTEO「金融庁 FinTech 実証実験ハブ最終報告書」より）

コンプライアンス業務の効率化に向けた実証実験を提案し、三菱 UFJ 銀行、りそな銀行、横浜銀行、SMBC 日興証券の協力の下、金融庁が開設した「FinTech 実証実験ハブ」に申請し、３号案件として支援決定を受けることとなった（〔図表５−１〕参照）。

4　FinTech 実証実験ハブ

⑴　FinTech 実証実験ハブの開設の経緯

金融庁は、「未来投資戦略2017」（2017年６月閣議決定）を踏まえ、2017年９月21日、「FinTech 実証実験ハブ」を開設した。

「FinTech 実証実験ハブ」は、フィンテック企業や金融機関が、フィンテックに関する前例のない実証実験を行おうとする際に抱きがちな躊躇・懸念を払拭し、円滑な実証実験の実施をサポートすることによって、イノベーションに向けたチャレンジを加速させることを目的とした金融庁の支援スキームである。フィンテック企業等が革新的な技術を用いた実証実験の実施を検討していても、先行事例が存在しないために何らかの法令その他のレギュレーションに抵触する可能性を懸念し、実証実験の実施に踏みきれない、あるいは、実証実験自体は実施したとしても上記懸念を払拭できず、サービスローンチに支障を来す可能性も考えられる。また、フィンテック企業等が実証実験における効果測定を行う際に、それが技術やマーケティング等に関するものであれば自社での判断も可能であろうが、法令やガイドライン等における関係性など、その実験結果がレギュレーションとの関係でどのような意味を有するのかという観点からの測定・判断は容易ではない場合も多い。そのような実証実験を通じて整理したいと考えている論点（コンプライアンスや監督対応上のリスク、一般利用者に向けてサービスを提供する際に生じうる法令解釈に係る実務上の課題等）の解決をサポートするため、金融庁が、実験の検討段階から結果の検証まで一貫して付き添う形の伴走型の支援スキームが「FinTech実証実験ハブ」である。

金融庁によりFinTech実証実験ハブにおける支援決定がなされると、金融庁内の関係部署により構成された担当チームが組成され、同チームによる

〔図表5－2〕 FinTech実証実験ハブの開設

■「未来投資戦略2017」（平成29年6月閣議決定）を踏まえ、金融庁は、フィンテック企業や金融機関が、前例のない実証実験を行おうとする際に抱きがちな躊躇・懸念を払拭するため、平成29年9月21日、「FinTech実証実験ハブ」を開設。

■①明確性、②社会的意義、③革新性、④利用者保護、⑤実験の遂行可能性の観点から、支援の可否を判断。

■個々の実験毎に、
- 金融庁内に担当チームを組成し、必要に応じて関係省庁とも連携し、フィンテック企業や金融機関がイノベーションに向けた実証実験を行うことができるよう、支援。
- 実験中及び終了後も、継続的にアドバイスを行うなど、一定期間にわたってサポート。

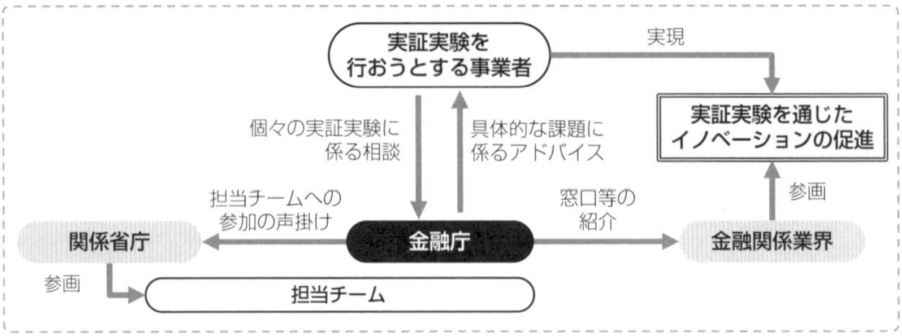

（金融庁提供資料より）

アドバイスや法的解釈の提供等の各種支援を受けることが可能となる。また、実証実験に関して問題となる法令等が金融庁以外の省庁の所管に属するものである場合には、金融庁が関係省庁と連携することも可能である。

⑵　支援基準

「FinTech 実証実験ハブ」は、相談を受けた案件について支援を行うことが可能かどうかについて、①明確性、②社会的意義、③革新性、④利用者保護、⑤実験の遂行可能性の５つのチェック項目の観点から判断を行っている。2020年７月現在において、７件の支援が決定され、うち４件について実証実験が終了し、結果の公表が行われている（〔図表５−３〕参照）。

〔図表５−３〕　FinTech 実証実験における受付状況

	申込者	実証実験概要	支援決定公表日	実験結果公表日
1	みずほフィナンシャルグループ 三井住友フィナンシャルグループ 三菱 UFJ フィナンシャル・グループ デロイトトーマツグループ　等	ブロックチェーン技術を用いて、顧客が、ある金融機関において行った本人確認の結果を、他の金融機関との取引にも利用できる仕組みの構築に係る実証実験	2017年11月2日	2018年7月17日
2	大日本印刷 西日本シティ銀行	顔認証技術を用いて本人確認を実施する機器の実用化に係る実証実験	2018年3月16日	2018年10月24日
3	FRONTEO、三菱 UFJ 銀行 りそな銀行、横浜銀行 SMBC 日興証券	人工知能を用いた金融機関のコンプライアンス業務の効率化に向けた実証実験	2018年5月7日	2018年8月1日
4	日本通信、群馬銀行 千葉銀行、徳島銀行 マネーフォワード、サイバートラスト	スマートフォンの SIM カードを用いた利用者認証の仕組みに係る実証実験	2018年5月31日	2019年1月24日
5	TORANOTEC GMO ペイメントゲートウェイ セブン銀行、ポケットチェンジ	買い物の際に生じたおつり等の小銭を投入することによって、そのまま投資に回せる装置の導入に係る実証実験	2018年11月8日	—
6	みずほ銀行 グーグル・クラウド・ジャパン 野村総合研究所 大日本印刷	顧客の生体情報とスマートフォン等の位置情報を活用した、本人認証及び顧客管理の高度化に係る実証実験	2020年4月10日	—
7	新生銀行 三井住友 DS アセットマネジメント ゴールドマン・サックス・アセット・マネジメント アストマックス投信投資顧問	投資信託の目論見書に係る電子交付の高度化に向けた実証実験	2020年5月29日	—

（金融庁提供資料より）

⑶　３号案件実験概要と実験対象業務

３号案件においては、現行の方法とAIを用いた新方法にて、コンプライアンスチェック業務における業務生産性に関する比較実験を行った。

対象業務は、銀行については、投資信託などの金融商品販売時の営業応接記録のチェック業務である。一方、証券会社については、顧客との通話時に残される通話録音記録のチェック業務である。検証の観点はそれぞれ以下のとおりである（〔図表５－４〕参照）。

○　銀　行

・保険乗換勧誘時に、解約に伴う不利益事項に関する営業員の説明およびお客様の理解が不十分であると読み取れる記載

・営業員からお客様への説明で、元本割れリスクに関する説明・認識が不十分であると読み取れる記載

・お客様が過剰な分配金志向を有していると読み取れる記載

〔図表５－４〕　FinTech実証実験ハブ３号案件――実験概要

現行の方法とAIを用いた新方法の両方法にて、業務生産性に関する比較試験を実施した。
銀行様では「営業応接記録のチェック業務」、証券様では「通話録音記録のチェック業務」を対象業務とし、以下の検証観点にて実験を実施した。

	銀行	証券
実験テーマ	現行方法と新方法【AI】を用いた、**業務生産性の比較試験**　※（人 vs AI）	
対象業務	投資信託などの金融商品販売時の **営業応接記録のチェック業務**	顧客との通話時に残される テキスト変換された **通話録音記録のチェック業務**
検証観点	①保険乗換勧誘時に、**解約に伴う不利益事項に関する営業員の説明及びお客様の理解が不十分**であると読み取れる記載 ②営業員からお客様への説明で、**元本割れリスクに関する説明・認識が不十分**であると読み取れる記載 ③お客様が**過剰な分配金志向を有している**と読み取れる記載	①お客さまから営業員へ向けられた**苦情・不満の声データ**

（FRONTEO「金融庁FinTech実証実験ハブ最終報告書」より）

○　証　券

・お客様から営業員へ向けられた苦情・不満の声

⑷　銀行における応接記録チェック業務の課題

銀行の金融商品販売時の営業応接記録のチェック業務には、以下の大きな課題がある。

①　営業店の役職者の確認負担が大きい

②　役職者の知識、経験の差により、チェック品質がばらつく

③　件数が多く、本部、本店での全件チェックは困難

④　見落しは顧客へのリスクであり、金融機関のリスクにもなる

これらの課題は、チェックすべき文書の量が多いことによる。たとえば、全国に営業担当者が1万人いて、担当者1人あたり1日で5人の顧客と応接した場合、1件あたり500字から1000字程度の応接記録が5万件も作成されることになる。それを、1000人程度の営業店役職者（内部管理役職者、営業

〔図表5－5〕【銀行】応接記録チェック業務の課題

応接記録などでの金融商品販売時の営業応接記録のチェック業務には、以下の大きな業務課題がある。

① 営業店の役職者の確認負担が大きい
② 役職者の知識、経験の差により、チェック品質がばらつく
③ 件数が多く、本部、本店での全件チェックは困難
④ 見落としはお客様へのリスクであり、金融機関のリスクにもなる

■営業応接記録のチェック業務の流れ（イメージ）

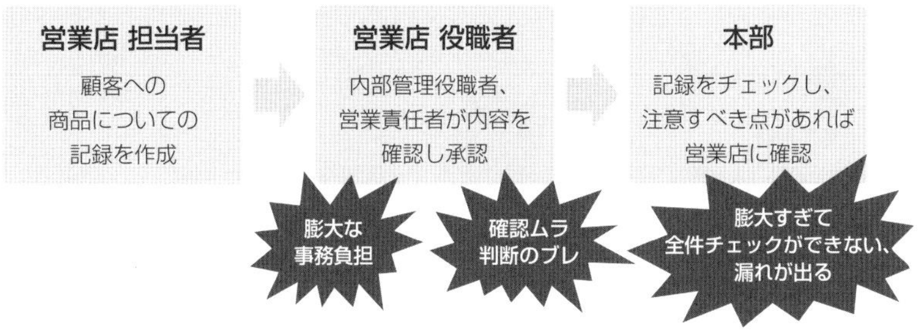

（FRONTEO「金融庁 FinTech 実証実験ハブ最終報告書」より）

責任者）が確認する場合に要する時間と人的コストは計り知れない。

(5)　証券会社における通話録音チェック業務の課題

一方で、証券会社においては、通話記録の確認が行われている。時には1時間以上に及ぶ営業担当者の通話を証券会社の管理者が聞き取り、不正行為がないかを確認する作業の時間と人的コストは極めて膨大である。

また、全通話内容を人が確認することは事実上不可能であるため、抜き取りチェックを行うことが通常であるが、ほとんどの会話は不正と無関係であることから、抜き取りチェックの実効性には疑問が残る。

負担軽減・網羅性向上のため、録音された通話を音声認識技術を用いて文字変換することが考えられるが、変換精度には限界がある。また、テキスト化された音声をキーワード検索しても、重要なものとそうでないものが含ま

〔図表5－6〕【証券会社】実証実験ハブ参加検討に至った背景と検知イメージ

営業担当やコールセンターには日々多くのお客様からお問い合わせが寄せられる。
お客様とのやり取りの通話を録音し聞き返す事で苦情などのお申し出の有無を確認することができるが、**件数が多いため全てを網羅的に確認する事は現実的ではない。**
また、録音された通話を音声認識等で文字変換する技術が考えられるが、全てを正しく変換する事は現時点の技術では難しい。
KIBITは、文字変換した中に誤変換した言葉があっても、会話の文脈全体からお客様からのお申し出や苦情に該当すると思われる**会話を検知**し、高いスコアを付けることで確認の優先順位付けをおこない、**確認業務の高度化、効率化を実現**する事ができると考えられる。

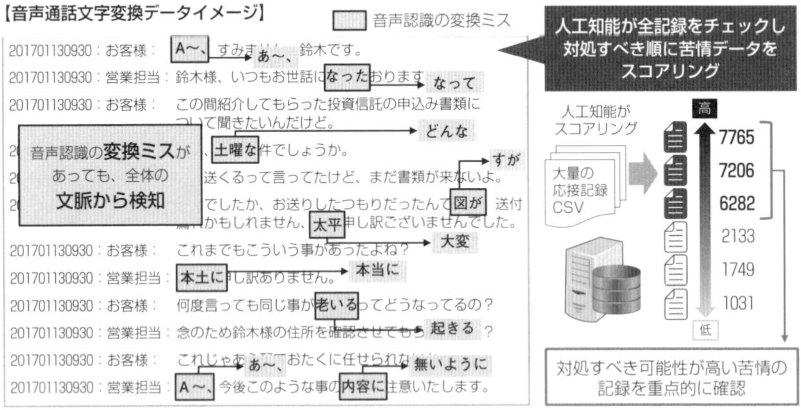

（FRONTEO「金融庁 FinTech 実証実験ハブ最終報告書」より）

れた膨大な数が検索にヒットしてしまうという問題もある。

(6) 業務課題への対策

このような課題がある中、金融機関各社は、応接記録のテキストに関し、IT テクノロジーで解決できる方法を模索している。これに対して FRONTEO は、「応接記録や通話記録を精度良く、判断のブレがなく、全件読み込む」という業務を人だけで行うより、自然言語解析 AI 技術によって効率化、高度化を図ることが可能と考えている。応接記録データはすべてテキストであり、通話記録もシステムによってテキスト化することが可能であるため、テキストデータを効果的に仕分けることができる自然言語解析 AI は最適だと考えたのである。

(7) 実証実験ハブ 3 号案件の実験テーマと実施方法

実証実験では、AI によるスコアリング結果を活用することによって、応接記録や通話テキストの確認業務を実際にどの程度効率化・高度化できるかを検証した。

実験対象業務は、銀行では投資信託などの金融商品販売時の営業応接記録のチェック業務であり、証券会社では顧客との通話時に残されるテキスト変換された通話録音記録のチェック業務である。検証の観点は先に示したとおりである（〔図表 5 - 4〕参照）。

実験の準備にあたっては、正解データと不正解データ、そして、AI に学習させる教師データを用意した。正解データと不正解データの割合は、たとえば100件のデータのうち、正解データは10件、不正解データは90件とした。また、事前に教師データを用いて比較試験に使用する学習済みモデルを構築し、実験に使用するに足る精度があることを確認している。

また、AI を用いた新方法と現行方法の比較にあたり、それぞれの方法を行う 2 つのグループには、チェック実施者に経験の異なる被験者を配置した。業務経験が「豊富な」被験者、業務経験が「やや豊富な」被験者、業務経験が「短い」被験者である（〔図表 5 - 7〕参照）。

実験の実施に際しては、AI を用いる新方法と現行方法のそれぞれ 2 つの

〔図表5-7〕　実証実験ハブ――実験テーマと実施方法①

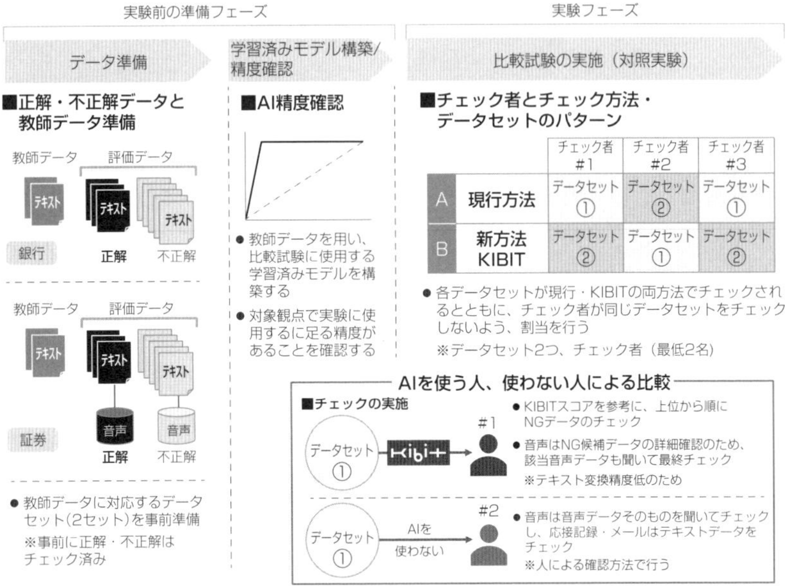

（FRONTEO「金融庁FinTech実証実験ハブ最終報告書」より）

〔図表5-8〕　実証実験ハブ――実験テーマと実施方法②

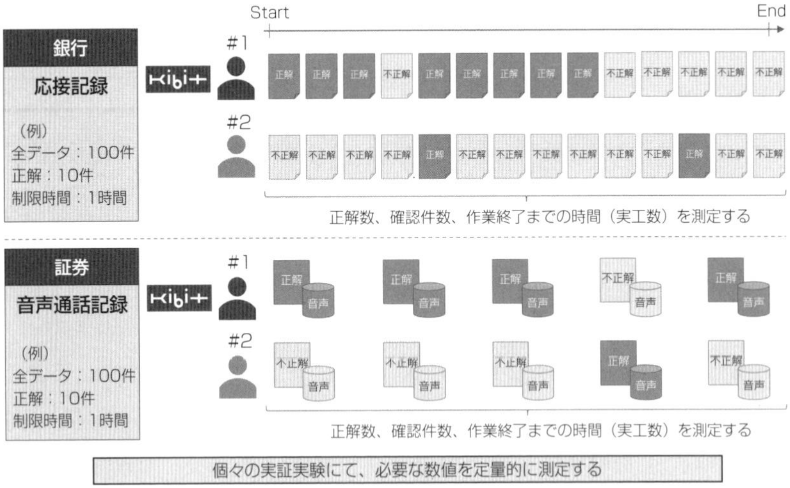

（FRONTEO「金融庁FinTech実証実験ハブ最終報告書」より）

〔図表５－９〕 実証実験ハブ――実験テーマと実施方法③

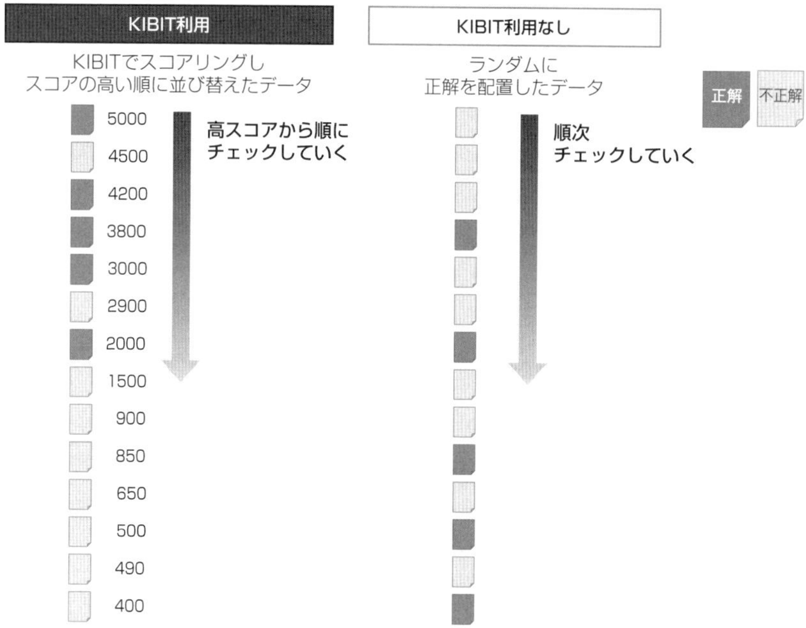

（FRONTEO「金融庁 FinTech 実証実験ハブ最終報告書」より）

グループに分かれてデータを確認した。AIを用いる新方法で確認するグループでは、AIで事前に全データをスコアリングし、AIが抽出対象データに近いと判断したものから順に人が確認をしていった。現行方法で確認をするグループでは、ランダムに正解を配置したデータを順次確認していく方法をとった（〔図表５－８〕、〔図表５－９〕参照〕）。

⑻ 実証実験ハブ３号案件の実験結果

〔図表５－10〕に実験時間が記載されているが、実際には、AIも人も同じ時間で検証を行っている。AIを用いた新方法は、銀行の応接記録の確認については、74分で要抽出対象の全件を確認完了し65％の正解検出率、証券会社の通話記録については、60分で要抽出対象の全件を確認完了し75％の正解検出率である。

一方、現行方法は、実験時間中には要抽出対象データの全件確認が完了しなかったため、実験中と同じ精度、速度が維持されたものと仮定し[1]、全件確認の完了に要する時間と正解検出率を算出している。

AIを用いた新方法は、現行方法の半分程度の時間で全件確認を完了し、正解検出率は現行方法と同等以上であった。AIを用いた方法、AIを用いなかった現行方法のどちらにおいても、被験者は目の前に存在した要抽出データの3割程度を見落としていることがわかる。

実証実験の結果を受けて、要確認データ全件をAIを用いてリスク順に並

〔図表5-10〕　AIを用いたチェックの精度と効率

コンプラ違反の疑いのある疑義データ（リスクあり）を見つけられるか、自然言語解析AIを用いた比較試験を実施。
いずれの業務においても、**IT化による精度の向上および効率化が見込める**ことがわかった。

■AIを活用したチェック業務①と、AIを使わずに全件チェックした業務②の差異
（FinTech実証実験ハブ最終報告書より）

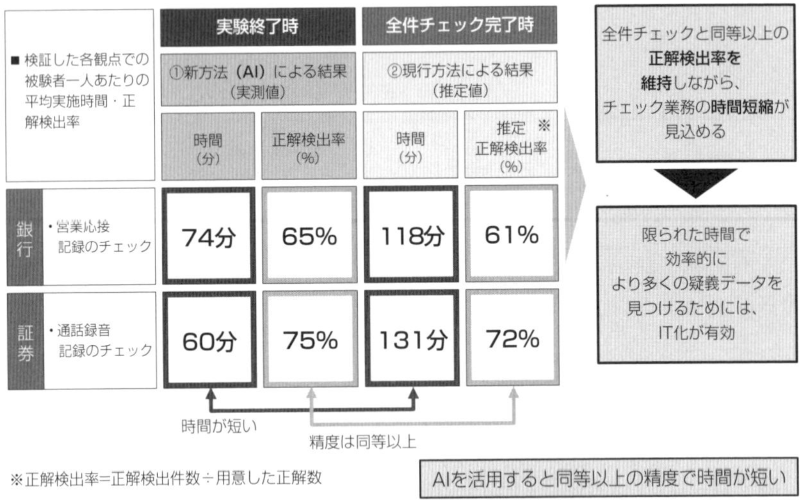

（FRONTEO「金融庁 FinTech 実証実験ハブ最終報告書」より）

1　実際には疲労や集中力の低下などにより同じ精度・速度が維持されるかは不明である。

〔図表 5 -11〕 AI の効果的な使い方

自然言語解析AIを導入してチェック業務効率を高めていくためには、**全データのチェック業務はAIに委ね、高リスクのデータに対して人の目によるチェックをする運用**が適している。

■AIの活用において効果的と考えられる業務フロー

（FinTech実証実験ハブ最終報告書より）

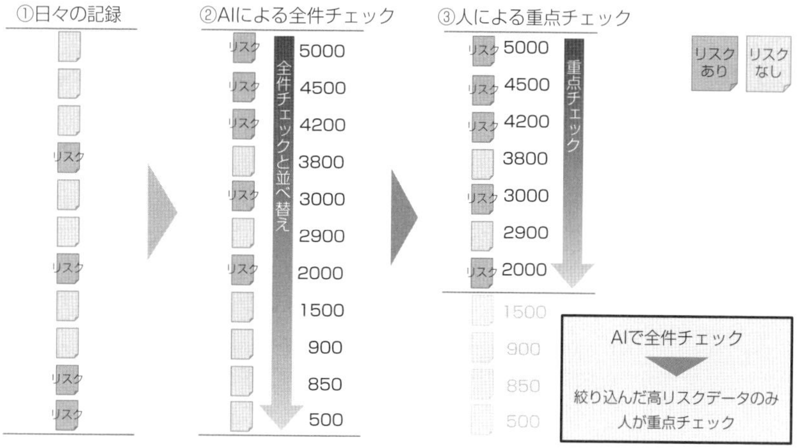

（FRONTEO「金融庁 FinTech 実証実験ハブ最終報告書」より）

び替え、特にリスクが高いと判断されたものについて人が確認することで、チェックに要する時間を短縮しながら検出率を向上させるという活用が望ましいと結論づけた。AI を用いてリスク順に並び替えを行ったとしても、スクリーニングせずに全件チェックを行ってしまえば、確認に要する時間は従来と変わらないからである（〔図表 5 -11〕参照）。

この結論については、金融庁より「AIにより、予めふるいにかけることは、特段問題ない」との見解が示されている（〔図表 5 -12〕参照）。

〔図表５-12〕　AI を用いた金融機関のコンプライアンス業務の効率化に関する実証実験

○金融商品販売時において職員の説明内容にコンプライアンス違反がないかのチェック及び応接記録等に含まれる顧客からの苦情等の抽出業務を、AIを活用することで、効率化・高度化できるか検証。
○参加企業は、FRONTEO、三菱UFJ銀行、りそな銀行、横浜銀行、SMBC日興証券。
○2018年５月から６月まで実証実験を実施。

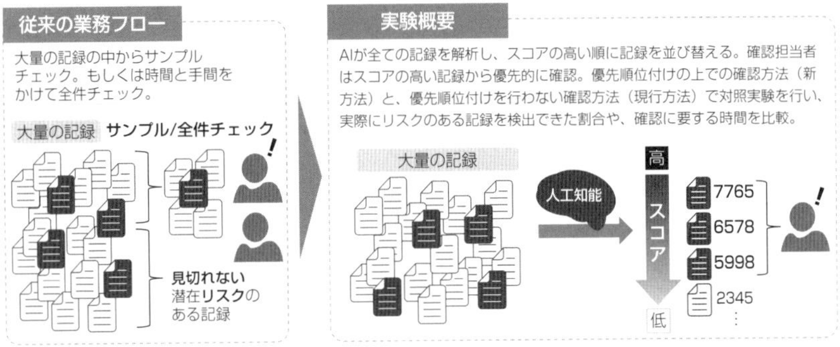

実験結果等

○AIを活用する新方法は、現行方法に比し、同等以上の精度を維持した上で、短時間でより多い確認業務を完了でき、AIの活用が確認業務の効率化・高度化に資する可能性があることが示された。
○金融庁では、法令・監督指針上、金融機関によるコンプライアンス違反等の確認業務に当たり、AIにより、予めふるいにかけることは、特段問題ないと考えられる旨を整理。
○AIを活用したコンプライアンス違反等の確認方法は、本実証実験後に実用化に至り、金融機関の業務の生産性向上等に寄与することが期待される。

（金融庁提供資料より）

5　FinTech 実証実験ハブ３号案件について——金融庁の視点から

本項では、FinTech 実証実験ハブの相談窓口である金融庁総合政策局総合政策課において本件を担当した下田顕寛氏（同課課長補佐）からの説明を踏まえ解説する。

(1)　チェック項目への適合性

上記のとおり、FinTech 実証実験ハブでは、①明確性、②社会的意義、③革新性、④利用者保護、⑤実験の遂行可能性の５つのチェック項目の観点から支援が可能か否か判断される。３号案件である本件に関しては、それが過去データ（ダミーデータ）を使用するもので一般の顧客を相手に行うものではない点、また、参加企業の実施体制等から、④利用者保護と⑤実験の遂行可能性については、特に大きな問題は認められなかった。

①明確性は、支援の対象を金融庁が関与することに意味がある実証実験に限定する観点から、「実験の明確性」のほかに「(法的) 論点の明確性」も必要とされる。3号案件は、金融機関による顧客説明等の適法性に関する社内記録や音声データ等の確認方法として、AIによる記録の解析によりリスクの程度に応じたスコアリング（順位づけ）を行い、その結果（スクリーニング）を踏まえて担当者による確認を行うことを目的とするものであるが、このような確認方法が銀行や金融商品取引業者に係る法令・監督指針の観点から問題がないかという点に関する法的解釈の提供を中心に支援を行うこととしたものである。

また、②社会的意義については、膨大な負担が生じているとされる金融機関におけるコンプライアンス確保のための社内記録等の確認作業について、AIを用いることにより効率化・高度化を図り、金融機関の業務負担軽減（ひいては、コンプライアンス水準のさらなる深化や顧客対応時間の拡充）を実現することを目的とするという点において、十分な社会的意義が認められるものと考えられた。さらに、③革新性についても、本件の言語AIを使った金融機関の内部記録の確認というサービスは、いまだ社会実装がなされていない新しいサービスであって、従前以上に効率的かつ高精度な確認業務につながるものであり、革新性があるものと判断された。

(2) 実証実験の評価

実証実験の結果は、AIを第一次的な確認として活用する新方法に関し、機能的観点において、人の手による現行方法に比べ、確認業務の精度は同等以上を維持したうえで、短時間でより多くの確認業務を完了できるといった望ましいものとなり、AIの活用が金融機関による確認業務の効率化・高度化に資する可能性があることが示された。

また、法令・監督指針上の観点から、金融機関によるコンプライアンス確保のための社内記録等の確認業務に関し、担当者による確認に先行してAIによる一次確認を介する運用を行うことは、適切な運用（たとえば、AIによる判定基準や学習済みモデルの信頼性等に関する検証を合理的な方法・間隔で行う等、その対象業務の内容やAIの特徴に応じた適切な運用）がなされているのであれば、特段の問題はないと考えられる旨を回答し、その旨は金融庁のホームページにおいても公表されているところである。

(3)　今後への期待

本件の実証実験では、いわゆるレグテック（RegTech）といわれる分野において、AIといった先進的な技術が金融機関の生産性の向上に資する有用なサービスとなり得ることが示されたところである。金融庁としても、このような先進的技術が適切に活用されることによって、金融機関の生産性の向上や金融サービスのさらなる高度化が促進されることを大いに期待しているとのことであった。

6　FinTech実証実験ハブ3号案件に係るその後の取組み

FinTech実証実験ハブの結果、すでに各金融機関では、AIを活用したコンプライアンス業務の運用を始めている（〔図表5-13〕参照）。本項では、横浜銀行とSMBC日興証券の例をあげる。

(1)　横浜銀行の取組み

本項は、横浜銀行デジタル戦略部戦略企画グループ主任調査役新川直敬氏の説明に基づき解説を行う。

(A)　金融機関からみた規制と対応

横浜銀行では、フィデューシャリー・デューティーを果たすため、顧客に「投資信託・保険商品・外貨預金・公共債などの元本割れリスクのある金融商品」の案内をした際には、その面談記録である応接記録簿を作成している。

応接記録簿では、どのような顧客に（属性）、どのような説明をしたのか、またそれに対して顧客がどのように反応したか、発言したかが、文章で記録されている。記録することが目的ではなく、コンプライアンス面や、より高い次元の顧客保護の観点から、各営業店の役職者・営業責任者・内部管理責任者によるチェックが実施されている。

〔図表5-13〕 FinTech実証実験ハブ3号案件に係るその後の取組み

2018年に実施したFinTech実証実験ハブ以降、参加企業各社では下記の取組みが進められている

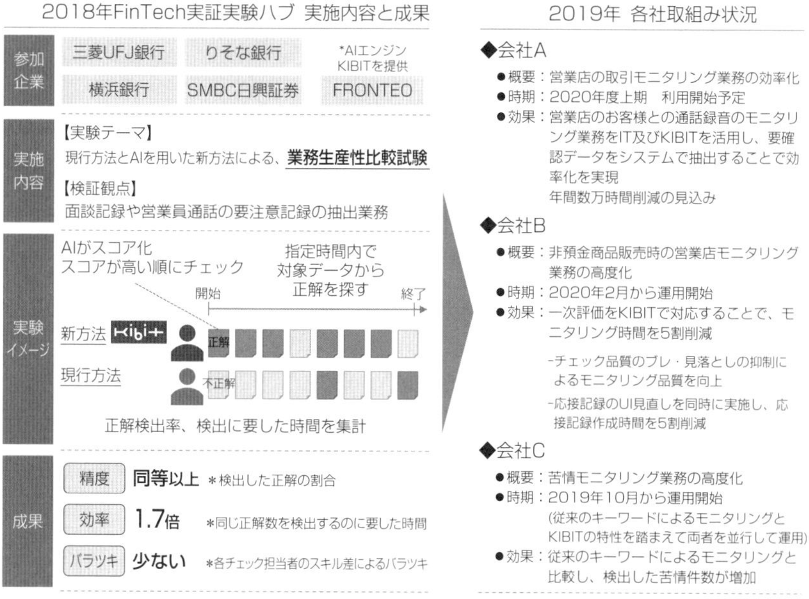

（金融庁提供資料より）

件数にすると、1日あたり1000～2000件程度が営業担当者により作成されるとともに、役職者等によるチェックが行われている。1件あたりの作成時間は15～20分程度、チェックも15分程度は要しており、業務負荷はかなり高い。

営業担当者は、顧客の年齢・投資経験などを考慮しながら文章を作成する必要があるが、「何を記録する必要があるのか」の判断に迷うケースが多く、解決策の候補としては、応接記録簿のシステムのユーザインターフェースの見直しや文章データの構造化があげられる。

役職者は、顧客の年齢・投資経験などを考慮しながらチェックをする必要があり、チェックの観点としては、①コンプライアンスの観点（ミニマムスタンダード）、②より高い次元からの顧客保護の観点（ベストプラクティス）、

があげられる。

応接記録簿のチェックと一口にいっても、50程度の観点からみていく必要があり、課題のハードルは高い。

コンプライアンスの観点（ミニマムスタンダード）では、定められた手順の実施、適合性原則の確認、説明義務の履行をチェックしていくが、チェックの仕方は文章内容の細かい解釈というよりはシンプルなルールベースに近く、役職者などのスキルや経験への依存度は高くない。

一方、より高次元の顧客保護の観点（ベストプラクティス）においては、投資経験等に応じた十分な説明、理解度に関する発言、注意すべき発言がないか、をチェックするため、「細かい解釈の必要性」「スキルや経験への依存」が高い。この観点でのチェックにおいて、横浜銀行では特に、顧客の発言に着目している。

顧客の発言に注目することにより、「不十分な理解」「誤った理解」の発見が可能となり、より高次元の顧客保護への寄与が期待できる。

応接記録簿のチェック業務においては「何を記録する必要があるのか」を判断し、「どこに記録されているのか」を探すこと、「記録内容の妥当性」を適切に評価することが課題であった。これらの解決策として、ユーザインターフェースの見直しや文章データの構造化、記録内容の妥当性の評価を担えるAIの活用があげられる。

(B)　AIを用いた金融機関のコンプライアンス業務の効率化に関する実証実験の感想・結果

応接記録簿関連業務の改善要望は、銀行内でもあがっていたことから、実現方法の検討を進めていた。

生産性の向上・業務の高度化といった効果を説明するにあたっては客観性のある指標が必要であり、金融庁による「FinTech実証実験ハブ」により客観性のある指標が得られたことで、応接記録簿関連業務の改善は構想段階から脱し、横浜銀行として取り組むという意思決定ステージに進める大きなきっかけとなった。

横浜銀行内で、各部署からの人的協力を得るのは簡単ではないが、他金融機関との共同での実証実験であったため各部署からの人的協力は比較的スムーズに得ることができた。

単に「効率化」、「精度向上」といっても、具体的な数字が求められる。実証実験により「○％程度の効果が得られ、他の金融機関も同様の傾向」という客観性のある明確な「解」を示すことができたことで、要件定義の段階から関連部署の協力を得られたばかりでなく、中長期目線では、応接記録簿関連業務の見直し後の業務態勢の構築に大きく寄与したと考えている。

当初からAIを活用した業務の効率化を図ることに不安はなかった。なぜなら、あくまでAIの役割は一次スクリーニングであり、最終的には人間が判断するということから大きな危惧はなかった。

(C)　実証実験の活用の実際

応接記録簿については、①ユーザインターフェースの見直し、②文章データの構造化（可能な限りのコード値化）、③文章データの構造化（フリーフォーマット状態から記録項目単位に細分化）、④AI（KIBIT）との連携による記録内容の妥当性の一次評価、を実施した。

上記のとおりAIが行うのはあくまでも一次評価であり、最終的な判断は人間が行う。

一次評価の見切りライン（閾値）については、観点によって異なる。閾値が5000点のものや300点のものがある。50くらいのモデルを作成する必要があるが、50のモデルごとに見切りラインが設定されている。

①ユーザインターフェースの見直し・②文章データの構造化（可能な限りのコード値化）・③文章データの構造化（フリーフォーマット状態から、記録項目単位に細分化）により、営業担当者の課題であった「何を記録する必要があるのか」の判断は不要となり、応接記録簿の作成時間は大きく減少した。

また、役職者の課題であった「何を記録する必要があるのか」の判断は不要となり、「どこに記録されているのか」についても明確にわかるようになった。

④AI（KIBIT）との連携による記録内容の妥当性の評価により、役職者の課題であった「記録内容の妥当性」の適切な評価についても解決が見込まれている。

AI（KIBIT）には最終的には50程度の観点を学習させる必要があるが、しくみとしては一次評価をAI（KIBIT）が実施し、特に注意すべきものは画面上にアラームを表示するものとしている。学習済みモデルの整備をスピード感をもって達成し、すべての応接記録の一次評価をAI（KIBIT）によって実現していくことが現在の課題である。また、作成したモデルの品質・精度をどのように担保していくかも課題であり、精度のモニタリングを継続して維持・改善を図っていく。

AI（KIBIT）に学習させるデータ（教師データ）の作成にあたっては、これまで蓄積されてきた膨大な応接記録簿から、ある観点では「○」、別の観点では「×」といったように評価していき、これらの情報を学習させていく。そして学習されたデータによりスクリーニングとして機能するかどうかの精度の検証をしていく。１つの観点の教師データの作成には、相応の時間がかかるが、学習させるところまで進むとその後は運用まで比較的スムーズに進むという印象である。教師データの作成にかかる時間としては、２週間から１か月といったところであり、情報量が少なくて済むものは、あまり時間がかからない。これまでは１つの観点の教師データの作成であっても応接記録簿１件あたり2000文字程度の文章を読んだうえで評価する必要があったが、AI（KIBIT）の導入前に上記①から③の課題解決を行ったことで、評価に必要な文字量は１件あたり数百文字程度となり、文章を読む負担が軽減された。また、何が記載されているかをとらえることもスムーズとなり、教師データの作成作業も軽減されてきている。

現在は業務の統括部署（リスク管理部）・FRONTEOを中心にAI（KIBIT）による観点の整備、教師データの作成に取り組んでいる。次のステップとしては統括部署（リスク管理部）・営業店サポート部門・監査部門によるモデル評価を通して行内の各部門間のチェック目線の統一（標準化）に取り組む予定である。このようなプロセスを通して、横浜銀行全体として標準化された判断基準を、FRONTEOのサポートを受けながらAI（KIBIT）で再現していく。

最終的には、AI（KIBIT）の導入と応接記録簿作成のユーザインターフェースの改善、文章データの構造化により営業担当者・役職者とも業務負担の50％削減を見込んでおり、創出された余力は、人間が取り組むべき業務へシフトさせ、業務の質の変化につなげていくことが狙いである。

・担当者であれば、アフターフォローの強化など、お客様との接点の拡大につなげる。
・役職者であれば、担当者への指導の強化につなげる。
・本部であれば、現場への指導の強化につなげる。

といったイメージである。

(2) SMBC日興証券の取組み

本項は、SMBC日興証券ITイノベーション推進室長中村哲也氏の説明に基づき解説を行う。

(A) AI（KIBIT）導入前と導入後の印象

SMBC日興証券では従来、お客様と営業員との通話記録に関して全件保存のうえ、そのうちいくつかをサンプル抽出し、それに対してモニタリングを行ってきた。しかし、この方法では、通話記録（コールログ）が、1日10万ログ以上も記録され、それを人の力でサンプル抽出して確認を行うことは極めて非効率であったため、今回AI（KIBIT）の導入により全件を網羅した効率的な確認作業が実現できたことは大きな成果であった。

一方、人が確認する場合と、AI（KIBIT）によるスクリーニング後に人で確認する場合では、サンプル確認の能力自体について差があるわけではない。限定されたサンプルの中で、人が時間をかけて確認すれば、AI（KIBIT）使用有無の差はそこまで生じない。

しかし、AI（KIBIT）を用いることで網羅的なスクリーニングを実現でき、工数を削減しつつも、人が全件確認を行った場合と遜色ない結果が実験において定量的に出ている点で、AIを活用する大きなメリットがあるものと考えている（前掲〔図表5-10〕参照）。

(B)　AI（KIBIT）導入前の不安とその解消

まず、お客様と営業員との通話を記録して、これをテキストに変換したうえで、AIによってスコアリングを行い、数値が高いものについて人間が確認するという手順となるが、音声をテキスト変換したものをAI（KIBIT）が適切にスコアリングすることが可能かという点については不安があった。実際、通話したものをそのままテキストにした場合、非常にわかりづらい文章となっているうえ、誤字も多い。しかし、AI（KIBIT）によるスコアリングは、期待した以上の成果を出している。

また、人による通話記録の確認にあたっては、お客様と営業員とのやりとりにおいて、価格に言及したか、投資リスクについて説明したか等のチェック項目を確認したうえで、1つひとつの通話記録をテキスト化したものを確認していた。AI（KIBIT）においても、単純にスコアリングを行って抽出された記録をスクリーニングするだけでなく、確認すべき事項について検証し判断がなされるのか不安があったが、この点は、ルールベースによる判定などを用いた周辺システムの開発を適切に行うことで解消された。

(C)　実際の運用

SMBC日興証券では、AI（KIBIT）によるスコアリングを行うシステムのみならず、通話を適切な形でテキスト化する自動音声認識システムを導入し、トータルシステムを構築している。

このトータルシステムの導入にあたっては、多大な時間を要した。実際、コンプライアンスチェックにあたっては、単純に役職者が音声をテキスト化したものをみて判断しているのではなく、複雑で重厚なルールによって実施されており、それは、AI（KIBIT）の導入だけで解決できるものではなかった。その後AI（KIBIT）は、きちんとした日本語であれば、適切なスコアリングができることは理解されたが、課題は通話ログのテキスト化であった。確かにKIBITはすぐれたAIであったが、正確な日本語文章の形でテキスト化されていないものを、適切にスコアリングできるかについては、大きな懸念があった。

また、従来実施されているコンプライアンスチェックのシステムをきちんと理解したうえで、人が行っている業務と遜色ない結果を得ることができ、そのうえでコストの面で大きなメリットがあることを説明する必要があった。業務の一部をAIが代替するといった説明では足らず、業務全体をどのように再構築するかの説明が必要だと感じた。

そこで、以前から活用していた自動音声認識システムとAI（KIBIT）を組み合わせることで効率化できないかとの考えの下、金融庁のFinTech実証実験にのぞむこととなった。実験の結果は想定以上で、精度も高かった。この実証実験の結果を受け、社内での導入が決定した。

(D)　今後の展望

現状、通話ログをテキスト化するにあたって、一度、圧縮して保存したデータをあらためてテキスト変換している。圧縮データを使うのでテキストの精度は悪化し、またテキスト化するタイミングも遅くなるため、いずれはリアルタイムで即時にテキスト変換できるようにしていきたい。

最後に、通話ログをテキスト化し、AI（KIBIT）によって抽出された記録は、正確な日本語文章の形でテキスト化されていない。この点は、音声のテキスト化の精度をあげ、レイアウト成型やテキスト成型、要約など、今後もシステムとして改善をしていきたい。

（伊賀崎賢哉二世）

Ⅱ　広告審査業務の効率化

1　広告審査業務の目的と審査対象ルール

広告審査業務は、企業が世の中に新商品や宣伝等の自社情報を出すときに、法令遵守を主目的としてほぼすべての企業で実施している業務である。広告・宣伝にあたっては、不当景品類及び不当表示防止法（以下「景品表示法」という）や医薬品、医療機器等の品質、有効性及び安全性の確保等に関する法律（以下「薬機法」という）を始めとするさまざまな法律により誇大広告、不正表示などが禁止されている。また各種法令に基づき、業界ごとに自主規制ルールとして公正競争規約といったものが定められている。これらの法律や業界規制、あるいはガイドラインといったものを順守するために広告審査業務が必要とされている。

〔図表5－14〕　広告審査業務の目的と審査対象のルール

目　的	景品表示法等の違反リスク（課徴金等）を回避するために、 正確かつ適法な広告表示を実現する
審査対象のルール	下記、景品表示法・薬機法・商標法以外にも、 企業ごとのチェックルールなどが審査対象として考えられる

景品表示法	薬機法	商標法
「**不当景品類及び不当表示防止法**」のことをいう。過大な**景品**付き販売や**誇大広告**、不正表示などで消費者を惑わす販売行為を防止するために**公正取引委員会**がこの法律に基づき**排除命令**を出すことができる。	医薬品・**医薬部外品**・化粧品・医療機器・再生医療等製品の品質・有効性・安全性を確保するために必要な規制や**指定薬物**の取り扱いなどについて定めた法律。**薬事法**を一部改正し、平成26（2014）年11月施行。	昭和34年法律127号。**商標**を保護することにより、商標を使用する者の**業務**上の信用の維持をはかることを目的として**制定**された。自己の業務について使用をする商標について、**商標登録**を受けた**商標権**者は**登録商標**の使用をする**権利**を専有することになる。

2　景品表示法の改正

2016年に景品表示法が改正され、課徴金制度が導入された[2]（同法８条）。悪質な広告表示（同法５条）について、いわゆる罰金を科すというものである。この背景には、2014年頃に食品偽装や産地偽装、賞味期限の操作の問題などが多発し、消費者が不当な形で不利益を被ってしまう事態が生じたことが関係している。

景品表示法に課徴金の制度が導入されたことから、企業は、罰則を科されるという法的リスクが増大したことになる。実際には課徴金に加え、企業価値を直接毀損するリスクにもつながるため、これまで以上に広告審査を厳しく行うことが必要となった。

実際には、課徴金を支払うまでに至る事案は多くはなく、措置命令だけの事案を含めても2020年は23件、2019年は40件、2018年は21件である。特に事案の内容として目立つものとして、景品表示法にいう優良誤認表示があり、健康器具などが実際の効果以上に結果が現れるような誤解を消費者に与える広告表示があげられる。

したがって、景品表示法の改正に伴う課徴金制度など法的リスクが強化されたこともあり、企業のコンプライアンス体制としては、広告物に対する審査を適切に実施することが必要不可欠なものとなっている。

広告審査業務における対象は、さまざまであるが、商品パッケージ、マニュアル等説明書、いわゆる広告として世に出す記事広告やバナー広告など、企業が主体となって世に出す情報は、すべてが対象となる。

ただし、不当表示、誇大表示、優良誤認表示といったものすべての行為に課徴金が科されるわけではなく、景品表示法では「相当の注意を怠った者でないと認められるとき」などには免除されると規定されている（景品表示法８条１項ただし書）。

2　課徴金対象行為の対象となった商品・サービスの「売上額」の３％相当額。

もちろん、消費者に誤解を与えるような広告が公開されるべきではないが、企業として誤認を防止するようなしくみが整備されており、そのしくみに則り正しく業務が遂行されていたと確認できれば、実際に課徴金の納付命令が出されない場合もある。そこで、広告審査業務の体制とプロセスが整備されることが必要なのである。

3　広告審査業務の現在の課題

しかし企業には、広告審査の実務を遂行するためにいくつかの課題が存在する。各地に拠点を構える大企業にとっては、地域拠点の制作物など、全件網羅的な広告審査が困難であるという実態がある。また、広告審査の担当者は過去の業務経験に基づく判断が必要な場合があるため、景品表示法を含めた関連法規、業界ごとの公正競争規約、企業内掲載基準などの知見について

〔図表5-15〕　広告審査業務の現在の課題

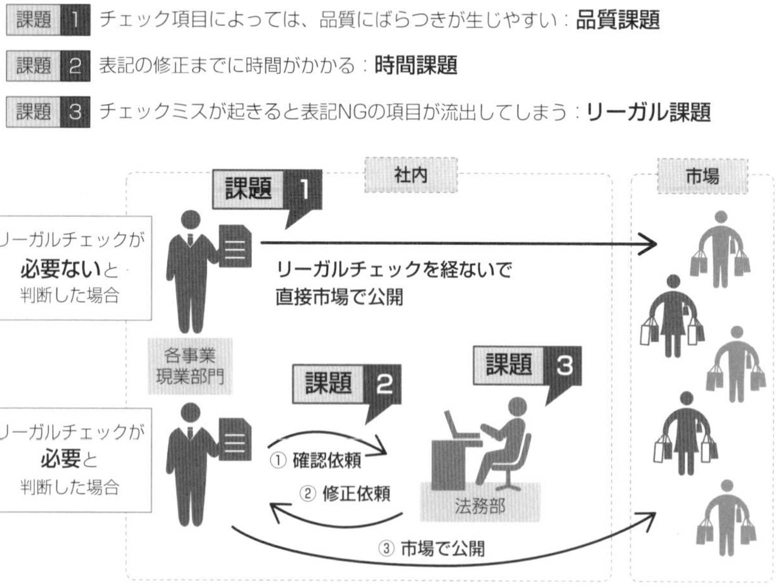

特定の者に依存しているという属人性の問題を抱えている企業も多い。あるいは、景品表示法の「一般消費者の誤認を防ぐ」という曖昧な基準をどのように統一するかといった曖昧性の問題も業務整備においては大きな課題である。

この網羅性、属人性、曖昧性の問題を放置すると、①チェック項目によっては、品質にばらつきが生じやすいという品質課題、②表記の修正までに時間がかかるという時間課題、③チェックミスが起きると企業が法的リスクにさらされるという法的課題が生じてしまう。

①から③の課題の解決案として、企業内にこれまで蓄積された審査業務の知見と、その知見を学習することのできるAIを組み合わせたシステムを開発することが考えられる。まずシステムによる全件表示確認を実施し、リスクが高いとAIが判断した箇所について担当者が詳細確認を実施するといったプロセスで、統一された基準に則って網羅的な審査業務を実現するのであ

〔図表5-16〕 広告審査業務の課題解決の方向性

表示全件のリーガルチェック体制の構築の課題として、リーガルチェックを実施できる人材の採用・育成のコスト・時間の大きいことや、現業部門やリーガル部門におけるリーガルチェックに関する知見の共有の難しさなどが考えられる。

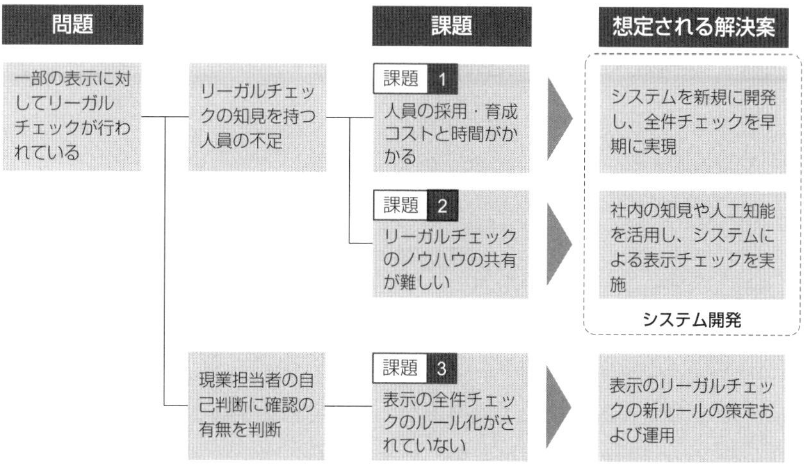

る。

具体的にはまず、AIが対象となる広告物データの内容を評価しリスクの高さを振り分ける。その後リスクの高い箇所を担当者が確認して最終的な判断を行うのである。変更を要するものは社内に修正を促したり、エビデンスの確認などを指示したり、あるいは変更は必要ないとする場合もある。

4　課題解決に向けて

以下では、AIを活用した広告審査業務の進め方をみていく。

(1)　ルール作成・データアセスメント

まず、各企業がこれまで蓄積してきた広告審査業務履歴および法令、業界規制・ガイドラインなどを整理する。各企業における広告審査業務の業務量・対応件数・重要度・観点などの情報を整理するのである。そのうえで、機械学習・キーワードチェックなど、どの手段で検出するのが適しているかの手段選定と効果試算を行う。

検知にあたって特に注意を要する表現として、たとえば、「最高」、「最強」、「ナンバーワン」など最上位表現を使っていないか、他社を誹謗中傷していないか、自社商品の効果効能を過度にうたっていないか、薬などでは、未承認・適用外の情報が含まれていないか、安全性情報を正しく伝えているか、などがあげられる。これらのルールを、AIに学ばせることで検出できるようにするのか、それ以外の手段で検知するのかの整理が非常に重要である。すべてをAIに学習させようとしても、混乱した学習結果になってしまい、適切な結果が得られない可能性があるのである。

たとえば、同じ単語でも文脈によっては使用が認められる場合とそうでない場合がある。そこで、必ず検出しなければならない単語はルールベースでチェックし、文章全体の内容を踏まえた判断が必要な場合にはAIで検出するといったような整理をする。

このように、複数の検出手段を正しく組み合わせることによって、最終的にそのチェック対象のコンテンツにリスクがあるかを判定するのである。そ

〔図表５-17〕　アルゴリズム選定の内容

プロトタイプ開発で、実装するアルゴリズムを選定する。

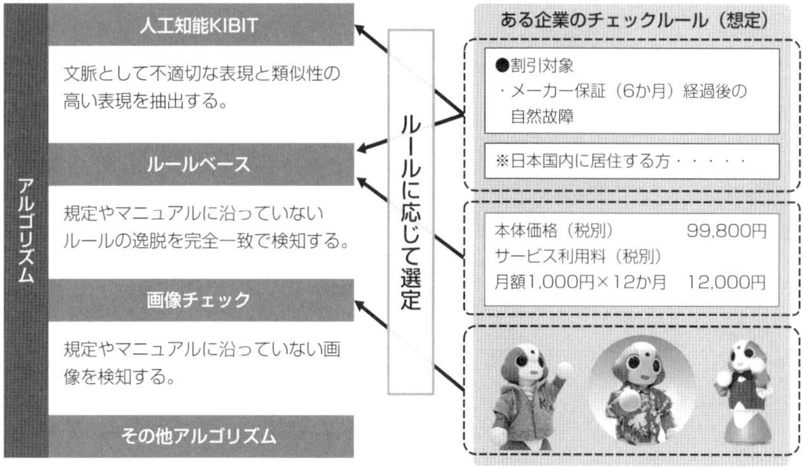

のためには、システムを構築する前の準備段階でいかに精緻な検討を行えるかが重要である。

⑵　**逸脱検知**

次に⑴での整理に基づいて実際にテクノロジーを使って検出するしくみを作成していく。規定やマニュアルに沿っていない表現の逸脱を検出したり、広告での使用が規制されているいわゆるNGワードを検出したりするのである。さらに類義語の拡張を行い、拡張したルールを逸脱検出システムに学習させていく（〔図表５-18〕〔図表５-19〕参照）。

そのような作業を経て構築したシステムを企業内で利用することになる。対象の広告物を入力すると、自動でシステムによる審査がなされて結果が表示される（〔図表５-20〕参照）。

これは、広告作成者が自らの最終確認のために活用することもできるし、審査担当者が活用して、重点チェック箇所の絞り込みを行うこともできる。

〔図表5-18〕　ルールの逸脱の検知の詳細

■類義語拡張

NGワードを品詞ごとに拡張し、より幅広くNGワードを検出できるようにする。

【類義語拡張の例】

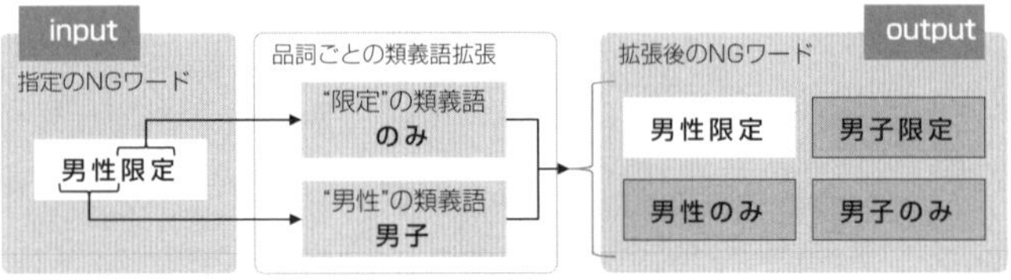

■類義語拡張の流れ（イメージ）

①NGワードリストの準備
②リストの提示
③初期類義語拡張
④ブラッシュアップ
⑤拡張後リストの確定

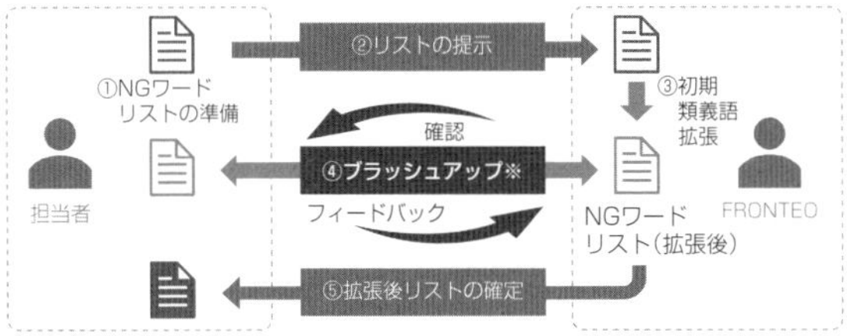

※複数回の拡張作業にてブラッシュアップしていく

〔図表5-19〕　ルールベース技術を用いた処理イメージ

■NGワードチェック

NGワードリストに基づき、入力されたテキストデータにNGワードが含まれているかをチェックする。

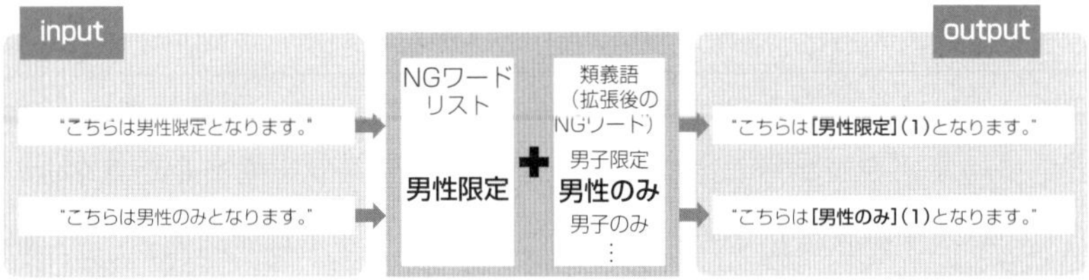

■併記チェック

入力されたテキストデータにNGワードとNGワードに紐づく依存ワードが含まれているかをチェックする。

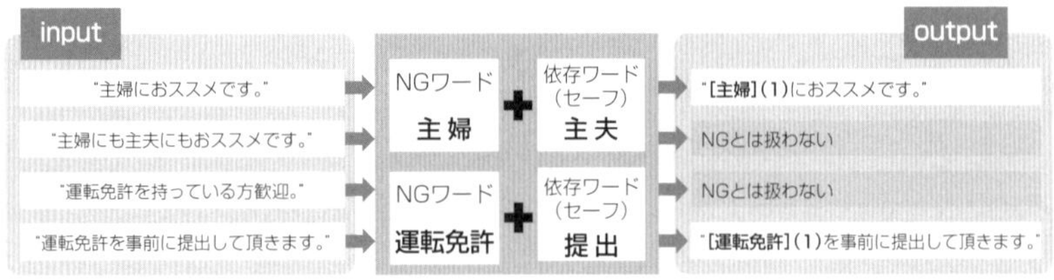

〔図表５-20〕　ルールベース審査システムユーザインタフェースイメージ

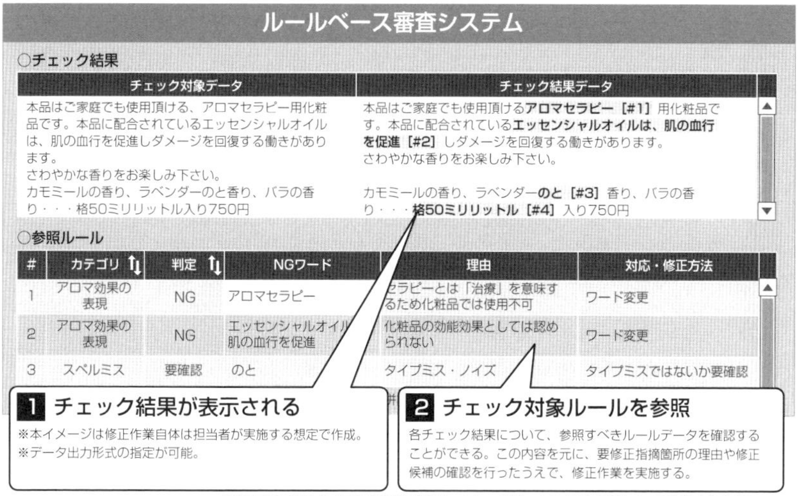

※作成するプロトタイプを評価期間使用し、フィードバックの内容を反映した本番実装を行う想定。

⑶　画像チェック

広告物を構成する要素は、テキスト表記のみではない。それ以外の主たる要素である画像情報のチェックに関しては、現状では一部で要望があるという程度であるが存在している。たとえば、製薬会社において試験結果の図表のうち特に強調したい部分のみを赤字や太字で表現したり、あるいは、改善率が上昇しているといったことを、折れ線グラフで、その部分のみ矢印で強調している場合などは、事実情報に恣意的な誘導をしているとみなされるので、確認の必要が出てくる。

今後は、そのような画像情報を含めた検出や動画情報、音声情報といった部分も対象とした確認が望まれるケースがある。

5　現状の課題と今後の展望

従来、人が対応するしかないと考えられていた広告審査業務を、AI を始めとしたテクノロジーの支援を受けることにより、限られた人的リソースの

〔図表5-21〕　広告審査業務の支援メニュー（例）

		お客様ニーズ	違反具体サンプル例	FRONTEOからの支援
ルールの逸脱検知	文脈	文脈として不適切な表現を検知可能	「投資信託なら当社が絶対お勧めです」 「貯金の利息と同様」	A：文脈による不適切な表現の検知 ①KIBITによる検知
	キーワードルール	記載すべき内容が記載されているか、NGワードや文章を完全一致で検知できること	●NGワード 例「断然有利」、「○○が治る」など ●類義語 例「限定」→「限り」「のみ」 ●併記 例「景品」＋「なくなり次第終了」	B：キーワードルール逸脱による検知 ②類義語拡張システム ③キーワードルールAPI （記載必須事項の有無のチェック、NGワードチェック、併記チェックを含む）
画像		規定に反する画像データの利用を検知できること	FRONTEO →縦横比率がおかしい FRONTEO →左右反転 FRONTEO →配置の不備	C：画像チェック技術による検知 （正解画像との一致率による検知） ④画像チェック技術
ルールの明確化		マニュアルの不明瞭なルールを明確にできること	「適合性の確認を実施する旨を記載する事が望ましい」	D：ルール作成コンサルティング ⑤マニュアルからの明確なルールを設定（コンサルティング）
その他		上記以外のチェックのロジックが必要であれば対処できること	―	E：アルゴリズム開発体制 ⑥必要に応じアルゴリズムを開発

中で網羅的な審査を実現することが可能になるといえる。すべての広告を確認したくても、現状のリソースでは時間が足りないという企業は多い。一方で、インターネット上のウェブ広告物やSNSでの情報発信など、企業から発信される広告物の数自体は増えている傾向にあり、対象の情報量は増大している。そのような状況下でも、企業の確認不足によって消費者が不利益を被った場合には、法令による措置命令、課徴金納付命令といったリスクにつながっていくことから、網羅性と正確性を両立させるためには、テクノロジーを活用した審査業務支援を導入することが主要な解決策になるといえる。

法的リスクを回避するためには、まずは、各企業が広告審査について適切なプロセスと体制を整えていることが重要であるといえる。そこで、テクノロジーを活用することで対象広告については全件確認を実施し、人による確認とあわせて実施するという体制づくりを図っていくことが望ましいと考える。

（野﨑周作）

Ⅲ　MRの日報／週報審査業務の強化・効率化

1　時代背景

製薬業界では、過去の薬害事件を始め、製薬企業における安全性情報への取組みや、近年では臨床研究データへの企業の関与のあり方に加え、適応外情報提供の管理など、生命関連製品を扱う産業として、情報提供活動や情報管理体制そのものが大きく問われている。

上記背景より、平成30年９月25日厚生労働省医薬・生活衛生局長「医療用医薬品の販売情報提供活動に関するガイドライン」薬生発0925第１号（以下「情報提供ガイドライン」という）が2019年10月に施行され、本格的に医薬情報担当者（medical representative。以下「MR」ともいう）による情報提供のあり方やプロモーション活動全般について企業側に厳しく管理することが求められるようになった。また情報提供ガイドラインにより、企業に顧客からの窓口や専門の監督部門を設置することに加え、経営陣に対して、情報提供活動の管理運営について最終的な責任を負うことなどが明記されたことは注目すべきポイントである。

ここにいう管理とは、公正な情報を提供するということもあるが、これまでブラックボックスとなっていた医師と製薬会社とのやりとりについても正確に記録をし、企業側がプロモーション活動を厳正に管理すべきであるという趣旨を含んでいる。このことはつまり、情報提供活動に関して何らかの問題が発生した場合に、プロモーション活動の記録を残すことで、いつでも正確に検証できるしくみを構築することが求められており、製薬会社の営業担当者と医師とのやりとりの中で、自社製品の効果効能を誇張して表現したり、もしくはその安全性情報、不利な情報については情報提供していないといったことが常習化していないかどうかを記録・管理をするなど、製薬企業としてガバナンス体制の見直しが強く求められるようになったのである。

2　業界・企業の課題

しかし実際、製薬企業の営業担当者と医師とのやりとりを日報等にすべて記載することとなると、記載のレベル感も含め、何をどこまで記載したらよいのか難しい判断が求められることとなる。新しく施行された情報提供ガイドラインの主旨からすれば、各社適正なプロモーション活動が実施されるよう、MRの日報管理や資材管理、講演会のスライドチェックなど、プロモーションにかかわるすべての活動について適正な管理が求められている。

管理するとは、すなわち役職者がチェックをした記録を残すという意味も含んでいる。つまり、日報や各種資材にただ目をとおしたというだけでは不十分で、たとえば資材がつくられている過程において、監査部門の押印があるとか、MRのプロモーションが終わった後に、上長の印、コメントを付すなど、管理されていることをしっかりと記録に残すことが求められている。

そのため、監督部門の責任は非常に重く、もし、法令に抵触するようなやりとりの記録を見逃した場合には、重大な責任につながる可能性もある。

一方、1日数百～数万にも及ぶ営業日報や数多くの講演会でのスライドのチェックを行うことは現実的にはかなりの負担となり、膨大な情報を適正にかつ効率的に管理する体制が必要となるが、管理者サイドの経験や解釈によっても管理精度にばらつきが生じるリスクなどもあり、二重三重の管理体制が必要となるなど、企業に大幅な手間とコストの増大を招いている。

また、営業担当者としては、日報の記載にあたって、情報提供ガイドラインに沿った情報提供活動の結果を報告する必要があるため、商品説明に対しても形式的な内容にとどまらざるを得ず、これが業界の大きな課題となっている。実態として医療現場で起きている問題は、困っている医療関係者や患者を念頭においた本当に血の通った情報交換が困難になっていることにある。

実際医師や医学会から、本来の営業があるべき、製薬会社に求められる情報提供活動というのは、医師が知りたいことに対して十分に回答することであるという声があがっている。

3 情報提供ガイドラインで求められていること

情報提供ガイドラインでは、薬品の効能・効果や用法・用量を始め、承認された範囲内で情報を提供し、提供する情報を営業的な視点で恣意的に選択しないなど、科学的・客観的な根拠に基づく情報提供活動が求められている。また、適応外の情報提供を求められた際には、経緯、提供先、提供内容等、情報提供に関する記録や保管が義務づけられている。

つまり、情報提供ガイドラインにおいては、医師から情報を求められた場合には恣意的な選択をせず、事実に基づいたすべての情報を透明性をもって提供することが必要であり、その活動をしっかりと記録し保管することが大切であると位置づけられているだけである。あくまで情報をフェアに伝えることが求められているのであり、自分たちに有利となるような恣意的な情報提供を厳格に禁止しているのである。

4 実務上の課題

文書による情報提供だけでは、実際に臨床で起こる事象や最先端の情報に関する対応が不十分となり、医師のニーズに十分に応えられない。一方、会話の中で提供した情報すべてを記載するとなると、記載する情報の量や質、管理方法などが明確に定まっておらず、企業側に大きな責任と負荷が発生している。

特に抗がん剤などの毒性の強い薬剤や重症患者を対象とするような薬剤ではほぼ全例に高頻度に有害事象が発生するが、当該有害事象が必ずしも薬剤によるものとは限らないしその判断は大変難しい。しかし、それを判断するのは医師であって製薬会社ではないという考えによることから、有害事象の情報を把握した際には使用されている医薬品との因果関係にかかわらず報告する義務がある。

このような背景の中、医師から聞いた話をすべて記録し、かつ重篤な副作用や死亡例など、場合によっては24時間以内に報告をしなくてはならないという義務を履行するためには、あまりに企業側の負担が大きく、実務上の課題となっている。

最も大きな課題は、記録される量と確認する量であるといえる。たとえば営業担当者が1000人いるような製薬会社の場合、１日に平均10人の医師に面会すると、１日約１万報の報告が作成されることになる。その１万報の報告を上長が正確に読んで、リスクがないか、情報提供ガイドライン逸脱のおそれがある記載がされていないかどうかを確認し、さらには安全性情報の記載確認と、重篤性によっては24時間以内にファクシミリ報告をしなければならないことを考えると、その負担は膨大であり、企業側に多くの負担がかかっているといえる。

5　AIによる解決（解析対象と効果）

上記に触れた大量の営業日報やコールセンター等への問合せ情報などを集約し、AIにより自動的にその重要度や内容をスクリーニングすることで、企業の各プロセスの大幅な効率化や人件費の削減を実現する。また、AIによりスクリーニングを行うことで管理作業が標準化され、作業のばらつきや経験に左右されない管理審査体制を構築することが可能となる。

⑴　AIを活用した想定業務のフロー

営業担当者が作成した日報あるいは週報をAI（KIBIT）により自動的に全件についてスコアリングする。その結果、あらかじめ作成しておいた学習データ（教師データ）に基づき、情報提供ガイドラインに抵触するようなリスクの高い記録については高いスコア、そうでないものは低いスコアとなり並べ替えられる。そのうえで、監督部門により高スコアの記録を確認するといった流れとなる（〔図表５-22〕参照）。

高スコアになるものとして、誇大表現、使用方法推奨、処方使用誘引、疾病強調、治療手段誤認、他社誹謗中傷、副作用情報の不提供などがある。

キーワードからみると、たとえば、吐き気や頭痛といった言葉が含まれて

〔図表5-22〕 AIを活用した想定業務のフロー

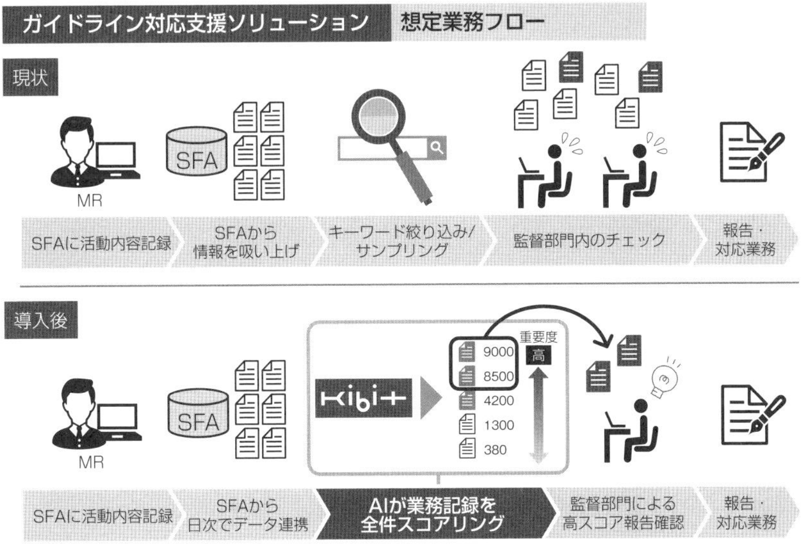

いると、患者に副作用などの不利益なことが起きている可能性があると判断される。また、競合品の製品名が日報内にあると、他社製品の誹謗中傷の可能性が高まる。これらのキーワードが含まれている日報は、よりリスクがある文書として高スコアとなる可能性が高いということになる。

ただ、副作用かそうでないのかについては、AIだけでなく人でもなかなか正確に判断することが困難なケースも存在する。たとえば、「体調の悪化」といった曖昧な表現をどのように判断するか、「腹痛」であれば副作用ととらえるところ、「おなかがちょっと重くて」といった表現はどうか、人でも迷うところはAIも同じであり、そこをどのように線引きするかが課題となってくる。

AIに学習させるデータ（教師データ）の作成・収集にあたっては、各製薬会社が蓄積してきたデータ内容を調査し対象とするデータの探索・抽出を行ったうえで、抽出したデータからキーワードを作成し、さらに対象となるデータを探索・抽出する。この作業を何回か繰り返し、最終的に学習させるべきモデル作成に必要な問題データを抽出し、AIに学習させる。運用後は、データの蓄積によりモデルの見直しや新しいモデルを追加する。

⑵　AIを活用するメリット・効果

まず、第1のメリットとして、解析結果に基づき高いスコアのものに限定して記録の確認を行うことで、モニタリングの作業を5割から8割くらい削減できる。この数字だけでも十分な効果があると考えるが、今後、より多くのデータを分析することやさらに企業側の判定基準等の工夫によって、さらなる削減効果を高められると考えられる。

第2のメリットとしては、膨大な量の日報を網羅的にチェックすることが可能となることである。

このことは、今後、さらに多くの情報が入力され、確認すべき情報量が増

〔図表5-23〕　AIを活用した想定業務のフローのアウトプットイメージ

ガイドライン対応支援ソリューション　**アウトプットイメージ**

日報／週報の**テキストデータ**に対して、
事前に学習させた**教師データ（関連あり）との類似度をスコアリング**する。

日付	支店名	担当	報告内容	未承認薬・適応外薬等の情報提供	他社製品比較
9月19日	大阪支店	清水太郎	★A病院「Z顆粒」紹介。**X錠と一包化した際も付着しにくいことを説明。粉砕時のデータも提供し、扱いやすさをアピール**。推奨であれば使うと言われた。	9056	1878
9月19日	静岡支店	佐藤　一	★B病院　「H錠」製造遅延分が納品先に割当てられ使いきる11月頃に代替品在庫問題が発生しそうである。	3221	2321
9月19日	福岡支店	鈴木花子	★C先生が10月末退職しD病院へ。後任としてE先生が副部長へ就任予定。	986	550
9月19日	⋮	⋮			
9月19日	仙台支店	山田太郎	★他社の「Fカプセル」使用中で採用理由を伺うと価格メリットとG成分で採用したとのこと。当社品にはG成分は入っていないが、**効能ではFカプセルに劣らない点を訴求する**。	546	8243

えても、一定のプロセスをAIに任せることで、全体として人の単純作業に対する負担が大幅に軽減され、本来、人が確認すべきリスクの高い情報や重要な情報に、よりフォーカスしていくことが可能となる。そうであれば、報告内容の量や質に依存することなく、あらゆる情報の記録を適正に効率よく評価できるようになり、情報提供とその管理の両面で業界全体として良い方向に進むのではないかと考える。近年、海外では、営業組織を数字で評価するのではなく、適正かつ臨床上有用である情報提供活動をしている営業担当者を評価する製薬会社が出つつある。医薬品情報担当者として、医療関係者や患者にとって真に喜ばれる情報提供活動とは何か、今製薬企業の姿勢が問われている。

6 今後の課題・展望

今後の課題、展望としては、AI導入による作業の効率化、標準化はもちろんのこと、より重大な情報の早期発見や、顧客が求めるニーズ、営業課題の抽出など、単に作業の効率化だけではなく、今まで人では見出せなかった情報を発見し、新たな価値創造につなげていくことが重要であると考える。

行政指導の下、情報収集・管理システムが強化される中、今まで入手できなかったような貴重な情報が集積されるようになることは業界にとって負担なのではなくむしろチャンスであるととらえるべきである。たとえば、AIを通じてこれらの情報を企業のCRMシステム（顧客管理システム）と連動させることで、顧客情報をさらに層別化、個別化することが可能となり、顧客ニーズに沿った価値ある情報提供活動ができるようになる（Personalized Information）可能性がある。今後は、AI導入が効率面だけでなく、顧客満足度や企業価値そのものを高める役割を果たすことが期待される。

（髙橋真人）

第6章
契約業務

Ⅰ　契約業務のデジタルトランスフォーメーションとその現状

1　デジタルトランスフォーメーションの前提としてのクラウドへの移行

デジタルトランスフォーメーション（以下「DX」という）とは、経済産業省の定義によれば、「企業がビジネス環境の激しい変化に対応し、データとデジタル技術を活用して、顧客や社会のニーズを基に、製品やサービス、ビジネスモデルを変革するとともに、業務そのものや、組織、プロセス、企業文化・風土を変革し、競争上の優位性を確立すること」をいう[1]。

契約業務の本格的なデジタル化は、2017～2018年頃に欧米を中心に「リーガルテック」に注目が集まりだしたことが端緒である。日本では、クラウド型電子契約「クラウドサイン」が2015年からサービスを開始していたものの、それまでの日本企業における現実はといえば、契約書の取扱いに関しては紙をファイリングするだけか、Microsoft Excel等で契約管理台帳を作成している程度の企業がほとんどであった。自社サーバー上でオンプレミス（自社開発）の法務専用業務システムを構築している企業は一部の先進的企業に限られており、上記DXの定義にいう「データとデジタル技術の活用」以前に、クラウド上で契約書ファイルを保管すること自体、情報管理・セキュリティ等の懸念から抵抗を感じていた企業は少なくなかったはずである。確かに、法務部門が取り扱う契約に関する文書には、訴訟上の証拠として扱われる可能性のあるものが大量に含まれていることから、管理系の他の業務のDX進展と比較して遅れをとらざるを得ない部分はあっただろう。

1　経済産業省「デジタルトランスフォーメーションを推進するためのガイドライン Ver.1.0（平成30年12月）」〈https://www.meti.go.jp/press/2018/12/20181212004/20181212004.html〉 2頁。

そうした法務部門の躊躇を尻目に、人事労務・会計を始めとするバックオフィス系業務の多くが、オンプレミスからクラウドサービスに移行し始めたのはその頃である。Amazon Web Services（AWS）やGoogle Cloudなどのクラウドインフラ上で動くSaaS（Software as a Service）型ビジネスが日本でも受け入れられ、ソフトウェア開発の初期投資リスクを抑えながら、常に最新の機能にアップデートされる業務システムを比較的安価に利用できるようになった。

そして2020年の現在、「業務にかかわるデータを保管するファイルサーバーをクラウドに変えてもよいか」を議論している企業はほぼ存在しないといってよいであろう。法務部門においてもそれは例外ではなく、単なる契約書保管システムを超えて、法務システム全体をいかにクラウドベースに移行させ、経営効率と生産性を向上させるかが経営課題となり始めている。

2　企業における「脱ハンコ」・「ペーパーレス」の加速

「オンプレミスからクラウドへ」の潮流を下地にしながら、2020年には、法務業務領域のDXが大きく進展する出来事があった。新型コロナウィルス感染症（COVID-19）対策としての、国をあげてのテレワーク推進である。特に、テレワーク実現のための就労環境整備の中でも最も避けられない課題として注目されたのが、契約業務における「脱ハンコ」「ペーパーレス」の必要性であった。

総務省がまとめた「令和２年版情報通信白書」[2]をみると、COVID-19の影響がまだほとんど把握されていなかった2020年１月時点の調査（2020年４月公表）ではあるが、電子契約の導入企業が４割強にとどまっていたことがわかる。日本に根強く残る押印の商慣習がその障害となっていたことは、間違いのないところであり、ここを課題と見出した政府が、民間を巻き込んでの行政のデジタル化に一気呵成に取り組み始めた。

2　総務省「令和２年版情報通信白書」〈https://www.soumu.go.jp/johotsusintokei/whitepaper/ja/r02/pdf/n2300000.pdf〉。

他方、2020年４月７日の緊急事態宣言を境に、民間企業もテレワークの導入と実施を余儀なくされることとなった。対応策として、IT業界を中心に押印の廃止と電子契約への完全移行をプレスリリース等で表明する企業が続出した[3]。これを受けて一般企業においても押印やそれに伴う紙文書の授受のための出社負担を解消する方策として、電子契約導入とそれに伴う契約関連業務のデジタル化・クラウド化が加速していった。

3　行政手続における書面主義・押印原則・対面主義の見直し

日本企業に押印の商慣習が根強く残っていたのはなぜか。理由の一つには、民間商取引のデジタル化・クラウド化の進展と比べて、行政手続が書面・押印・対面にこだわる状況が変わらなかったことがあげられる。

日本においては、商業登記法20条１項により、会社を設立するために法務局への印鑑の提出が法的義務とされてきた。行政との電子入札についても、セキュリティの厳しい一部の電子認証サービスが指定され、これを利用する必要があった。民間同士で電子契約を締結しても、商業登記規則102条５項で指定された電子証明書を用いた電子署名が施されていなければ、登記申請時の添付書類としては使えないという制約もある。さらには、税務上求められるタイムスタンプの要件が厳しく、電子ファイルで作成した取引記録としての契約文書を、法人税法および電子計算機を使用して作成する国税関係帳簿書類の保存方法等の特例に関する法律（以下「電子帳簿保存法」という）上の義務を遵守するために紙で保存しなければならなくなる状況もあった。これらが障害となって、企業にとっての法的文書のデジタル化インセンティブは毀損されてきたのである。

3　メルカリプレスリリース（2020年４月８日）「メルカリ・メルペイ、新型コロナウイルスの感染拡大の長期化を受け、電子署名による契約締結を推進」〈https://about.mercari.com/press/news/article/electronic_seal/〉、LINEプレスリリース（2020年４月30日）「LINE、５月１日より全ての契約に電子契約を導入」〈https://linecorp.com/ja/pr/news/ja/2020/3210〉、ヤフープレスリリース（2020年５月18日）「ヤフー、民間取引先との契約手続きの『100％電子サイン化』に着手」〈https://about.yahoo.co.jp/pr/release/2020/05/18a/〉など。

行政のこのような対面・押印・書面主義は、国内企業からの不満や批判だけでなく、世界からみた日本のビジネス環境評価をも押し下げている。世界銀行が毎年公表する世界銀行事業環境ランキング“Doing Business”において、先進国（OECD）35か国中15位（2013年）から26位（2017年）までランクダウンを続けたのは、その証左であろう。特に、法人設立・不動産登記・契約執行といった、法手続のデジタル化に遅れが目立つ分野が厳しく低ランクの評価を受けた[4]。

この汚名を返上すべく、2013年の「日本再興戦略」[5]を皮切りに、世界銀行のビジネス環境ランキングで３位以内に入ることをKPI（主要業績評価指標。Key Performance Indicator）として設定すると明記された。内閣官房が旗振り役となり、2019年には情報通信技術を活用した行政の推進等に関する法律（デジタル手続法）ほか関連法を可決成立させ、法人設立を中心とする行政手続のデジタル化を開始した。加えて2020年には、企業のCOVID-19対策に呼応する形で、書面主義・押印原則・対面主義の見直しを進めている。

内閣府規制改革推進会議のリーダーシップの下、押印を絶対視してきた商慣習の見直しを促す文書や、電子署名及び認証業務に関する法律（以下「電子署名法」という）の柔軟な解釈によりクラウド型電子契約を普及させるべきとの答申が出されることとなった。あわせて、法務省が取締役会議事録やオンライン商業登記の添付書類に用いる電子署名の範囲を拡大し、企業の法務部門にとっては、押印から電子契約に移行する際の実務的・心理的障害をやわらげる一助となった。

次項では、特に脱ハンコ・押印原則の見直しに向けて大きな鍵を握る電子署名法とその新たな解釈の内容について、解説していく。

---

4 日本経済再生総合事務局「世界銀行 Doing Business 2018による日本の評価（平成29年12月11日）」〈https://www.kantei.go.jp/jp/singi/keizaisaisei/miraitoshikaigi/suishinkaigo2018/kisei/dai 2 /siryou1.pdf〉。

5 「日本再興戦略—JAPAN is BACK—（平成25年６月14日）」〈https://www.kantei.go.jp/jp/singi/keizaisaisei/pdf/saikou_jpn.pdf〉。

Ⅱ　電子署名法の概説

1　電子署名法とは

電子署名法とは、電子文書に施される電子署名の定義および効果並びにその認証を行う事業を規律する法律である。具体的には、

① 本人による一定の要件を満たす電子署名が施された電子文書については、本人の意思に基づき作成されたものとして真正な成立の推定効を与える

② 電子署名の利用者の認証を業として行う認証業務について、一定の基準を満たすものについての認定制度を定める

法律となっており、〔図表６－１〕のような章・条立てで構成される。

〔図表６－１〕 電子署名法の構成

章	条
第１章　総則	第１条・第２条
第２章　電磁的記録の真正な成立の推定	第３条
第３章　特定認証業務の認定等	第４条―第16条
第４章　指定調査機関等	第17条―第32条
第５章　雑則	第33条―第40条
第６章　罰則	第41条―第47条

ここで特に、契約業務DXとの関係で押さえておきたいのが、電子署名法２条に定義され３条で電子文書の真正な成立の推定効が与えられる「電子署名」の要件である。

2　２条電子署名の要件

電子署名法における「電子署名」を正確に理解するために、２条１項に規

定される電子署名の定義を確認する。

（定義）
第２条　この法律において「電子署名」とは、電磁的記録（電子的方式、磁気的方式その他人の知覚によっては認識することができない方式で作られる記録であって、電子計算機による情報処理の用に供されるものをいう。以下同じ。）に記録することができる情報について行われる措置であって、次の要件のいずれにも該当するものをいう。
一　当該情報が当該措置を行った者の作成に係るものであることを示すためのものであること。
二　当該情報について改変が行われていないかどうかを確認することができるものであること。
（略）

電子署名法２条１項では、「電子署名」を上記のとおり定義し、下記３要件を充足することを求めている。

①　２条１項柱書　電子文書ファイルに署名データを別途施す措置であること

②　２条１項１号　作成者を表示するものであること（作成者表示機能）

③　２条１項２号　改変が検知できること（改変検知機能）

まず柱書について、契約書PDFファイルに電子署名を付けて送信するケースを例にあげれば、契約の内容を表したPDFの文意が作成者の思想や認識を表したものであることを示すために、契約書PDFそのものとは別に、署名データを付加することを要件としているものである。

この柱書を前提に、特に問題となるのが、②１号の作成者表示機能と③２号の改変検知機能の２つである。

電子契約サービスの多くが、電子署名法施行規則２条に定める電子署名の技術的安全性基準[6]を満たす一定の暗号強度を備えた公開鍵暗号方式によるデジタル署名技術を用いている。対象のサービスがこの方式に準じたデジタル署名を利用していることが確認できれば、電子署名法2条1項2号の改変検知機能の要件を満たしているといえる。

そのうえで、次の作成者表示機能の有無が電子契約サービスの分類と比較をする際に大きなポイントとなる。上述した電子署名法2条1項柱書にある署名データを別途施す措置がなされ、そこに措置を行った作成者が誰であるかを表示する機能があることが同項1号で要求されている。契約書の文面として氏名・肩書き等が表記してあったとしても、それでは同項1号の要件を満たすことにはならない点は、注意を要する。

なお、この電子署名法2条1項1号は、後述する認証業務・特定認証業務・認定認証業務の認証を受けた電子署名であることは要件としていない[7]。

こうした法律条文に基づいた正確な区分に、オンプレミスかクラウドかという技術要素を掛け合わせることで、検討対象の電子契約サービスと電子署名法との関係を理解できるようになる。

電子契約サービスで用いられる電子署名のタイプ分けを電子署名法の条文に忠実に分類すると、理論上は〔図表6-2〕の2×4＝8区分に分類できるが、2020年時点の電子契約サービスをみる限り、事実上、下記4パターンに集約される。

① 契約当事者双方が署名鍵・電子証明書を取得し、オンプレミスな環境下でデジタル署名を施す「ローカル型」

② 契約当事者双方が署名鍵・電子証明書をクラウド上で保管し、リモー

6 電子署名の安全性が次のいずれかの有する困難性に基づくものであること。①ほぼ同じ大きさの2つの素数の積である1024ビット以上の整数の素因数分解、②大きさ1024ビット以上の有限体の乗法群における離散対数の計算、③楕円曲線上の点がなす大きさ160ビット以上の群における離散対数の計算、④前3号に掲げるものに相当する困難性を有するものとして主務大臣が認めるもの。なお、①が電子署名で最も利用されるRSA方式に、②がDSA方式に、③がECDSA方式に該当し、④は現在指定されていない。

7 高野真人＝藤原宏髙編著『電子署名と認証制度』（第一法規、2001年）28頁。

〔図表6－2〕　電子署名のタイプ分け

<table>
<tr><td rowspan="3"></td><td colspan="3">デジタル署名
○2条1項2号</td><td rowspan="3">非デジタル署名
×2条1項2号
×2条1項1号</td></tr>
<tr><td rowspan="2">作成者の
電子証明書付
○2条1項1号</td><td colspan="2">事業者の
電子証明書付</td></tr>
<tr><td>署名データに
作成者明示あり
○2条1項1号</td><td>署名データに
作成者明示なし
×2条1項1号</td></tr>
<tr><td>オンプレミス</td><td>ローカル型</td><td></td><td></td><td></td></tr>
<tr><td rowspan="2">クラウド</td><td rowspan="2">リモート型</td><td colspan="2">（←　広義の立会人型　→）</td><td rowspan="2"></td></tr>
<tr><td>指図型
CLOUDSIGN</td><td>第三者型</td></tr>
</table>

ト操作でデジタル署名を施す「リモート型」

③　クラウド事業者の署名鍵と電子証明書により、作成者がクラウド事業者に署名指図したことを署名データ上で明示する「指図型」

④　クラウド事業者の署名鍵と電子証明書を用い、署名データ上の名義も事業者名のみを表示する「第三者型」

3　電子署名の種類

電子署名法2条1項の「電子署名」の定義を確認したうえで、もう1つ重要な概念を整理しておきたい。同条2項および3項で定義される「認証業務」および「特定認証業務」についてである。

（定義）
第2条　（略）
2　この法律において「認証業務」とは、自らが行う電子署名についてその業務を利用する者（以下「利用者」という。）その他の者の求めに応じ、当該利用者が電子署名を行ったものであることを確認するために用いられる事項が当該利用者に係るものであることを証明する業務をいう。
3　この法律において「特定認証業務」とは、電子署名のうち、その方式に応じて本人だけが行うことができるものとして主務省令で定める基準に適合するものについて行われる認証業務をいう。

まず「認証業務」とは、電子署名法2条2項にあるとおり、利用者または第三者に電子署名を誰が行ったかを証明するサービス全般をいう。そのうち、電子署名法施行規則に定める電子署名としての技術的安全性基準に従って本人だけが行うことができるものが同条3項の「特定認証業務」とされる。

さらに、この特定認証業務を行う者は、任意で主務大臣の認定を受けることができる旨が、電子署名法4条に規定されている。この認定を受けた認証業務は、同法8条の認定認証事業者による業務であることから「認定認証業務」とよばれる。

（認定）
第4条　特定認証業務を行おうとする者は、主務大臣の認定を受けることができる。
2　前項の認定を受けようとする者は、主務省令で定めるところにより、次の事項を記載した申請書その他主務省令で定める書類を主務大臣に提出しなければならない。
一　氏名又は名称及び住所並びに法人にあっては、その代表者の氏名
二　申請に係る業務の用に供する設備の概要
三　申請に係る業務の実施の方法
3　主務大臣は、第1項の認定をしたときは、その旨を公示しなければならない。

これらに加え、認証業務の認証を受けない電子署名を含めれば、電子署名法上で観念される電子署名の種類は、

①　認定認証業務による認証を受けた電子署名

② 特定認証業務による認証を受けた電子署名

③ 認証業務による認証を受けた電子署名

④ いずれの業務の認証も受けない（2条1項の要件のみを満たした）電子署名

の4つとなる。

〔図表6－3〕 電子署名の種類

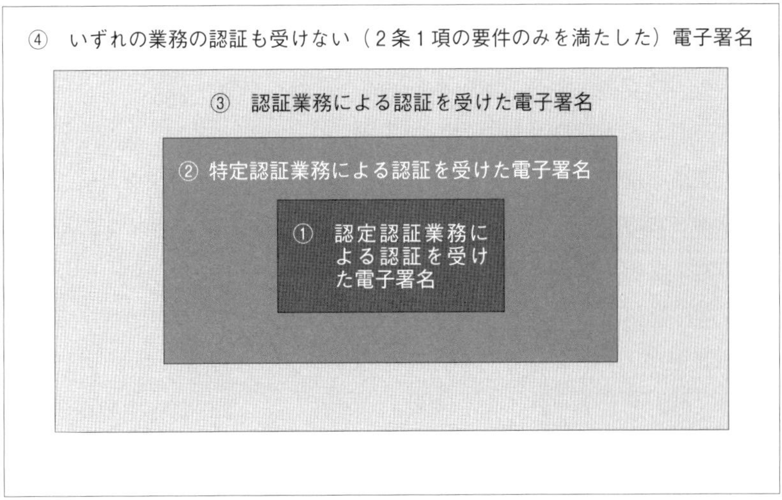

4　3条電子署名の要件

電子文書の真正な成立の推定についての規定が、電子署名法3条である。その具体的な文言を確認する。

> 第3条　電磁的記録であって情報を表すために作成されたもの（公務員が職務上作成したものを除く。）は、当該電磁的記録に記録された情報について本人による電子署名（これを行うために必要な符号及び物件を適正に管理することにより、本人だけが行うことができることとなるものに限る。）が

行われているときは、真正に成立したものと推定する。

かっこ書きを省略し要素を箇条書きにすると、以下のとおりとなる。

① 電子文書は

② 本人だけが行うことができる電子署名が行われていれば

③ 真正に成立したものと推定する

民事訴訟において文書を証拠として提出するにあたっては、挙証者は、民事訴訟法228条1項により、文書が真正であることを証明しなければならない。そして、私文書に署名・押印をした場合には、当該文書全体が作成者の意思に基づくものと評価できるという経験則を認めた規定が、同条4項である。この4項の推定効を電子文書にも認めるための特則が電子署名法3条となっている。電子文書に本人だけが行うことができる電子署名をした場合に、その電子文書の真正な成立が推定される。

なお、電子署名法3条の「これを行うために必要な符号及び物件を適正に管理することにより、本人だけが行うことができることとなるものに限る」によって、推定効が得られる電子署名は、同法2条1項の要件である作成者表示機能と改変検知機能に加え、他人による解読・偽造が不可能に近い性能（暗号強度）を有している電子署名に限る趣旨と考えられている[8]。要件として、利用者の真偽の確認が行われていることは求められていない[9]。前述した認証業務・特定認証業務・認定認証業務の認証を受けた電子署名であることも、要件とはなっていない[10]。

5　電子署名法の功と罪

このように、電子署名法3条は、私文書の署名・押印に関する同様の規定である民事訴訟法228条4項に対応する特則として、本人による電子署名が

8　内田晴康ほか『インターネット法〔第4版〕』（商事法務、2003年）196頁。
9　渡部友一郎「電子署名法の再興」ビジネスロー・ジャーナル2020年10月号46頁。
10　高林淳＝商事法務編『電子契約導入ガイドブック［国内契約編］』（商事法務、2020年）98頁。

施された電子文書に推定効を認めた規定であったが、本法によっても、2015年以降にクラウド型電子契約サービスによって広義の立会人型（指図型・第三者型）署名が広まるまで、少なくとも一般の民間企業同士での契約で電子署名が使われることは多くなかった。

その理由は、民事訴訟法と比較し、電子署名法が課した要件のハードルの高さにある。押印の推定効を規定する民事訴訟法228条４項の要件と対比すると、そのことがよくわかる。

〔図表６－４〕　民事訴訟法と電子署名法の推定規定の対比

民事訴訟法228条４項	電子署名法３条
私文書は、	電磁的記録であって情報を表すために作成されたもの（公務員が職務上作成したものを除く。）は、
本人又はその代理人の署名又は押印があるときは、	当該電磁的記録に記録された情報について本人による電子署名（これを行うために必要な符号及び物件を適正に管理することにより、本人だけが行うことができることとなるものに限る。）が行われているときは、
真正に成立したものと推定する。	真正に成立したものと推定する。
	同法２条１項 この法律において「電子署名」とは、電磁的記録（略）に記録することができる情報について行われる措置であって、次の要件のいずれにも該当するものをいう。 一　当該情報が当該措置を行った者の作成に係るものであることを示すためのものであること。 二　当該情報について改変が行われていないかどうかを確認することができるものであること。

押印については、民事訴訟法228条４項の条文構造をみても、押印（印影）さえあれば真正成立が推定されるという、非常にシンプルな規定となっている。訴訟実務でも、印鑑証明書が発行される実印のみならず、印鑑届出・印鑑登録を行わないで用いるいわゆる認印（三文判）による押印であっても、

この推定効は認められる[11]。

その一方で、電子署名の場合、前述のとおり電子署名法2条1項の電子署名の作成者表示機能・改変検知機能に加えて、同法3条の他人による解読・偽造が不可能に近い性能（暗号強度）を有している電子署名を本人が行って初めて、推定効が得られるという、複雑で厳しい要件を備えた条文構造となっている。

電子署名法が施行された2001年当時は、この要件を満たすものとして、秘密鍵が格納されたICカード等を利用するローカル型電子署名の利用が想定されていた。ところが、これを利用するためには実印による押印以上に準備や管理コストが発生することから、サービスの浸透は進まなかった。取引先との電子契約を行うにあたり、契約当事者双方が認証事業者と契約をし、必要な認証プロセスを経て、電子証明書の発行・ICカード等の交付を受けてからこれに臨むというのは、そのコストに見合うメリットがなければ現実的ではないからである。コスト負担はもちろんのこと、準備にかかる時間や手間を理由に、取引相手方に電子署名の利用を敬遠されてしまうことは、電子署名を利用した経験のない者にとっても、想像に難くないだろう。

そのような問題を解消するサービスとして、2015年より広義の「立会人型（指図型・第三者型）」電子署名が普及し始める。これは「ローカル型」と違い取引相手にコスト負担や事前準備時間・手間が発生しないことから広く受け入れられた。弁護士ドットコムの「クラウドサイン」[12]は、2020年9月時点で10万社を超える利用実績を積み重ねるに至っている。

しかし、認定認証業務の基準を極めて厳格に運用するなど、ローカル型電子署名の利用を前提としたこれまでの電子署名政策の歴史を背景に、電子署名法の条文の曖昧さも原因となり、広義の立会人型（指図型・第三者型）電子署名が電子署名法3条の推定効を得られるかについて主務官庁の中でも解

11　最判昭和50・6・12裁判集民115号95頁。
12　クラウドサインホームページ〈https://www.cloudsign.jp/〉。

釈が揺れ[13]、それが原因となって企業が電子契約サービスの採用を躊躇する動きもある。

2000年の立法当時、電子署名法の立法担当者が技術的中立性を重んじ、条文上の解釈の幅を設けたことで、クラウド時代の電子契約サービスにも対応できるような立法を行った功績には拍手を送りたいが、その意図とは別に、文言を限定的に解釈しようとする者の存在を排除できない結果を産んだのは、電子署名法の功罪のうちの罪の部分といっても言い過ぎではないだろう。

6 電子契約普及の追い風となる行政の新解釈

このような理由と経緯からしばらく不遇の時代にあった電子契約サービスであったが、2020年に入り、普及に向けて大きな動きがいくつか発生している。

その機運に先鞭をつけたのは、取締役会議事録に関する電子署名の取扱いからである。2020年5月、内閣府規制改革推進会議を中心に、実態として普及が進んでいるクラウド型電子契約サービスの活用が検討されていたところ、法務省より、これを会社法施行規則225条2項に定義される電子署名の要件を満たすものとして認め、取締役会議事録に利用できることとする新解釈が、新経済連盟を始めとする経済団体に対し通知された[14]。

13 2020年5月12日開催の内閣府規制改革推進会議成長戦略ワーキンググループ第10回議事録〈https://www8.cao.go.jp/kisei-kaikaku/kisei/meeting/wg/seicho/20200512/gijiroku0512.pdf〉18頁では、法務省民事局商事課長より「電子契約事業者が利用者の指示を受けて自ら電子署名を行うサービスにつきましてですけれども、立法の経緯からいたしまして、本人というところが非常に重要な要素でございます。本人が電子署名をしたということが判明しない仕組みにつきましては、既存の電子署名法3条の規定の効力を及ぼすというのはなかなか難しいのではなかろうかと認識しております」との発言があったが、その後令和2年7月17日付「規制改革推進計画」の実施事項として、「サービス提供事業者が利用者の指示を受けて電子署名を行うサービスなどについても一定の要件を満たせば対象となり得ることに関して、その考え方を明らかにする」こととなった。

14 新経済連盟事務局からのお知らせ（2020年6月2日）「取締役会議事録に施す電子署名についての法務省見解」〈https://jane.or.jp/proposal/notice/10829.html〉。

さらに2020年6月には、法務省の通達[15]により、弁護士ドットコムらが被認証者となる電子署名付きファイルが、オンライン商業登記申請の添付書類として利用できることとなった[16]。

次いで押印の慣習を見直すべく、内閣府・法務省・経済産業省より「押印についてのQ&A」[17]が公表され、押印の効果が限定的であること、商慣習にとらわれずに電子契約等の利用を行っていくべきとされた。

2020年7月17日には、総務省・法務省・経済産業省より「利用者の指示に基づきサービス提供事業者自身の署名鍵により暗号化等を行う電子契約サービスに関するQ&A」[18]が発出された。本文書では、以下のとおり「当該措置を行った者」（電子署名法2条1項1号）の解釈について、広義の立会人型の中でも、作成者を明示する指図型電子署名について、そのサービスの利用者が当該措置を行ったと評価しうることを認め、2条電子署名への該当を肯定した。

- ……サービス提供事業者自身の署名鍵により暗号化を行うこと等によって当該文書の成立の真正性及びその後の非改変性を担保しようとするサービスであっても、技術的・機能的に見て、サービス提供事業者の意思が介在する余地がなく、利用者の意思のみに基づいて機械的に暗号化されたものであることが担保されていると認められる場合であれば、「当該措置を行った者」はサービス提供事業者ではなく、その利用者であると評価し得るものと考えられる。
- そして、上記サービスにおいて、例えば、サービス提供事業者に対して電

15　令和2年6月12日付法務省民事局商事課補佐官事務連絡「商業登記規則第102条第5項第2号（他の法令において準用する場合を含む。）に規定する法務大臣が定める電子証明書について」。

16　法務省ウェブサイト「商業・法人登記のオンライン申請について」〈http://www.moj.go.jp/MINJI/minji60.html〉。

17　内閣府・法務省・経済産業省（令和2年6月19日付）「押印についてのＱ＆Ａ」〈http://www.moj.go.jp/content/001322410.pdf〉。

18　総務省・法務省・経済産業省（令和2年7月17日付）「利用者の指示に基づきサービス提供事業者自身の署名鍵により暗号化等を行う電子契約サービスに関するＱ＆Ａ」〈http://www.moj.go.jp/content/001323974.pdf〉。

子文書の送信を行った利用者やその日時等の情報を付随情報として確認することができるものになっているなど、当該電子文書に付された当該情報を含めての全体を１つの措置と捉え直すことよって、電子文書について行われた当該措置が利用者の意思に基づいていることが明らかになる場合には、これらを全体として１つの措置と捉え直すことにより、「当該措置を行った者（＝当該利用者）の作成に係るものであることを示すためのものであること」という要件（電子署名法第２条第１項第１号）を満たすことになるものと考えられる。

なお、2020年７月２日付で公表された内閣府「規制改革推進に関する答申」[19]では、実施事項として、「総務省、法務省及び経済産業省は、電子署名に対し、民事訴訟において署名・押印同様の推定効を定める電子署名法第３条の在り方に関して、サービス提供事業者が利用者の指示を受けて電子署名

〔図表６－５〕　クラウド署名の普及によるDX推進をめざした法整備状況（2020年）

５月29日	法務省　経済団体宛取締役会議事録にクラウド署名利用可を通知
６月12日	法務省　通達により特定のクラウド署名を商業登記に利用可能に
６月19日	内閣府・法務省・経済産業省　「押印についてのQ&A」を公表 押印の効果が限定的であることを明言し、電子契約等の利用を促す
７月２日	内閣府規制改革推進会議　「規制改革推進に関する答申」を公表 総理大臣より、クラウド署名等を活用した行政・民間取引のDX推進を指示
７月17日	総務省・法務省・経済産業省　「電子契約サービスに関するQ&A」を公表 クラウド署名が電子署名法２条１項に定義される「電子署名」に該当と認定
９月４日	クラウド署名についても電子署名法３条推定効を認める見解

19　内閣府ウェブサイト「規制改革推進に関する答申（令和２年７月２日）」〈https://www8.cao.go.jp/kisei-kaikaku/kisei/meeting/committee/20200702/200702honkaigi01.pdf〉。

を行うサービスなどについても一定の要件を満たせば対象となり得ることに関して、その考え方を明らかにする」ことが要請され、同年7月17日に「規制改革実施計画」[20]としてこの実施事項が閣議決定された。

これを受けて、2020年9月4日、総務省・法務省・経済産業省より「利用者の指示に基づきサービス提供事業者自身の署名鍵により暗号化等を行う電子契約サービスに関するQ&A（電子署名法第3条関係）」[21]が発出され、クラウドサインのような事業者の署名鍵を用いて電子署名を施す電子契約サービスについて、その電子署名プロセスに十分な水準の固有性が満たされていると認められる場合には、電子文書の真正な成立が推定されるとの見解が示された。

> ……あるサービスが電子署名法第3条に規定する電子署名に該当するか否かは、個別の事案における具体的な事情を踏まえた裁判所の判断に委ねられるべき事柄ではあるものの、一般論として、上記サービス〔筆者注：「利用者の指示に基づき、利用者が作成した電子文書について、サービス提供事業者自身の署名鍵による暗号化等を行う電子契約サービス」を指す〕は、①および②のプロセス〔筆者注：①利用者とサービス提供事業者の間で行われるプロセスおよび②①における利用者の行為を受けてサービス提供事業者内部で行われるプロセスをそれぞれ指す〕のいずれについても十分な水準の固有性が満たされていると認められる場合には、電子署名法第3条の電子署名に該当するものと認められることとなるものと考えられる。したがって、同条に規定する電子署名が本人すなわち電子文書の作成名義人の意思に基づき行われたと認められる場合には、電子署名法第3条の規定により、当該電子文書は真正に成立したものと推定されることとなると考えられる。

20　内閣府ウェブサイト「規制改革実施計画（令和2年7月17日閣議決定）」〈https://www8.cao.go.jp/kisei-kaikaku/kisei/publication/keikaku/200717/keikaku.pdf〉。

21　総務省・法務省・経済産業省（令和2年9月4日付）「利用者の指示に基づきサービス提供事業者自身の署名鍵により暗号化等を行う電子契約サービスに関するQ＆A（電子署名法第3条関係）」〈http://www.moj.go.jp/content/001327658.pdf〉。

Ⅲ 契約業務 DX の全体動向

1 契約業務を支援するサービスの分類

ここまで述べてきたように、日本のハンコと紙による契約の慣習は、2020年を境に大きく変化したが、これはあくまで DX の第一歩にすぎない。

ハンコからの脱却の本当の意義とは、ペーパーレスの実現ではなく、締結済みの契約書原本の書面に書かれていた文字情報、すなわち、企業の契約情報がデジタルデータとして扱えるようになることにこそある。すべての契約情報がデータ化されることで初めて、これまで紙の契約書や当該案件にかかわった法務担当者・各営業担当者の頭の中でブラックボックス化していたチャンスやリスクが可視化される。これにより、経営者は、あらゆる取引先と交わす取引に関する事実経緯の横断的な把握と分析が可能となり、その結果を新たなビジネスの創出や既存事業の改善に活用することができるようになる。ここに契約の DX の本質がある。

脱ハンコ・ペーパーレスを語るとき、そのメリットとして紙資源の節約、物理的移動スピードの向上、保管コストの削減等にどうしても視線が向きがちだが、これらは目的でもゴールでもなく、むしろ契約情報をデータに変えることで発生した副産物くらいにとらえるのが正しい。

そうはいうものの、「法律業務のデジタル化」や「リーガルテック」がブームになる中で、このような視点をもって契約業務支援サービスを開発している企業はまだ多くないのも事実である。そこで、以下では上記のような問題意識をもって DX 型契約系リーガルテックサービスを提供している企業を取り上げ、その特徴や法的論点を紹介してみたい。

契約業務の DX を推進するサービスは、以下の 3 つに大別してとらえるとわかりやすい。

・契約条件の策定と文書化までを支援する契約作成サービス

・締結後の案件・情報管理を支援する契約管理サービス

・その両者をつなぐ契約締結プラットフォームサービス

本項では、この3分類に従い概要を説明したうえで、下記Ⅳで具体的なサービスを紹介しながら、メリットと課題を検証する。

2　契約作成サービス

契約の締結に至るまでの、文書作成、社内調整、レビュー、交渉等を支援するサービスである。特徴により以下のいずれかに分かれる。

⑴　ドラフティング支援型

Microsoft Wordやウェブブラウザ上で契約文書を記述・編集・交渉・バージョン管理する作業を効率化する機能を中心に提供する。専門家が作成したひな型をベースに起案を補助するものもある。

⑵　レビュー・交渉支援型

検討対象の契約の条項を自然言語解析をして分析し、リスクの多寡を評価してユーザに通知する機能を中心に提供する。交渉を積極的に支援できるよう、より望ましい条件等の代替条項案を提示するものもある。

3　契約締結プラットフォームサービス

インターネット上で契約当事者が契約文書の内容を確認し、電子署名を付与するサービスである。上記2の契約作成サービス、後述する4の契約管理サービスを一体化して取り込んだもの、またはそれらを提供する他社サービスとAPI（Application Programming Interface）等を用いて連携したものが多い。

契約作成サービスおよび契約管理サービスと異なり、送信者と受信者双方が同じサービス上で同意する必要があることから、必然的にプラットフォーム型のビジネスとなる。

4 契約管理サービス

締結した契約書の保存・閲覧・検索等管理を補助するサービスである。契約書の内容を読み取って把握し、自動で分類・期限管理・タグ付け等を行うもの、稟議やプロジェクト管理ツールの要素を取り込んだものもある。

Ⅳ サービスの具体的事例にみるメリットと課題

1 契約作成サービス

(1) 具体例

(A) AI-CON[22]

契約書をアップロードするとAIが契約リスクを判定し、修正条項案が提示される。企業独自の条項チェックルールを「プレイブック」化してアップロードすることで、AIレビュー結果に反映することができる上位版のAI-CON Proもある。

(B) Hubble[23]

Wordで作成した文書を、GitHubのようなインターフェースを通じ複数人で修正履歴・コメントを記録しながらバージョン管理を行える。

(C) LegalForce[24]

AIにより不利な条文や欠落条項を指摘し、民法改正にも対応した弁護士監修条文例を表示する。類似契約との差分比較機能、英文契約書対応も追加している。

(D) LAWGUE[25]

過去に作成した契約書Wordファイルをアップロードすると、自動的に

22 AI-CONホームページ〈https://ai-con.lawyer/〉。
23 株式会社Hubbleホームページ〈https://hubble-docs.com/〉。
24 株式会社LegalForceホームページ〈https://legalforce-cloud.com/〉。
25 LAWGUEホームページ〈https://lawgue.com/〉。

条項単位に分割してパーツとして保存される。AI がレコメンドする類似条項を参照しながら効率的に検索・比較・検討し、新たな契約書を作成することができる。条ずれや表記揺れを発見し自動修正する高度な法律文書エディタを実装している。

⑵　メリット

Ⓐ　契約文書作成および交渉スピードの向上

ドラフティング支援型サービスであれば、担当者が個人で把握している過去の類似案件ファイルを検索して得られる既存の契約書、市販の法律実務書に収録された契約書ひな型の検索、類似度の検証作業の大部分が自動化され、編集や文書タイピングの手間が削減される。

レビュー・交渉支援型サービスであれば、リスク度の比較や交渉時における相手方作成の条項案検討、それに対する応諾の意思決定スピードが向上する。また、チェックリストによるセルフチェック・部署内の他の担当者・マネージャーのダブルチェックにより発見していたようなドラフティング作業における見落としや検討漏れも、コンピュータによるチェックを行うことで回避しやすくなる。

Ⓑ　リスク予測可能性の向上

ドラフティング支援型、レビュー・交渉支援型ともに、過去案件での検討経緯の記録や事業部担当者とのコミュニケーションが、法務担当者個人のみならず部門内・企業内の共有知として蓄積され可視化される。それにより次回契約案件の検討においてそれらを反映・活用しやすくなり、組織全体のリスク予測力を向上させることができる。

⑶　課　題

Ⓐ　弁護士法への抵触

DX の推進に役立つリーガルテックの中でも、特に契約作成サービスについては、弁護士法72条への抵触リスクに注意を要する。

(非弁護士の法律事務の取扱い等の禁止)
第72条 弁護士又は弁護士法人でない者は、報酬を得る目的で訴訟事件、非訟事件及び審査請求、再調査の請求、再審査請求等行政庁に対する不服申立事件その他一般の法律事件に関して鑑定、代理、仲裁若しくは和解その他の法律事務を取り扱い、又はこれらの周旋をすることを業とすることができない。ただし、この法律又は他の法律に別段の定めがある場合は、この限りでない。

弁護士法では、以下の５つの要件すべてを満たす行為を「非弁行為」と定め、禁止している。本来弁護士としての能力と訓練経験をもった者だけが提供すべき重要な法律サービスを、それをもたない主体が提供することで、維持されるべき秩序が崩れることを懸念したものとされる。

① 弁護士（または弁護士法人）ではない者が
② 報酬を得る目的で
③ 法律事件に関して
④ 鑑定等の法律事務を取り扱う、または周旋することを
⑤ ビジネスとする

日本では特に、非弁行為が厳格に取り締まられてきた歴史がある。契約作成サービスに類似する行為が取り締まられた事例として、穴埋めタイプの解約通知書をひな型として顧客に提供し、顧客に代わって取引先に郵送するサービスについて、弁護士法72条の「『法律事件』に関する『法律事務』を取り扱ったと認めるのが相当」と判示した裁判例[26]もある。

契約作成サービスは、弁護士法72条が弁護士または弁護士法人以外の者が行うことを禁じた法律相談および書面作成の双方に深くかかわる。このようなサービスは、程度によるグレーゾーンはあるものの、弁護士法72条との抵

26 東京地判平成28・７・25判タ1435号215頁。

触の可能性自体を一律に否定することは困難とする意見がある[27]。

(B)　法務の組織規模による活用度の差異

契約作成サービスは、そこに当社における契約の過去契約事例、ノウハウ、そこから策定した検討ルールなど、ユーザが何らかのインプットを行わなければ、一般的な契約書ひな型集をクラウド上で便利に使えるようにした従来型のサービスと変わらない。つまり、当社にとって役立つサービスとなるためには、そうしたインプット量がどれだけ確保できるかで、発揮される効果にも差異が出ることとなる。

いわゆる「一人法務」状態でインプットを行ってもあまり役に立たず、比較的大きな法務組織規模をもった大手企業法務部門でないと、費用対効果が実感できないものとなりかねない。

(C)　AIの限界

紙の契約書をデジタル化し、その文字情報のすべてをデータとして扱えるようになること、かつその情報を大量に集積することで、人間の処理能力を超えた分析と学習が行えるようになり、AIの本領が発揮される。

一方で、AIが現在の延長線上で進化を続けても、企業法務部員や弁護士のようなプロフェッショナルの仕事を効率化・削減しこそすれ、完全に代替できるわけではないと考えられている。その理由として、人間よりも素早く・正確に文字上に現れるリスクを抽出できたとしても精度が100％となることは理論的にあり得ないと考えられている点[28]、リスクテイクを行ってでも前に進めるかどうかの判断は結局AIを使う側の人間にしかなし得ない点、さらにその結果を踏まえた相談者・契約の相手方・裁判官等と感情を交えた対人的コミュニケーションを伴うものであり、その部分を代替することが困難と考えられる点[29]などがあげられる。

27　松尾剛行「リーガルテックと弁護士法に関する考察」情報ネットワーク・ローレビュー18巻（2019年）21頁。

28　長島・大野・常松法律事務所＝MNTSQ株式会社編『LegalTech』（きんざい、2020年）69頁。

29　石田京子「AIは弁護士になれるか？リーガルテックと弁護士法72条をめぐる考察」

2　契約締結サービス

(1)　具体例

(A)　クラウドサイン[30]

2018年にグッドデザイン賞 BEST100を受賞したわかりやすいユーザインターフェースを備え、受信者に費用負担がなく取引先への導入も容易なことから10万社を超えるユーザに支持される、国産クラウド型電子契約サービスである。既存の紙の契約書を電子化し電子契約と一元管理できる「クラウドサイン SCAN」、タブレット端末を使った手書きサインと本人確認書類の撮影・保存が可能な「クラウドサイン NOW」、営業の受注プロセスを自動化する「クラウドサイン Sales Automation」などがある。

(B)　DocuSign

米国ドキュサイン社の子会社であるドキュサイン・ジャパンが提供するクラウド型電子契約サービスである。13の言語、43のローカライズ言語に対応し、ワールドワイドでは188か国、世界で広く普及している。

(C)　Adobe Sign

米国アドビ社の子会社であるアドビシステムズが提供するクラウド型電子契約サービスである。日本では、2016年10月に提供を開始したクラウドベースのドキュメント管理ソリューション「Adobe Document Cloud」のサービスの一つである。「Adobe Sensei」の AI を活用し、どこに署名をすべきか（書類の上下や左右など）、検知する機能がある。

(2)　メリット

(A)　契約締結スピードの向上

印刷・製本・押印・郵送にかかる作業時間・移動時間・待機時間の一切がなくなるため、紙の契約書であれば締結までに２週間程度を要していたものが、数分で完了する。

ビジネス法務2020年10月号31頁。

30　前掲（注12）参照。

(B)　セキュリティの強化

押印の場合、誰がいつそれを行ったかは印影からはわからないことに加え、印影から3Dプリンタ等により印章を複製されるリスクを抱える。電子契約であれば電子署名とタイムスタンプにより誰が・いつ同意したのかの証跡が残り、公開鍵暗号技術により改変ができない。

(C)　コスト削減

印刷・製本にかかる人件費、郵送にかかる郵送費が削減できる。さらに、電子契約の場合は印紙税法2条および3条並びに印紙税法基本通達44条1項目に定める「課税文書の『作成』」行為が行われていないため、印紙税が不課税となる。

(3)　課　題

(A)　電子署名法の解釈の不透明さ

上記Ⅱでも詳しく述べたとおり、電子署名法は2001年に施行されているが、電子署名に関する具体的紛争事例や判例が存在しないことなどから、その法的有効性についての解釈が確立されていないという状況にある。

特に近年課題視されているのが、クラウド型電子契約で用いられる広義の立会人型（指図型・第三者型）電子署名に電子署名法3条の推定効が及ぶか、という論点である。

もともと、この法律では、

・ユーザがあらかじめ認証事業者に本人認証の手続を経て

・署名鍵が格納されたICカード等の物件を使って電子署名を行い

・印鑑証明書に代わる電子証明書の発行を受ける

という厳格な手続に基づく電子署名の利用拡大を企図していた。しかし、現実にはこの方式の電子署名を用いた電子契約はユーザ負担の大きさから普及しなかった。

これに代わるものとして、クラウド事業者が立会人のように当事者が合意した契約書ファイルに電子署名を施すクラウド型電子契約が普及した。この方式に電子署名法3条の推定効が及ぶ条件について、総務省・法務省・経済産業省が整理を行ったのは、上記Ⅱ６でも述べたとおりである。今後の判例動向も注視したい。

(B) 商業登記法に基づく認証制度と電子署名法の衝突

電子署名法は、民間の認証事業者による個人（自然人）の認証を前提とした制度として設計されている。そのため、同法に基づく認定認証事業者の認証を得て電子署名を行っても、法人の代表者やその代理人としての従業員の押印同等の効力を証するものとはならないという問題がある。

民間の認定認証事業者が発行する電子証明書に、法人の代表者である旨の肩書き等の属性情報を記録すること自体は、電子署名法上禁止されているものではない。しかし、その電子証明書の記録内容を信頼した契約の相手方が、主務大臣の認定を受け主務省令の定める基準に従った確認がなされたものとして誤認し、不測の損害を被ることがあり得ることから、これらの属性情報の記録については認定の対象外である旨を明らかにしておくことが認定の基準とされている点は、注意が必要である[31]。

では、法人の代表者として法的にも認められた電子署名を行うためにはどうすればよいのか。これは、現状では法務省が所管する商業登記に基づく電子認証制度によって発行される電子証明書を用いた電子署名（いわゆる商業登記電子署名）を行う必要がある。

この商業登記電子署名については、オンライン登記申請においては徐々に利用が進みつつあるものの、代表者のみに発行される（一般従業員の認証制度はない）ことから利用における厳格性が高く、ユーザビリティにも欠ける点があるため、契約においては活用されているとはいいがたい現状がある。

(C) 電子契約サービスの乱立

日本では、シェアの小さなものを含めれば、クラウド型電子契約サービスだけでも20を超えるサービスが乱立している。当社と相手方の利用する電子契約サービスが異なる場合など、他社の電子契約サービスで電子署名された

---

31 竹田御眞木「電子署名法の概要と動向について」登記研究675号（2004年）84頁。

ファイルをインポートし一元管理できる環境を整備しておく必要がある。

3　契約管理サービス

(1)　具体例

(A)　RICOH Contract Workflow Service[32]

法律相談受付から審査といったワークフローのデジタル化を得意とする法務業務の統合支援ツールである。相談や回答の内容を法務担当者間でのナレッジとして共有することで業務を効率化している。AIを用いた契約書比較機能もオプションで提供している。

(B)　Holmes Cloud[33]

企業の契約業務全般の最適化をめざす契約マネジメントシステムである。プロジェクト・タスクベースで契約書を作成し、これとあわせて社内のコミュニケーションログとナレッジを管理できる。

(C)　My Quick[34]

個人属性（組織、役職、業務）と操作権限（参照、編集、削除）を文書ごとに細かく設定し保管できる、文書管理専門サービスである。電子契約サービスで契約した契約情報やタイムスタンプ付きの契約書を自動的に取り込むことができる。

(D)　Sansan Contract One

Sansan独自の名刺を人力とAIを組み合わせた独自のテクノロジーで99.9%の精度でデータ化する技術を応用することで紙やPDFの契約書をテキストデータ化し、契約管理に必要な項目を抽出／インデクシングし整理することで、契約内容の分析と改善を可能にする。弁護士ドットコムとの提携により「クラウドサインAI」[35]として提供されている。

32　RICOH Contract Workflow Serviceウェブサイト〈https://www.ricoh.co.jp/service/cws〉。
33　Holmes Cloudホームページ〈https://www.holmescloud.com/〉。
34　My Quickホームページ〈https://www.myquick.jp/〉。
35　クラウドサインAIウェブサイト〈https://www.cloudsign.jp/features/ai〉。

(2) メリット

(A) 契約情報へのアクセス向上

紙の契約書をファイリングしただけの状態と異なり、営業先やリモートワークでも必要な契約情報を検索し閲覧することを可能とする。更新期限管理等も自動化が可能となる。

また、多くの契約管理サービスで、文書ごとの閲覧権限を組織ごとに割り付けることができ、法務部や総務部が一元管理をするような場合でも、閲覧請求を受け付けるたびに可否を判断する手間が発生しない。

(B) 契約を中心とした情報マネジメントが可能

契約締結サービスの多くで締結後の契約情報検索や管理が可能とされているが、契約管理サービスでは締結前の相談記録・法務部内での検討経緯・社内稟議等と契約文書の紐付けができるものが多く、契約のライフサイクル全体をカバーした情報マネジメントが可能となる。

(3) 課　題

(A) データ化精度の向上

紙の契約書を読み取りテキストデータ化するOCR（Optical Character Recognition）技術は、自然言語処理技術やAIの発展により高まっているものの、契約内容の意味的理解にまで到達しているかは別問題である。

たとえば、契約書に記載された複数の年月日情報の中から、自動で契約の有効期間の始期と終期を判別し、システムのしかるべき項目として格納するといったレベルに到達しているサービスはまだごく一部であり、人間が契約内容を読み取って入力するか、システムが読み取ったものを人間が検証するかの工程が必要となる。

(B) 電子帳簿保存制度のわかりにくさ

法人税法で規定されていなかった電子取引の帳簿保存義務が、電子帳簿保存法10条によって定められたものの、認定タイムスタンプ付与を原則化するなど、過度な負担を求めるものであり、周知と理解が進まなかった。

電子帳簿保存法が2020年10月に改正され、タイムスタンプ要件を緩和するとともに、ユーザが自由にデータを改変できないクラウドサービスを利用している場合には、電子データへの認定タイムスタンプの付与を不要とした。同法の浸透と契約管理サービス側の対応がどこまで進むかが課題である。

(C)　情報メンテナンスコストの継続的発生

たとえば、契約当時は営業第一部の担当顧客であったが、３年後に組織変更とあわせて営業第三部に担当が移管されるケースや、組織自体の統廃合が行われるケース、契約相手方の社名が変更となるケースなど、契約の対象となった案件そのものとは別の事情で契約情報を変更・更新等しなければならない事態は必ず発生する。

システムの側がそうした事象を予測することはできないため、人間による情報メンテナンスコストは、ひとたびシステムで管理を開始すれば必ず発生し、また継続して発生することを覚悟しなければならない。

Ⅴ　契約のDXに関する今後の展望

１　電子署名・電子認証に関する法制度見直しの必要性

上記Ⅱ６およびⅣ２(3)でも述べたように、電子署名法の解釈について見直しが行われた。これによって、認印にも推定効を認めてきた押印と、実印並みの厳格な認証手続が必要であるかのように誤解されてきた電子署名との一応の「イコールフッティング」が実現した。

ただし、一応のイコールフッティングが認められたとはいえ、テレワーク時代にふさわしい電子署名や電子認証のあり方については、未解決の課題はまだまだ多い。特に、電子署名と電子認証に関する法制度が乱立している点は、大きな課題である。

電子署名・電子認証に関する法制度について、法務省・総務省の所管業務が複雑に交錯しているのは、押印を電子署名に置き換える部分について、これまで商業登記にかかわる法人の印鑑（実印）届出は法務省の所管であり、戸籍や住民登録にかかわる個人のマイナンバー署名や印鑑（実印）登録は総務省および地方自治体が所管していたこと等が背景にある。

アナログな制度を置き換えるためのデジタル政策について、従来の所管業務をそれぞれの役所が引き継ぐのはやむを得ない部分もある。とはいえ、ユーザである国民としては、複数の制度がパッチワーク的に乱立すれば、かえって制度理解と手続が煩雑となり、結果として電子契約・電子署名の利用が進まなくなる事態が懸念される[36]。

押印・署名が完全に電子化される未来をにらみながら、これまでの印鑑届出・印鑑登録制度を統合したしくみづくりが急務となる。

2　裁判IT化の動きとの整合性担保の必要性

2017年６月９日に閣議決定された「未来投資戦略2017」[37]において、「利用者目線で裁判に関わる手続などのITを推進する方策について速やかに検討し、本年度中に結論を得る」との内容が盛り込まれて以降、日本経済再生本部および最高裁判所による裁判手続のIT化に向けた取組みが急ピッチで進められている。この取組みは、契約業務のDXにおいても重要なファクター

36　この点を厳しく批判したものとして、高野＝藤原・前掲書（注７）213頁がある。「電子署名・認証法では、何ら商業登記制度に基づく電子認証制度との関連付けが行われていません。それどころか、認証機関が法人代表者の肩書きに関する認証を行ったとしても、かかる認証業務は政府の認定を受けられないのです。実際に、電子署名・認証法施行規則６条８号では、『電子証明書に利用者の役職名その他の利用者の属性（略）を記録する場合においては、利用者その他の者が当該属性についての証明を認定認証業務に係るものであると誤認することを防止するための適切な措置を講じていること』を認定の要件と定めています。認証機関が電子証明書上で、法人の代表者である旨の記載を行う限り、この認証業務は政府の認定を受けられないことが前提となっています。……では、どうしてこのような制度になったのでしょうか。認定認証事業者が法人の肩書付き認証をできない理由は、こういった認証を認めると、後述するとおり、認定認証事業者による肩書付き認証は、その正確性を担保させる必要性から、法務局が商業登記制度に基づき管理する商業登記簿のデータを民間の認定認証事業者へ開放せざるをえず、商業登記簿を法務局が管理するというこれまでの前提が崩れてしまうことを嫌ったためであると推測されます。しかし、後述するとおり、その判断は誤っていたと思います」。

37　首相官邸ウェブサイト「未来投資戦略2017—Society5.0の実現に向けた改革—（平成29年６月９日）」〈https://www.kantei.go.jp/jp/singi/keizaisaisei/pdf/miraitousi2017_t.pdf〉。

となる。契約文書は、万が一の紛争・訴訟の可能性に備えて作成し締結するものであるし、裁判手続の中で電子契約が証拠としてどのように扱われるかは、これに直接かかわってくるからである。

まず、電子契約の普及に伴い論点となるであろう証拠としての取扱いに関する訴訟実務の動向はどうなるであろうか。現時点での裁判例や電子契約プラットフォーム事業者に集まる事例によっても、電子契約が民事訴訟の証拠として提出された実例はあるものの、電子契約についての契約の締結・成立それ自体が争われたケースはないといわれる[38]。一方、民事訴訟規則143条によれば、文書の提出または送付は、原本、正本または認証のある謄本でなければならない。この点、電子データそのものの原本性について、以下の2つの学説の対立がある[39]。

・電子記憶媒体を「可能文書」として取り扱い、印刷した「生成文書」を原本として文書による証拠手続を行う（新書証説）
・電子記憶媒体そのものを証拠調べの対象とする場合は検証とし、そのデータを印刷したものは報告文書として取り扱い、文書による証拠調べを実施する（新検証説）

この2説で学説上は対立があるものの、現時点の訴訟実務ではデジタル文書の提出についてはデータを印刷したものを提出すれば、それが原本として扱われ、差し支えはないとされる[40]。なお、プリントアウトを原本として扱うことは、電子署名法3条が電子署名を施した電子文書の推定効発生に厳しい要件を課していることとのバランスを欠くことから、「原本に代え」た写しの提出として扱うべきとの主張もある[41]。

また、裁判手続のIT化のフェーズ3として、「e提出（e-Filing）」が2023

38　圓道全剛「金融機関における電子契約の利用の広がり」金融法務事情2136号（2020年）5頁。
39　夏井高人『裁判実務とコンピュータ』（日本評論社、1993年）141頁。
40　高林＝商事法務・前掲書（注10）165頁。
41　町村泰貴＝白井幸夫編『電子証拠の理論と実務――収集・保全・立証』（民事法研究会、2016年）171頁。

年にも完全実施の予定となっている。こうなると、今後は裁判所にとって電子署名入りファイルこそが原本として歓迎され、紙に押印を施した契約書を電子化してe提出する場合の原本性がむしろ論点となるだろう[42]。

裁判手続のIT化とあわせて、判決文の公開とそのテキストデータのオープン化にも期待したい。米国では、2007年よりすべての連邦裁判所について事件管理・電子申請のためのシステムであるCM/ECF（Case Management / Electronic Case File System）とともに、訴状を含めた訴訟関連情報をオンラインで閲覧できるシステムとして著名なPACER（Public Access to Court Electronic Records）が導入され、これらのデータを活用した民間のリーガルテックも多数提供されている。

契約業務のDXで活躍の余地が広いとされるAIは、学習用データセットがなければエンジンたる学習済みモデルも生成できない。締結されていない「理想の」契約書ひな型をいくらデータ化しても、文字どおり机上の空論であり学習効果は期待できず、判決によって明らかになる生の契約文書に対する裁判所の評価にこそ価値があるはずだが、AIにフィードバックし学習させるためには、大量の判決文が公開されることが前提となる[43]。裁判手続のIT化が成功するか否かは、契約業務に限らずリーガルテック全体を進化させるためにも大きなポイントとなるはずである。

（橋詰卓司）

42 福田剛久『民事訴訟のIT化』（法曹会、2019年）235頁では、本人訴訟の場合の裁判を受ける権利への配慮からも、裁判所で紙形式の文書を電子化する必要が出てくるのではないかとの見解が示されている。

43 韓国ではあるが「人工知能に判決文を学習させるためには争点一つあたり1000件以上の下級審判決が必要」とする研究がある（アジア法制度研究会「【韓国】“法律分野AI開発…判決文などビッグデータ確保切実”」〈https://www.e-profession.net/asiken/archives/14322〉）。

第 7 章

米国でのリーガルテック最新事情

――インタビューを中心に

Ⅰ　AIを使うという挑戦から、AIで成果を出すという挑戦へ――AIの活用が新しい常態となった電子証拠開示業務

慣れ親しんだ旧来の手法から離れて新しい技術を取り入れることに比較的消極的といわれている法律の世界においても、2010年あたりから徐々にテクノロジーを活用する機運が高まり始めた。訴訟大国であり、ディスカバリという独特のプロセスが求められる米国においては、早くからディスカバリの中でも最も多くの時間とコストがかかる「レビュー」工程を技術の力を借りて最適化する試みが進められている[1]。その代表的なものがTAR（Technology Assisted Review）とよばれるアプローチである。これは、熟練のレビュアーの判断に基づき、コンピュータシステムが文書を分類するものである。つまり、人間が一定数の文書を「関連性あり」「関連性なし」に分類し、その結果をソフトウェアに入力すると、アルゴリズムが学習済みモデルを作成し、レビュー用にすべての文書を分類したり、案件との関連性の高さに応じてランク付けしたりする[2]。法律家にTARというアプローチの存在が認識され始めてしばらく経った2012年、ニューヨーク南部地区地方裁判所の米国下級判事アンドリュー・J・ペック氏が訴訟において初めてTARの利用を認めるという歴史的な判断を下したことで、TARを活用してレビュープロセスの効率化を図ろうという流れに弾みがついた。2015年には同氏が「大量の電子的に保管された情報（ESI）が関連する裁判では『根本的な法則』となった」ことを宣言するほどにTARの活用が進んだ。そこからさらに５年が経過した現在（2020年）、AIの活用はどのような状況を迎えているのだろうか。

本章では最初に、「案件の規模にかかわらず、ほぼすべての訴訟事案でAI

1　ディスカバリと「レビュー」工程については、第３章参照。
2　TAR（Technology Assisted Review）については、後注14、第３章を参照。

を使うことはあたり前とみなされている」と語るコビントン・バーリング法律事務所のエドワード・H・リッピー弁護士（Edward H. Rippey, Partner, Covington & Burling）に、電子証拠開示の AI 活用において何が新しい常態となりつつあるのか、豊富な AI 活用の経験に基づき解説いただく。

次に、リッピー氏をナビゲーターとして、グローバルに事業を展開している日本企業の法務担当者から、国際訴訟における日本企業の今の姿や AI 活用への挑戦、最新の AI 活用事情、ディスカバリで AI を使う際に留意すべき点、訴訟において相手方の弁護士チームと相互協力することが全体の効率にどのように影響するかについて紹介いただく。

最後に、ディスカバリの歴史に名を刻んだペック氏から、AI 活用の歴史上の位置づけについて解説いただくとともに、「AI は使われてきてはいるものの、まだ全面的な活用ではない」との認識の下で、使いこなすために解決が期待される課題についてもふれていただく。

Ⅱ 「AI 活用の New Normal」――電子証拠開示における AI 活用の新常態

「案件の規模にかかわらず、ほぼすべての訴訟事案で AI を使うことはあたり前とみなされている」。リッピー氏はこともなげにそう語る。ワシントン DC で100年の歴史をもち、世界13か所に拠点を構えるコビントン・バーリング法律事務所――この伝統ある法律事務所でゲーミング業界担当グループの共同部長を務めるリッピー氏は、多くの複雑な案件をこなしてきた訴訟弁護士としての顔のほかに電子証拠開示制度および情報管理専門グループのリーダーという顔ももつ。この部門のリーダーという立場は、証拠発見における AI の活用について豊富な経験を有することを示す。訴訟時の電子証拠開示における AI 活用は、いかにして新しい日常になったのか。AI を使うこと自体が挑戦だった時代から、AI の成果の大きさに挑戦する時代へ。AI

活用のニューノーマルの実態をリッピー氏に解説いただく。

はじめに

●エドワード・H・リッピー 氏
コビントン・バーリング法律事務所 弁護士
(Edward H. Rippey, Partner, Covington & Burling)

――コビントン・バーリング法律事務所ワシントンDCオフィスのパートナー弁護士でeディスカバリと情報管理プラクティスグループの責任者でありTARに詳しいエドワード・リッピー氏にお話をうかがいます。

リッピー氏：コビントン・バーリング法律事務所はワシントンDCに本拠地をおき、アジアを含む世界各国に13のオフィスを有する国際法律事務所です。私は訴訟を担当しますが、事案によっては調査も行います。私の主要業務の一つがeディスカバリで、同時に情報管理プラクティスグループも率いる立場にいることから、本日のトピック「ディスカバリ」は私の専門分野で、日々この業務に携わっています。本日は主にディスカバリでAIを使う際、どのような点に留意すべきか、またその使用、たとえば訴訟において相手方となる弁護士チームと相互協力することが全体の効率の向上につながることについてもお話したいと思います。

さらにテクノロジー面では、ディスカバリにおける関連書類のレビューを実施するうえで、法的防御性を保つために何が「良いレビュー」と判断されるかという測定基準についてご説明します。そして、ディスカバリを進める際に必要となるテクノロジー・ベンダーによるコンサルティングについても紹介したいと思います。AIツールはリーガル分野以外の業種においても最前線を行くテクノロジー・ツールですが、それを最大限に使いこなすには技術的な専門家と対話し、認識を深めることが重要です。

1　AI の登場で人間によるレビューは不要になるか

——まず、AI 活用レビュー（AI Enhanced Review）の定義についておうかがいします。10年ほど前から e ディスカバリ分野において TAR や Predictive Coding[3]の使用は一般的に受け入れられてきていますが、その当時と比較するとテクノロジーはますます進歩しています。ディスカバリで AI を使う理由や、ドキュメントレビューにおいて、どのような場面で AI を使うのか教えていただけますか。

リッピー氏：AI 活用レビューはこの10年で大きな進歩を遂げています。従来のヒューマンレビューと AI レビューを比較した場合、AI レビューのほうが正確度で勝ることが、さまざまな調査からも明らかになっています。昔は弁護士も企業も皆「すべてのドキュメントを見るには、ヒューマンレビューが重要だ」という考えで、マシーンに対する信頼度は低かったわけです。しかし、人間が行うコーディング（タグ付け）やレビューには、人間だからこその疲労に起因するミスなど、さまざまな課題が多少なりともつきまといます。そのためマシーンのほうが正確であるということが数々のデータからもわかってきました。だからといってレビューを完全に AI へと移行させ、AI がヒューマンレビューに100％とって代わることはありません。しかし「正確度」という点については、AI の信頼度は非常に高いと実感しています。

2　AI を使うメリットとは

——クライアントにとって AI を使うメリットは何であるとお考えですか。

リッピー氏：何といってもコスト削減効果でしょう。「リーガルの世界で AI がゲームチェンジャーの存在になる」という話は、今から 5 、6 年前の時点で耳にしていましたが、当時の私はそれを信じてはいませんでした。し

3　Predictive Coding については、第 3 章参照。

かし今では、コスト削減におけるAIの効果は明白です。企業の顧問弁護士や法務部を対象にした意識調査でも、最大の懸念事項としてあげられるのは高額なeディスカバリ費用です。一般的な法務は、多くの事業体にとっては利益を生まないコストセンターであり、訴訟や当局捜査への対応はその最たる例でしょう。従来人間が行っていたレビューを、現在ではAIが行うことで、訴訟案件の関連性（Responsiveness）に沿って必要なデータを即座に探し出し、事案の内容に応じた重要度に応じて分別する。そして重要度が低い、もしくは案件に関連しないデータのレビューを、どの時点でストップするか、データに基づいて決定することまで可能になったわけです。たとえば、何百万点にも上る膨大な数の文書をすべて弁護士がレビューするのではなく、必要と判断される何割かに絞られた文書だけに注目すればよいので、AIを使うことがコスト削減になるのは、もはや明白な事実です。「AIが使われるのは大規模な事案のみ」という印象をもっている人も多いかもしれませんが、少なくとも弊所では、案件の規模にかかわらず、ほぼすべての訴訟事案でAIを使うことはあたり前とみなされています。AIの使用により、「お金・エネルギー・時間」というリソースを有効に活用でき、「いつになったら事案に関連する文書が見つかるのだろう」と思案することもありません。AIによって選別された事案関連データが揃うことで、２つの大きな利点がもたらされます。

第１に、訴訟戦略がより早く立てられることです。案件の要となるホットドキュメント（Hot Document）が早いうちに判別されるため、弁護士が事案の仮説を立てそれに沿ったデータを探索するという、これまでのような時間・コストともに負担の大きい作業をしなくて済みます。また、必要なデータを早期に入手できるため、弁護士が事案そのものにかけられる時間が増える。そして、その時間を早期の戦略立案へと費やせるため、「AIを使ってレビューの時間が削減された」というシンプルな利点以上の優位性を事案全体にもたらすのです。

第２に、保全した全文書を見なくて済む点です。一定の文書が「不要なデータで、それらをレビューする必要がない」と示すことが可能になれば、事案にかかわる関係者のリソースの無駄づかいを避けられます。このように、AI の導入は、大きなコスト削減、時間短縮につながります。

3 AI は法廷の場で受け入れられているのか

――これまでのお話から、AI がもたらすコストや時間の削減効果は高いということは理解できましたが、AI によるｅディスカバリが裁判所や捜査当局側で認められていなければ全く意味をなしません。現在、裁判所や捜査当局側ではリーガル分野での AI 使用を、どのように受け入れているのでしょうか。

リッピー氏：１つ例をあげましょう。数年前にワシントン DC 郊外のダレス国際空港で生じた事故に関する案件です。飛行機格納庫の天井が大雪の重みで崩落する大きな被害が発生し、それに関連する大規模な保険事案があり、私もその事案に携わりました。ケースが始まった時点で何百頁にも及ぶ、まるで略式判決のような量のブリーフィングを読むわけですが、その内容のほとんどが連邦裁判所に TAR の使用許可を求めるものでした。当時は「TAR を使いたい」ということを求めるためだけに、非常に多額の費用をかけていたのです。それに比べると今日のリーガルの世界は一変したといえます。TAR の使用は Black Letter Law[4]でも認められており、連邦民事訴訟規則でも膨大な量のデータを精査するのに効率的な方法であるとされています。つまり、TAR の使用は「必須」ではないものの「奨励」されているのです[5]。連邦裁判所だけでなく州裁判所でも同様の姿勢をとっ

4 Black Letter Law とは、米国における確立した法原則を指し、特に多くの州の判例で支持された考え（規範、実体法）である。コモンローにおいてブラックレター法は確立された法的規則で合理的論争の対象とならず、また、基本書の中で強調のためゴシック活字で印刷されることからもこのようによばれる。

5 他の裁判所においても肯定的に TAR の使用を奨励している（例：FDIC v. Bowden, 2014 WL 2548137 (S.D. Ga. June 6, 2014「当事者双方とも Predictive Coding の使用を考慮すべし」を参照)）。

ています。少なくとも15の州[6]でPredictive Codingの使用が認められており、裁判所意見としてAI使用への賛同が提示されています。あるケースで、当事者の一方がAIの使用に反対したことがありました。それに対する裁判所の判断[7]は「AIの使用は、開示する当事者の自由裁量である」ということでした。要するに「AI反対！」の立場をとる裁判所はないわけです。先ほどの例のように、使用許可を認めてもらうだけで大変な費用と労力を費やした時代とは異なり、現状では裁判所や当事者間でも、AIを使うことが許容されると当然のように思われています。

4　AIの正確さはどのように判断されるか

――では、AIを使ったeディスカバリを実施する際、事案の管轄区域や裁判所に応じてどのタイプのTARやテクノロジーを使うか、もしくはワークフロー策定を調整することはありますか。

リッピー氏：いいえ、そういうことはありません。どのような案件でも「何がそのケースにとって一番良いアプローチであるのか」ということを最優先に考えるので、ある州ではこのようなプロトコルを使うとか、別の州ではワークフローを調整した対応をするということはありません。テクノロジーの面では、たとえばわずか５年前と比べても2020年の現在では、社会全体がいわゆるハイパワーテクノロジーの恩恵を受けています。われわれの日常生活の中でも、AIがさまざまな業種で使われていることを耳にするだけでなく、実際の社会生活の中でもAIに依存している部分があるわ

6　eディスカバリにおいてPredictive Codingの使用を認めているとされる州は以下の15州である。ニューヨーク州、カリフォルニア州、イリノイ州、デラウェア州、マサチューセッツ州、バージニア州、ジョージア州、ユタ州、ルイジアナ州、カンザス州、ミネソタ州、アーカンソー州、テネシー州、ウエストバージニア州、ニューメキシコ州（2020年６月現在）。

7　この事案では訴訟当事者（原告側）がPredictive Coding使用に反対していたが、バージニア巡回裁判所の判断は被告側の「ヒューマンレビューにより訴訟関連データを精査することはビラブル時間に換算すると10年にも及ぶデータ量であるが、TARを利用することで２週間に短縮できる」という主張を受け入れPredictive Codingの使用を認めた（例：Global Aerospace Inc., 2012 WL 1431215 (Va. Cir. Ct. April 23, 2012) 参照。

けです。社会全体がこのように進む中、裁判所も特定のテクノロジーの排除という方向には動いておらず、社内の流れとともに新しいテクノロジーを受け入れようとしています。裁判所にしても、新しいテクノロジーが導入され、それが明らかにうまく機能し、当事者が互いに使用を認めておればそれを歓迎するわけです。

―― TARが登場し始めた頃はディスカバリにおいて、訴訟当事者間での教師データ（Seed set）やワークフローに関する詳細情報を交換することがありました。しかし、最近ではTARを使ううえで、その検証（Validation）の側面により焦点をあてる方向に進んでいると見受けられます。このようなトレンドについてどのように思われますか。

リッピー氏：TARの使用においてその有効性を測るためリコール率（Recall Rate：再現率）、プレシジョン率（Precision Rate：精度）、エルージョン率（Elusion Rate）などさまざまな検証値[8]があります。もちろん教師データやプロトコルは重要ですが、それよりもどのようなAIを利用し、それを使ううえでどのような設定をしているか、レビューに対するアプローチが妥当であるかを検証することが重要です。TARによるレビューが導入され始めた頃は主にリコール率とプレシジョン率のみに頼っていましたが、現在は「本来は事案に関連するにもかかわらず見落とされた文書がなかったか」、もしくは「文書分別の方法に問題がなかったか」を測る目安としてエルージョンで測定された値も取り入れて、総合的かつ客観的にAIレビューの精度を検証しています。このような測定値を参考にしながら、いかにより多くの関連文書をみつけ出し、関係のないものを切り捨てるかと

8 リコール率とは、事案に関連する文書（Responsive）においてAIを使うことで、どの程度レビュー対象となる文書を正確に網羅したかを表した割合である。

プレシジョン率とは、事案に関係すると判定されたデータの中で実際に関連していたものの割合である。

エルージョン率とは、AIにより、事案に関連しない（Non-Responsive）として判定された全データのうち事案に関連すると判定されたが実際はそうではなかったデータの割合である。

いうバランスをとりながら進めています。たとえば、リコール率を上げたければ、プレシジョン率をどの程度諦めるのかというように折り合いをつけていくわけですが、この検証作業の過程におけるテクノロジーを提供するベンダーのサポートを、われわれ弁護士はとても重要視しています。弁護士がそうした統計的データを読み取る作業をするより、その分野の専門家のアドバイスを受けながら事案にとって最適なアプローチを選択するほうがより良い対応ができます。

5　ベンダーは技術を提供するだけではない「テクノロジー・コンサルタント」である

―― TAR が登場した頃は、その判別過程は「ブラックボックス」で、どのようなプロセスを経て文書が選別されているのかわかりにくいという声がありました。しかし現在では、どのようにして文書分類の選択がされたのかの基準を示したり、より少ない数の教師データでより高い精度の結果を出したりすることが可能になっています。これまでのお話では、AI の利点には、より早いスピードで重要書類を判別できる、事案に関係のない文書を弁護士がレビューする負担を減らす、そしてさまざまな検証値に基づき統計的にその精度を高めながら事案に必要なデータを分類していくという点をあげられていますが、その中で弁護士として特に重要視しているポイントは何ですか。

リッピー氏：もちろん、これらすべてのポイントを重視しています。事案によって、どこに重きをおくかは変わってきます。また、優先すべきデータを優先的にレビューし、精度の検証値に基づいて不要な作業を削減するという判断を客観的に行えるのは、AI テクノロジーによってもたらされた最大の利点であると思います。効率性を高めるという点で、たとえば KIBIT のヒートマップのような機能は、それぞれのレビュアーのパフォーマンスが可視化されるため、レビュープロジェクトを監督する側にとっても、より正確にプロジェクト全体を把握することができます。また、秘匿

〔図表７－１〕 AI（KIBIT）によるスピードヒートマップ

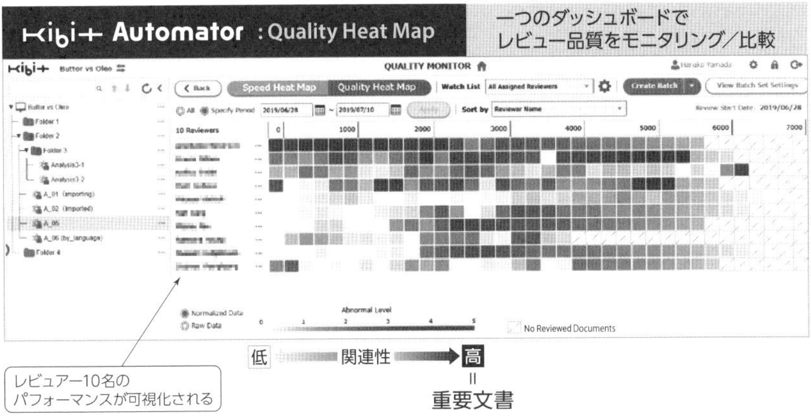

特権がかかる重要文書などの見落としも防げます。冒頭で述べたとおり、ｅディスカバリにおいて、その技術を提供するベンダー、すなわちテクノロジー・コンサルタントはわれわれにとって非常に大切なパートナーです。本格的にレビュープロジェクトを開始する前の段階で「AI をどのように、どこで使うか」をコンサルタントの協力を得て計画できることは弁護士にとっても重要です。

6　AI 導入レビューでは訴訟相手方と“協力”するのか

―― AI レビューでは、訴訟における対立する相手方と協力するということですが、それについてお話いただけますか。

リッピー氏：AI を使ったレビューでは、いわゆる敵対する訴訟相手方と協力することも必要になります。先に述べたとおり、裁判所も AI の使用を推奨しており、訴訟当事者間での協力をすすめています。私がまだ新人弁護士だった20年ほど前は AI は存在せず、書類の山に囲まれていた当時のレビュープロセスでは相手方にこちらが何をしているかを教えたり、ましてやこちらの作業場所に相手方の弁護士を招き入れ、レビュープロセスについて話し合ったりすることなどは一切ありませんでした。しかし、AI

が導入された今、時代は変わりました。訴訟当事者双方が、AIの導入により多くのメリットを享受できます。ですから今は当事者同士が協力すること、つまり、レビューのプロセスや、先に説明した検証値などを相手方に知らせるのは「良いこと」だと認識されています。実際、裁判所の中には、一定の情報、たとえば教師データや検証値などを当事者双方が交換するのを義務づけることもあります。基本的には、どの裁判所でもスタンスは似通っており、AIを使ううえで、サンプリングを行い、ある程度の統計的データを入手しそれらを当事者双方がシェアすることで、それぞれのディスカバリプロセスの正当性を示すことを要求しているのです。ですからレビュープロセスを本格的に開始する前の段階でもテクノロジー・コンサルタントの存在が重要になるのです。

7　AIが開く明るい未来

――最後に、今後AIはリーガル分野でどのような進化を遂げるとお考えかをお聞かせください。

リッピー氏：数年前まではディスカバリで「AIを使うべきか」が課題でしたが、今は「AIを事案の中で、どこで、どのように使うのか」に視点が変わっています。私の抱える事案の中でも事案の性格に応じて秘匿特権のかかる文書の判別だけに使ったり、キーワード検索だけのために使ったりと、ケースそれぞれの特性と必要となる情報によってAIの使い方を変えています。また、事案の事前評価のプロセスの中でもAIを使用することがあるので、全体のプロセスのさまざまな局面で役立てているといえます。また、事案に関連していないものの、内容は非常にセンシティブであるといった文書の扱いには留意しています。なぜならば、それらが表に出ることで、クライアントが別の訴訟リスクにさらされる可能性もあるからです。そのような文書を判別する際にもAIは非常に役立ちます。ですから、弁護士が見る必要のない文書を除外することで、不要な費用を弁護士に支払わなくて済むだけでなく、秘匿特権のかかる文書やセンシティブな内容等、決して提出してはならない文書と、案件に関連する文書の判別をしっかり行うなど、案件全体にかかわる視点からも、AI のもたらす優位性は非常に大きいといえるでしょう。

この10年でリーガルテクノロジーは大きく進歩しました。AI を使用するためにどのように裁判所を説得するかという時代から、今はそのような議論は例外で、AI の使用が裁判所でも当然のこととして受け入れられています。特に過去5年間でこの傾向は加速しています。訴訟であれ、政府捜査案件であれ、その規模の大小にかかわらず「どこでどのように AI を活かし得るのか」という視点にシフトしています。AI の登場によって、社内弁護士を悩ませる高額な e ディスカバリ費用は着実に削減できます。弁護士としてクライアントのコストは減らしたいと考えていますし、同時に、このような高度なテクノロジーを導入する場合でも、法的防御ができる方法に則って行わねばなりません。ですから、米国の法曹界全体が、このようなテクノロジーをより積極的に受け入れ始めた近年の歩みを歓迎しています。

5年後は今よりもさらに進歩し、より良い方向へ進むと信じています。

Ⅲ 国際訴訟証拠開示の AI-Ready に向けて

海外市場でビジネスを手がける日本企業において、国際訴訟は避けては通れないリスクである。しかし、リージョンによって法律やビジネス状況は異なり、日本本社がコントロールすべき内容も多岐にわたる。また、あらゆる社内データがビッグデータ化する事象は国にかかわらず発生しており、訴訟時に調査すべきデータ量も膨大なものになってきている。AI を筆頭とする IT 技術の活用は、これらの課題を解決するうえで効果的な武器となりうる。本項では、海外市場でビジネスを手がける日本企業の法務担当者2名を招き、グローバル法務対応における課題と、日々の挑戦についてディスカッションを行った。また、課題解決の効果的手段として AI 活用の可能性を模索するために、AIを活用した国際訴訟証拠開示に詳しい、前出のリッピー氏にナビゲーターとしてディスカッションに加わってもらった。

はじめに

●寺田 和人 氏
国際石油開発帝石株式会社
リーガルユニット リーガルカウンセル

●藤本 浩二 氏
三井化学株式会社
総務・法務部 法務サブグループリーダー

●エドワード・H・リッピー 氏
コビントン・バーリング法律事務所 弁護士
(Edward H. Rippey, Partner, Covington & Burling)

（順不同）

――まずは日本を代表する国際企業（国際石油開発帝石株式会社、三井化学株式会社）で法務担当として活躍されている、お二人の自己紹介からお願いいたします。

寺田氏：2013年に弁護士登録し、西村あさひ法律事務所でキャリアをスタートし、国内外のM&Aと一般企業法務を主に担当しました。同事務所に約4年間勤務した後、国際石油開発帝石株式会社に転職しました。国際石油開発帝石株式会社では世界中でプロジェクトを進めていますが、私は主に国内の案件を担当しながら、時には同僚が担当する国際的な案件も手伝っています。

藤本氏：三井化学の総務・法務部で法務グループのマネジメントを担当しています。1999年に入社後、工場で総務を担当し、2001年に本社法務に異動。その3年後に米国ロースクールに留学する機会を得て、1年目はウィスコンシン大学、2年目はワシントン大学（シアトル）にてそれぞれ法学修士号を取得しました。また、留学中にニューヨーク州弁護士資格を取得しました。本社法務に戻った後、2010年に法務部門のGMとしてシンガポールオフィスに異動。4年を過ごした後ニューヨークオフィスに異動となり、そこでの3年間は法務だけでなく人事、経理等を含めた管理部門のGMを務めました。2017年に本社に戻り、社長秘書、経営企画部門を経験し、2020年から法務部門に戻りました。

1 日常業務

――企業の法務部門での日々の業務について教えてください。また法務部門というのは、何か有事が起こった際には前面に出て戦わなければならないのですが、法務部門として、どのような形で経営にかかわっていらっしゃるのか、お話しください。

藤本氏：日々のトランザクションの契約作成、審査が基本的な業務です。訴訟が起きたときに戦うというのはそのとおりで、今日のテーマでいえば、訴訟が起きたときに訴訟コストをAIを使って下げることももちろん大事ですが、やはり「無駄な訴訟を起こさせない」ことが基本だと考えています。

トランザクションから生じる訴訟やトラブルは、その多くが、契約内容がきちんと議論されていない、もしくは「もしこういうことが起きたら、こういうトラブルが起きる」という想像力が足りていないことに起因していると思います。そのため当社では、原則として契約の全件審査を行っています。当社の法務では「契約をきちんとみる」ということが基本になっています。

近年、重要性がますます増してきている分野はコンプライアンスの推進です。当社のグループ会社は国内外で約170社あり、従来はどうしても、本体と国内のグループ会社を中心とした対応にとどまりがちでしたが、今は、グループ・グローバルレベルでガバナンスをいかに効かせるかということが大事になっています。2019年、経済産業省がグループガバナンスに関するガイドライン（「グループ・ガバナンス・システムに関する実務指針」）を公表したように、日本政府としても、わが国の企業グループ全体の企業価値向上のため、グループガバナンス体制の強化が重要と考えています。われわれ法務部門は、グループ全体のコンプライアンス、リスクマネジメント推進の要の部門として、企業グループとしてのメカニズムをデザインするという責任が増してきていると感じており、実際当社でも注力している分野となっています。

今申し上げたとおり、「無駄な訴訟を起こさせない」という方針で日々の業務に努めていますが、もちろん、それでも訴訟が起きることがあります。そのときは法律事務所との連携や訴訟の管理を法務部門で行っています。

寺田氏：藤本さんの話と共通することが多いのですが、当社法務部門も契約書のレビューがメインの業務となっています。また、当社も国内外問わず多くのプロジェクトを遂行しており、契約書のレビューに限らずさまざまな相談に対処する態勢を整えています。

藤本さんのお話で非常に気になったのが「契約の全件審査」という点です。われわれも紛争の事前回避等の観点から可能な限り全件審査を行いたいと考えていますが、残念ながらそこまでの対応が難しいこともあるというのが実情です。

ぜひその部分について、法務部門の態勢など詳しいお話をお聞かせください。

藤本氏：われわれの部門では、15名前後のチームで契約書の全件審査を行っています。年間で数千件の契約を締結していると思いますが、審査という意味ではもっと行っていると思います。メンバーのうち、５名はニューヨーク州もしくはカリフォルニア州の弁護士資格を有しており、日本法の弁護士は１名在籍しています。

寺田氏：法務部門の経営へのかかわり方という点ですが、当社法務部門は社長直轄の組織となっており、社長に対して直接リーガルアドバイスを行っています。そして、法的な観点から何か重大な問題がある場合は、必ず社長に報告がいく体制をとっています。また、取締役会や経営会議による承認が必要となるような重要な案件に関連する契約については、必ずリーガルチェックを受けることとしております。当社は石油ガス関連の事業を営んでおり海外での仕事がメインとなるため、日本の企業としてはめずらしいかもしれませんが、日本法弁護士数名に加え、米国、英国、オーストラリアといったさまざまな国の外国法弁護士を10名ほど雇用しており、可能な限り契約書のレビューや法律相談を社内で行えるようにすることで、コストの削減を図っています。

2　海外で訴訟があったときに本社と海外支社がどのように連携するか

──両社ともグローバルな企業で、海外とのかかわりも多いと思うのですが、たとえば海外のグループ会社が現地で裁判に巻き込まれた場合、本社の法務部門として、そうした訴訟にどのようにかかわっていくのでしょうか。

藤本氏：先ほども申しましたとおり、当社は国内外に約170、海外だけでも100社以上のグループ会社があります。もし、そうした海外のグループ会社で訴訟が起きた場合、グループ会社によっては自前の法務部門を抱えているところもありますが、なかなか自社だけで対応を完結できるということはなく、多くのケースでは本社の法務部門が支援することになります。後方支援の場合もありますし、案件によっては前面に出て支援する場合もあります。

訴訟の内容から最適な法律事務所を選び、担当弁護士とのやりとりなども、本社法務部門で対応することが多くあります。

寺田氏：われわれも多くの国に支店・関連会社がありますが、日本本社だけではなく、たとえば米国やオーストラリア、インドネシア、ベネズエラ、ブラジルなど多くの国に法務部をおいており、それぞれにインハウスの弁護士を雇用しています。そして、日常業務についてはそれぞれの支店・関連会社で対応しています。ただ、訴訟となると業務の規模も大きくなりがちなので、必ず本社と協力して対応するようにしています。

また海外の法務部との連携を高めるため、年に一度、リーガルミーティングという１週間程度の会議を行っています。これは全世界の法務スタッフが１か所に集まるイベントで、その時々の最新情報や、訴訟が起きていたとしたらその状況などをそこでシェアしています。そうしたイベントを通し、法務部門がグローバルでワンチームになれるよう、関係性を高めています。

3　eディスカバリにおけるAI活用

――グローバルにビジネスを展開している日本企業の法務部の業務についてご紹介いただきありがとうございました。さてここからは本日のテーマである、eディスカバリにおけるAI活用について議論を進めましょう。

ここで、リッピー弁護士から米国でのeディスカバリにおけるAI活用の現在について、下記の示唆がありました（前述Ⅱも参照）。

・現在では裁判所がAIの使用を認め、誰もが案件で使用している。大規模なケースでは、裁判所からAIを使うように指示されることすらある。現在15の州が実案件でのAI利用を正式に認めており、他の州でも明文化されていないものの、AIを使っても全く問題がない。

・eディスカバリでのAIの使用がほぼすべての事案であたり前とみなされている現在、人々の興味は、どこでどのようにAIを活かし得るのかという点

リッピー氏：皆さんのバックグラウンドや勤務先の法務部門について、興味深い紹介をいただきありがとうございます。私のクライアントは、世界中にオフィスを構えるようなグローバル企業も多く、そのコミュニケーションの難しさや大切さを痛感しております。ですので、皆さんが日常どのような業務運営をされているのかをうかがえて参考になりました。

米国ではここ数年でeディスカバリでのAIの使用がほぼすべての事案であたり前とみなされてきました。現在、人々の興味は、どこでどのようにAIを活かし得るのかという点に移ってきています。

寺田氏：会社としてコスト削減や社内弁護士の業務時間短縮につながるようなものがあれば積極的に活用したいと考えています。最終的には人間の目によるチェックは欠かせないと思いますが、業務の効率化、コストの削減はどの企業においても課題であると認識しています。

リッピー氏：まさに米国を始めさまざまな国で、訴訟で最も心配なことをクライアントに尋ねると「コスト」という答えが返ってきます。その中でも特に、ディスカバリの中で最もコストがかかる、ドキュメントレビューに対する指摘が多いですね。

TAR[9]が出始めた頃は、10～15%のレビューコストがカット可能であるといわれていました、しかし実際には50～70%という膨大なコストの削減が可能であることがわかりました。しかし、AIの導入効果はコスト削減だけではなかったのです。

従来、人間によるレビューこそ完璧だと思われていましたが、実際に研究調査を行ってみると、実は人間の判断はそれほど正しくないことがわかりました。人間はミスをするし、眠くなることもあります。この研究調査の結果、人間よりAIのほうが正確であることがわかり、今日AIが多く受け入れられている要因となっています。もちろん学習は人間が行いますが、学習が終わった後の作業はAIが正確に行います。

寺田氏：AIという性質上、可能な限りの正確性・迅速性というものが求められると思いますが、社内で利用するにあたっては、使用するAI技術の特性、AIと人間の作業分担区分、AI活用による時間的・コスト的メリットをはっきりと示せることが大事だと思います。それによって初めてマネジメント層等もAIの起用に対して積極的になるでしょう。特に日系の企

9 TARについては、後注14、第3章参照。

業は慎重な体質のところが多いように思うので、この点は企業がAIを導入するという目線では大事だと思います。

リッピー氏：AIの使い方で興味深いのは、私のクライアントの多くは、訴訟だけでなく、訴訟から少し離れたところでもAIを活用している点です。たとえば秘匿特権のドキュメントレビューに使用してドキュメントのランク付けを行うこともあります。また、クライアントの多くは訴訟と関係のない社内調査にAIを活用しています。社内調査の具体例として、Early Case Assessment（ECA：訴訟案件の早期評価査定）があります。少しでも早く状況を把握できるようにして、後々想定外のことが起きないように備えるのです。

寺田氏：Early Case AssessmentにAIを用いれば、外部弁護士に依頼することなく社内のリソースだけで対応できるということでしょうか。そうであれば、コスト面で非常に魅力を感じます。

リッピー氏：社内調査に外部弁護士を入れる必要はありません。FRONTEOのようなサービスベンダーに依頼して、外部弁護士に頼ることなく社内調査を行うことも多々あり、実際、私もクライアントから社内調査を実施したことを教えられず、後から知らされたという例が多くあります。費用の高い外部の弁護士ではなく、ベンダーに依頼して効率よく社内調査を行うことは可能です。

藤本氏：コストだけで考えれば、勝てる見込みのある裁判であっても、莫大な費用のかかるディスカバリを続けるよりも、和解したほうが安く済むという判断もあり得ます。だからこそ、AIを用いて費用を下げることの重要性を感じます。

リッピー氏：確かにそのような判断も理解できます。場合によっては相手方が勝つ可能性がないのに訴訟を起こしてくることがあります。たとえば先方は17ドキュメントしか提出する必要がないのに、こちらは数千ものドキュメントを提出しなければならないということも起こり得ます。そのような場合、コストに見合わないので争わないこともあります。

逆に、損をしてでも、自分たちが正しいことを世に伝えるために費用を余計にかけることもあります。そうすることで、そのような訴訟をこれ以上起こされないように世の中にメッセージを送るのです。AIの登場により、このような場合のコスト計算も行いやすくなりました。

4　平時の対応とは

――ここからは、事件が起きてから必要となるディスカバリをいかにスムーズに行うか、平時のうちにしておくべき対応について話を進めましょう。

リッピー氏：私が所属する部署はeDiscovery & Information Managementといいますが、以前の部署名はeDiscoveryだけでした。しかし、平時の対応についてもよく問合せをいただくので、平時に行うべきこととして、Information Management（情報管理）を加えました。

これまで日本の企業数百社を相手に、平時に何をして訴訟に備えるべきかについて話してきましたが、特に強調したいのはLitigation Hold Notice（保全通達）とポリシーです。

Litigation Hold Noticeとは、いざ訴訟が始まるという時に、証拠となり得るデータの保全を社員に知らせる通知のことです[10]。事前に備えてあれば、いざ訴えられたときにも慌てることなくこの通知を送付するだけで済みます。

そしてもう1つ強調したいのがポリシーの設定です。さまざまなポリシーの中でも特に重要なのがドキュメント管理ポリシーです。これはどのような文書を、どの程度の期間保存すべきかを定めたものになります。

藤本氏：当社においても米国訴訟が起きるたびに、Litigation Holdを行っています。事業のますますのグローバル化によって、今後、米国訴訟リスクが高まっていけば、平時からのデータマネジメントやDocument Retention（文書保存）に関する方針を明確にした社内ポリシーの重要性

10　第3章参照。

はますます増してくると思います。

寺田氏：当社でも文書管理は常に議論の的となっています。当社は20を超える国で多数のプロジェクトを進めていることもあり、画一的なポリシーの設定は現実的ではありません。多くの会社がグローバルにビジネスを展開しており状況は似ていると思うのですが、たとえば他社がどのように電子メール等の保存期限を設定しているのか等は気になるところです。

リッピー氏：ポリシーの策定も、グローバルな状況だと確かにややこしくなってきます。寺田さんがおっしゃるように、多国籍企業では国ごとのルールに違いがありすぎるためポリシーの策定は困難です。その場合、国や地域によって異なるポリシーを設ける場合があります。たとえばアジア地域や特定の国の会社にはこのポリシー、ヨーロッパには期間等が少しだけ異なるポリシーを制定するという具合です。私の経験した多国籍企業では、世界を６つに分けてポリシーを制定したところうまく機能したというケースがあります。

寺田氏：国や地域ごとのポリシー策定というのは、非常に参考になります。先ほど「さまざまなポリシー」とおっしゃっていましたが、ドキュメント管理ポリシー以外にも重要なポリシーがあるのでしょうか。

リッピー氏：今日ではさらに２つのポリシーが重要となっています。まず携帯端末、電話のポリシーです。たとえば、業務には業務用電話機を使うように、友人と話すときには私用電話機を使うようにポリシーを定めておけば、いざ調査が入った際、業務用電話機しか取調べを受けないようにすることができます。

そして最近よく相談されるのが、WhatsAppやLINEに代表されるメッセージアプリに関するポリシーです。こうしたアプリケーションソフトウェアでやりとりされる内容もディスカバリの対象に含まれるため、クライアントから、これらを従業員に使わせてもよいのか、その場合どのようにコントロールすればよいのか相談を受けます。これは非常にやっかいな問題で、時には良い回答が出ないこともあります。

訴訟では相手方はすべてを求めてきます。しかし、これではフェアではありません。私が常日頃言っているのは、交渉の際に相手の発言を待つ前に、交渉が有利になるポリシーを定めることです。最も簡単なポリシーはこれらメッセージアプリの使用を禁止することです。そうすれば誰も使わないので調査対象となることもありません。しかし、企業によっては禁止できないこともあり、問題を起こさないポリシーの策定について相談を受けます。

寺田氏：あらためて日本の訴訟と米国の訴訟の違いを感じています。たとえば、最近、ようやく民事裁判手続の IT 化の議論が始まっていますが、日本では訴訟資料を電子データで提出することは基本的には認められておらず、いまだにファクシミリや物理的な提出が要求されます。この点でいえば、日本の訴訟制度は遅れているのでしょうか。

リッピー氏：必ずしも日本の方式が遅れているとはいえません。日本の訴訟制度にディスカバリというものがなく、そのほうが良いと思うこともあります。少なくともディスカバリのように多くの費用を無駄にしなくて済みますからね。

米国の訴訟では、とにかく何から何まで探し出し、日本の本社までも巻き込もうとすることがあります。日本にはそのような制度がないので、巻き込まれると非常にやっかいだと感じるでしょう。その点において、日本の企業が直面している問題を理解できます。

藤本氏：先ほどの話にもありましたが、コンピュータが人間よりも明らかに得意とするのは、大量のデータを疲れ知らずで高速に処理できる部分だと思うので、 今日のテーマであった「e ディスカバリや Early Case Assessment での大量の電子データの証拠精査・レビューでの有用性」を再認識しました。

また、すでに述べましたが、リッピーさんの話をうかがい、e ディスカバリ対応時の体制や対応フロー的なものを平時からポリシー等として準備し、明確化しておく必要性をあらためて感じました。そうした平時においても AI を使った調査が行われているというのは、非常に興味深いです。

リッピー氏：先ほど触れた平時における Early Case Assessment の例のほかにも、AI を使って定常的に監査レビューを行うという方法もあります。網羅性や精度、そしてコストの観点からも監査における AI 活用は極めて有効です。AI の活用やポリシーの制定などの Information Management、人と AI のそれぞれ良いところを持ち寄ることで、リスクを下げることができます。実際に FRONTEO の事例では、反トラスト法で米国司法省から訴えられていた日系企業の米国子会社が、平時から AI でメール監査を行うしくみを導入していたことを評価され、プロベージョンを免れたケースもあるそうです。

寺田氏：当社のような石油・ガス産業というのは、法律の成り立ちから考えても反トラスト法とかかわりが深いといえます。また事業内容から、必然的に各国政府との接触も多く、普段から贈収賄などが行われていないか気にかかっているので、このあたりは平時監査のテーマとなります。先ほど藤本さんも指摘されていましたが、どうしても見落としやミスをしてしまう人間がすべての作業を行うより、AI による監査の活用が効果的な場面も多そうですね。

藤本氏：われわれも、反トラスト法、贈収賄については特に配慮している分野です。特に、グローバルの政治・経済における不透明性、不確実性が高まっている現在、これらの分野でのグループ・グローバルレベルでのガバナンス確保は法務部門として重要なテーマと考えています。そこで今は、当社グループとしてグローバルに適用するポリシーを本社法務部門が策定し、世界中のグループ会社に展開していくという施策に取り組んでいます。各国で法律が異なる中でグローバルポリシーをどのような内容にすべきかという点に加え、策定したグローバルポリシーに基づく業務が行われているかをどのようにモニタリングするのかは、効果的かつ効率的な体制を構築するうえで重要な観点です。モニタリングや監査の手法はもちろんいろいろな方法が考えられますが、リッピーさんがおっしゃった AI を活用したメール監査は、効果的・効率的という観点からは１つの選択肢かもしれません。

寺田氏：グローバルでのガバナンスの話が出ましたが、こうしたしくみをグローバルで導入するうえで、本社がいかにイニシアチブをとるかも重要だと思います。どのように IT の環境をグローバルで整えるかという点も多くの企業で大きな課題になるかもしれません。

藤本氏：そうですね。こういった施策やシステムの導入は本社から行わなければ、グローバルにはなかなか進まないでしょう。グローバルポリシーの展開と同様、本社のリーダーシップと熱意がなければ進まないのではないかと思います。

寺田氏：ただ、AI を使ううえで気になることもあります。これまで自分の行っていた作業の一部を、技術的に完全に理解しているとはいいがたい AI に任せて「きちんと調査しました」と胸を張って言えるのか、という点に不安を感じるのも事実です。ただ、こうした不安は技術の専門家である、たとえば FRONTEO のような会社と信頼関係を醸成していくことで解消できるでしょう。そのうえで AI を代表とした IT、リーガルテックの活用が進んでいくと考えます。今回の対談で印象に残っていることの一つが、藤本さんが話された契約書の「全件審査」です。AI などのリーガルテックを活用することで、われわれもこれを実現できるのではないかと感じました。

藤本氏：以前、法務部門内で契約審査 AI を試したことがあります。その時は AI の精度がこちらの要求する水準に達していなかったため導入には至りませんでした。しかし、技術は日々進化しています。今後、満足のいく精度を出せる AI が出てくるかもしれません。技術の専門家の皆さんに期待しています。

5　まとめ

――最後に、本日の対談を振り返って感想をお聞かせください。

寺田氏：正直、今回の対談までAIの重要性を認識する一方で、どうしてもITの面ではコスト増というイメージを強くもっていました。特に、何も起きていないことに投資をするというのは、ブレーキがかかりがちです。しかし、AIには想像以上に利用シーンがあり、しかも活用により得られるリターンが非常に大きいのではないかと感じました。AIを代表としたリーガルテックの活用については、業界を超えて、多くの会社の法務部門が共有する課題だと思います。また、グローバルで活動する会社にとって、海外での訴訟リスクというのは心配のタネというか、常に気にしているところです。その分野とAIの親和性がここまで高いというのは、今回の対談で認識を新たにした部分です。これからも情報収集を行っていきたいです。

藤本氏：AIの活用範囲が想像以上に広いと知ることができたのは、今回の対談の収穫です。司法省や裁判所がAIの活用を後押ししている、積極的にすすめているということもわかりました。平時のポリシー策定や、監査でのリーガルテック活用、さらにAIによる大量データの処理や効率化、それぞれについて問題意識や活用の重要性は認識していましたが、今回の対談を通してそれらすべてが大きな絵としてつながりました。寺田さんのコメントにもありましたが、海外訴訟におけるAIの存在感の大きさを再認識しています。今後の訴訟戦略というのはAIの活用を前提として立てるものなのだろうと感じています。

Ⅳ AI活用のレジェンド、歴史と未来を語る

はじめに

●アンドリュー・J・ペック 氏
ディーエルエイ・パイパー法律事務所 弁護士
(Andrew J. Peck, Senior Counsel, DLA Piper)

TARの使用を裁判所が初めて承認したのは、2012年に下されたDa Silva Moore裁判の判決の場である。その歴史的ともいえる判決を下したのが、eディスカバリのレジェンドともいわれるアンドリュー・J・ペック氏（当時ニューヨーク州南部地区連邦地裁判事）である。本項では、同氏にTARが米国の法曹界でどのように使われてきたか、その変遷とあるべき姿について語ってもらった。一貫してレビューでのAIの活用について積極的な姿勢を示してきたペック氏は、現在のeディスカバリにおいて、AIの活用が全面化しているとはとらえていない。長年にわたって法曹界をみてきた氏は、そもそもAIの活用について「どうあるべき」と考えているのか。また、どのような要素がAI活用を阻害しており、どのような点が解決されればAIの活用が全面化した未来が訪れるのか。TARをとりまく歴史の変遷を踏まえ、その分析を聞いた。

ペック氏は、23年間にわたりニューヨーク州南部地区米国下級判事（U. S. Magistrate Judge for the Southern District of New York）を務め、著作権、商標を含む商業事案・エンターテインメント関連の訴訟に豊富な裁判経験を有している。American Lawyer誌はペック氏を過去50年間に法曹界に多大な影響を与えたJudicial E-Discovery Innovatorのトップ50人に選出している。

現在DLA Piperで弁護士を務めるペック氏は、裁判官時代にeディスカバリに多大な影響を与えることになる歴史的司法判断を下したことで知られている。第1に、1995年のAnti-Monopoly v. Hasbro[11]ケースで「コンピュータ化されたデータは事案に関係するものであればディスカバリ対象となることはBlack Letter Law[12]である」と判示、第2に、2012年のMonique Da Silva Moore v. Publicis Groupe[13]では「事案に関連する電子保存情報を、コンピュータを使用したTARレビュー（Technology Assisted Review[14]）で探すことを認める」とし、第3に、2015年のRio Tinto v. Valle[15]では「文書提出の責を負う当事者がeディスカバリにおいてTAR使用を求めれば裁判所はそれを認め、TARの使用はBlack Letter Lawである」と判示した。そして最後に2016年のHyles v. City of New York, et al.[16]において、原告側は被告側がTARを使用することを要求したものの被告側がそれを拒否しキーワード検索を望んだ事案では、「TARはキーワード検索よりも安価で効率的ながら、その使用を希望しない当事者に対し裁判所がTARの使用を強制することはできない」との判断を下した。ただし本事案では「将来、TARがより広域に使用されることで、TARの使用を拒否することは非合理的であるという時代が来るかもしれない」との意見も示している。

11　Anti-Monopoly, Inc. v. Hasbro, Inc., 1995-2 Trade Cas. (CCH) 1 71,095 (S.D.N.Y. 1995).

12　Black Letter Lawについては、前掲注4を参照。

13　Da Silva Moore v. Publicis Groupe & MSL Grp., 287 F.R.D. 182 (S.D.N.Y. 2012).

14　TAR（Technology Assisted Review）とは、テクノロジー支援型レビューのことである。TARは、ソフトウェアやコンピュータ、AIに「関連性のある文書」を学習させることで、人間よりも速く、安定した品質で「関連性あり／なし」を判断し、文書レビューにかかる時間・コストの削減に役立つものとして、近年利活用が進んでいる。FRONTEOではTARに自社開発のAIエンジン「KIBIT」を活用している。

15　Rio Tinto PLC v. Valle S.A., et al., 306 F.R.D 125 (S.D.N.Y., 2015).

16　Hyles v. City of New York, 2016 WL 4077114 (S.D.N.Y., Aug. 1, 2016).

1 eディスカバリをとりまく環境の変化

――ペックさんは米法曹界でTARの使用を奨励する第一人者として大変有名です。1995年の歴史的判決から今日まで、eディスカバリをとりまく環境にはどのような変化があったとお考えですか。

ペック氏：1995年と比較すると大きく前進しましたが、まだまだ十分ではないと思います。Anti-Monopoly v. Hasbroの判決を出した頃は、私が担当したケースの99.9%は紙ベースによる情報開示でした。その11年後の2006年に連邦民事訴訟規則（Federal Rules of Civil Procedure。以下「FRCP」という）が改正され、これら文書を「ESI（電子保存情報）」として明確な規則の下で開示することになってから、ようやく連邦裁判所でもESIをベースとする事案を扱うようになってきました。当時、私は専門誌（現在のLegal Tech News誌）に「キーワード検索なく人間の目だけで見るというヒューマンレビューからTAR使用への移行」について寄稿したことがあります。しかし裁判官の立場で寄稿したとはいえ、それは裁判所が出す正式な意見ではありません。このためDa Silva Moore事案において英語圏では初となる「適切なケースにおいてTAR使用を認める」という判断を下したのです。その3年後のRio Tinto v. Valleの頃には私だけでなく他の裁判官も米国においてTARの使用を認め始めました。また、Da Silva Moore事案を契機に、アイルランド、英国、オーストラリアなど米国以外でもTARの使用を認める判決が出されています。私としてはRio Tinto以降はTARの使用が拡大すると期待していましたが、実際は裁判所に持ち込まれるケースの中にもいまだにTARではなくキーワード検索を使っているものが多くみられることを残念に思っています。

2 人間によるレビューは永遠の“ゴールド・スタンダード”か

――ここ数年でTARを使ったレビューはそのスピード、コストともに人間の目やキーワード検索だけで行うヒューマンレビューよりも一貫性があると明らかになってきましたが、ヒューマンレビューは今後も変わらず「ゴールド・スタンダード」であると主張する人もいます。

ペック氏：そうですね。開示対象の文書量が100～200頁というレベルならば人間の目で見るレビューは非常に有効でしょう。しかし現代の多くの商業事案では、ギガバイトやテラバイトという単位で何百万、何千万にも上るデータを扱います。これだけの量を何の助力もなく人間の目だけで正確なレビューを行うことはもはや不可能です。人間が１日何時間も休みなしに働き、何週間もの時間を費やしても、これだけ膨大な量の文書をレビューするのに追いつかないばかりか、そのようなレビューには品質も伴わないでしょう。

つまり、ヒューマンレビューを「ゴールド・スタンダード」と称することは完全に誤った通説です。私が新米弁護士だった40年前は確かにゴールド・スタンダードでしたが、それは当時、その方法しかなかったからです。

――それでは、今も使用されているキーワード検索によるレビューでは不十分なのですか。

ペック氏：キーワード検索は、たとえブーリアン検索（Boolean Search）[17]を取り入れた高度なものでも、検索する単語をその文字どおりにしか探しません。たとえば「Dog」というキーワードを使ったとしても「Hound」や「Spaniel」といった犬種まではわかりません。また、ビジネス・コミュニケーションでも、電子メール上でのやりとりはフォーマルな言葉を常に使うわけでもないため「誤字」として判断される場合もあり、それも問題になるわけです。こういった課題があるため、私はWilliam A. Gross Construction[18]のケースで当事者双方に対し、レビュー対象とされた文書を書いた本人たちと話をし、彼らが電子メールでどのような書き方や話

17　ブーリアン検索：AND、OR、NOT等のブーリアン論理演算子を用いた高度な検索方法。場合によってはかっこを駆使した複雑な演算子によるキーワード検索も可能である（第３章参照）。

18　256 F.R.D. 179 (S.D.N.Y. 2009).

し方をしていたのかを確認し、スペル間違いやその他のエラーをみつけるための品質管理テクニックも当事者間で共有し協力するよう命じたこともあります。私以外の他の連邦裁判官もキーワードを使うレビューのさまざまな問題点を指摘しています。

3 TAR活用レビューはどのように受け入れられているのか

——キーワード検索よりすぐれているTARがなぜもっと広く活用されていないのでしょうか。米国の法廷ではTARはどのように受け入れられているのでしょうか。

ペック氏：それは「TARのほうがより科学的」であるからと私は考えています。TARレビューでは相対する弁護士がそのレビュープロセスについて情報を要求してくるわけです。これは昔のヒューマンレビューではなかったことです。

TARは前述のDa Silva Mooreケースの頃にディスカバリのテクノロジー分野でTAR 1.0[19]とよばれていたシンプルなレビュー方法から始まったといえます。TAR 1.0ではTARアルゴリズムを学習させるために使用する文書の教師データ（Seed Set）をつくりますが、相手方の弁護士は「その教師データ自体に問題があれば重要文書が見逃されることになるではないか」と文句を言ってきます。そして「自分たちも教師データのコーディングにかかわるべきである」となります。ですから当時は教師データに関する争いが絶えませんでした。こういった流れから、教師データのコーディングの閲覧を一方の当事者が要求し、それを裁判所が認める場合はどの程度の透明性が必要かという点について多くの判例が存在しています。

現在はContinuous Active Learning（CAL）という継続的な学習機能

19 TAR 1.0とは、TARの初期モデルである。Predictive Codingにおいて事案に関して深い知識をもつ弁護士やレビュー担当者がランダムに選択された文書のコーディングを実施し、マシーン・ラーニングの学習用教師データ（Seed Set）を作成する。TARはこの教師データとされた文書を基に判別・ランク付けのアルゴリズムを構築し関連文書を選択する。

をもつTAR 2.0も出てきています。CALの教師データはレビュアーの判断に基づいて常時アップデートされます。つまり、CALではレビューと教師データの作成が同じプロセスとなり、レビューされた文書すべてが教師データとなって、学習済みモデルにアップデートをかけていくものです。このような技術の変化を受けて、固定された教師データに対しての議論から、法的にどのレベルの透明性が必要となるのかという点が新たに議論されています。たとえばTAR 2.0アルゴリズムで「Relevant（事案に関連あり）」と判別された文書を何らかの理由で人間が却下した場合、その却下理由や却下した文書そのものを、開示請求側は見る権利があるか否かということです。

こういった透明性の問題や情報の共有、加えて弁護士・依頼者間の秘匿特権に抵触しないような文書の取扱いなど、キーワード検索に比べればTARは面倒になり得ます。ですから弁護士は「TARのほうが安価で効率的だ」と理解はしていても、法廷で相対する当事者と下手をすれば長期にわたり証拠開示について争い、自らの訴訟戦略や一部とはいえワークプロダクトを相手方に開示せよと裁判所から命令される可能性があるならば「そんなことはやっていられない」という考えに至るかもしれません。

一つ「非対称訴訟」の例で説明しましょう。原告側と被告側のサイズが不均等である場合、つまり、個人が大企業を訴えた場合です。普通に考えて企業側は原告側とは比較にならないほどの文書量に加えて多くの秘匿特権文書を有していることでしょう。訴訟という戦いの中の駆け引きで、原告側の代理人には被告側により多くの情報を出すよう要求するインセンティブが発生し、企業側には裁判所がこの原告側の要求を認めるかもしれないというリスクが発生します。そうなると被告側である企業は先ほど話した透明性や、レビュー終了間近でのレビュー検証というものに対応しなければなりません。ドキュメントレビューにおいて弁護士がワークプロダクトとみなしているものを無理やり開示させられるリスクも発生します。これも弁護士がTARよりもキーワード検索を使用し続ける理由の一つといえます。

――では実際のところ、TARやAIといったテクノロジーは現場では受け入れられてはいないということですか。

ペック氏：そんなことはありません。表立ってはいないものの、情報開示者はテクノロジー・ベンダーのレビュー製品に組み込まれたTARツールをレビューのスピード向上や全体をまとめるために使用しています。このようにTARを「ドキュメントレビューの舞台裏」で使用することは、実際は頻繁に行われているようです。TARを最大限に使用するよりも経費節約効果は減少しますが、これはこれで良い妥協策であり、事案の外部者にはTARが使用されているか否かは知りようがありません。

また、TARを使わない言い訳に、TARを使用する際の付加的コストをあげる弁護士もいますが、それは間違いです。2010年から2015年あたりまではそうだったかもしれませんが、今はベンダーのツールを使用している限りTARツールがすでに組み込まれているため、弁護士はそれを使うかどうかを決めればよいだけなのです。コストがTAR活用の障壁になることはないでしょう。

――ペックさんはTAR活用の推奨者ですが、2016年のケースではTARの使用を命じない判断をされています。それはどういった理由からですか。

ペック氏：それは原告代理人が被告側であったニューヨーク市にTARを使用するよう要請したHyles v. City of New York事案のことですね。この事案で被告側は「原告側とはキーワード設定だけでも論争が絶えず話が進まない状況で、そのうえにTARを使うとなると、双方が適切とするTARの使い方に対する意見の不一致は避けられようもない」ことを理由にキーワード検索を望みました。私がTARの推奨者であることを知りながらも、彼らはTARの使用は断固として拒否したわけです。私はニューヨーク市側の主張に同意し「TARの使用を拒む当事者にTARの使用を命じることは適切ではない」という判断を下しました。その判示は主にセドナ原則6章[20]に基づいたもので、情報開示者はその開示方法を選ぶ権利があり、一方の情報請求者は開示された情報に何らかの瑕疵がない限り開示方法を強制することはできないというものです。

また、TARの使用を強制しないことには現実に即した理由もあります。TARはボタン一つで何もかもやってくれるマシーンではありません。TARはコンピュータ・アルゴリズム、ワークフロー、それにかかわる人間とテクノロジーとの複雑な組合せであり、TARをどのように使用するかを詳しく理解していない者に使用を強制しても災いを招くだけです。

しかしTARの使用を強制しないとはいえ、情報開示にかかる費用や弁護士費用といったコストを考えれば、訴訟当事者はTARの使用を真剣に検討すべきです。原則として情報開示側は自らがどのような方法でレビューを行うかを決められますが、eディスカバリ終了時に法令や契約に従い費用負担の付け替えがある場合、その費用が合理的であるか否かを判断するのは裁判官です。ですから裁判官としては、TARで行えることを行わず、たとえば100人の契約弁護士を雇いキーワード検索だけでレビューを実施したような場合、その費用をもう一方の当事者に負担させたいと要求されてもそれを認めることはないでしょう。また将来的にTARの使用がより普及し、たとえば全事案の8割でTARの使用があたり前になれば、残りのTARを使用しない2割に対しては「いいかげんにテクノロジーの進歩に追いつきたまえ」とTARの使用を命ずることになるかもしれません。

——2019年9月の時点で、ミシガン州は弁護士のためのテクノロジー能力の倫理的義務（The ethical duty of technology competence for lawyers）を採用

20　セドナ会議（The Sedona Conference）とは、反トラスト法や複雑訴訟・知的財産法の研究・教育を目的に1997年に設立された非営利団体で法律家により構成される。このセドナ会議で提唱されるのがセドナ原則（The Sedona Principles）であり、eディスカバリに関して大きな影響力をもつ。

する37番目の州になりました。法的分野においても、技術の進歩が非常に急速に進んでいるため、AIやTARなどのリーガルテクノロジーに対して知識を深めることは弁護士の倫理的責任の一環として求められていると思われますか。

ペック氏：はい、そう思います。しかし、この弁護士の倫理的義務は現実社会の後塵を拝しているのが実情でしょう。2006年にFRCPが改正されeディスカバリが認識されるようになりました。当時、年季の入った弁護士の「法律のことはわかるが、このコンピュータなんやらというものはわからない」という愚痴を私の法廷でもよく耳にしました。幸い弁護士たちの認識も向上し、彼らもテクノロジーの進歩についていかざるを得ないと理解するようになってきています。全体的に弁護士たちのテクノロジーに対する自信は向上していると感じます。またテクノロジーを身近な存在として成長してきた若い世代の弁護士たちのほうが理解力は高いと思います。

4　TARを活用したディスカバリにおける当事者間の協力

——訴訟では敵対する関係にある当事者の間で「協力せよ」ということは、なかなか直感的には受け入れられないこともありますが、具体的にはどのようにすればよいのでしょうか。

ペック氏：ここでいう「協力」とは、透明性のレベルのことを指し、訴訟上の戦略を当事者間でさらすことではありません。TARを使う場合、最も協力しやすい事案は、同程度の規模の企業が当事者であるケースでしょう。先ほど話した個人が企業を訴えるような非対称訴訟では、訴訟上の駆け引きも相まってそれが難しいのです。しかし、当事者双方が協力することでディスカバリ上の争いを避けることは可能であり、互いに多大なるコスト削減効果を得ることができます。弁護士費用はたいてい時給での請求です。ディスカバリの争いでは、出廷、リサーチやブリーフ作成などありとあらゆることすべてに弁護士費用がかかるわけですが、当事者同士の協力があれば、争いは避けられるものです。

たとえば一方が10人のカストディアン（管理者）の文書開示を要求し、もう一方がただ単に「それでは多すぎる」と反論したとしても、交渉は平行線をたどるだけでしょう。しかし、そこでなぜその５人で十分なのか、事案が進むにつれて必要があればカストディアンを追加するなど、相手方が納得のいく説明をし、なおかつ互いにコスト削減効果が生まれることが「協力」なのです。あるセミナーで製薬会社の幹部が「FRCP26条（f）項に従い面会協議を実施しても、たいていの場合、片方あるいは双方の代理人は何も知らないし、何も言わない。そんな無駄なことをするならば、会社の費用負担を軽減するために、私自身もきちんと事実を把握したうえで、会社側の人間として代理人とともに協議に参加し、どのカストディアンがどの時期に関連していたのかを相手方とシェアして、彼らがそれに同意したらその内容を書面化すればよいはずだ」と発言したことがあります。彼女の言い分はもっともです。当事者双方が合意し、ディスカバリを開始すれば、会社にとっても非常に大きなコスト削減になります。

このように情報の共有は、事案の進行に伴い新しい争議の種が生まれたとしても、それについて争う権利を奪うものではありません。相手方と訴訟上の駆け引きを繰り広げるのではなく、当事者同士ができる限り率直に情報を共有すればよいのです。いずれにせよ事案に重要な情報であれば相手方はいずれその情報を入手するので、そうした駆け引き自体が無駄なのです。

――証拠開示における不正行為で裁判所が代理人に制裁を科すことがあります。ある統計ではこのような処分を下した米国の裁判官はその理由に「意図的な不正行為」、「カストディアンとのコミュニケーション不足に帰する証拠毀棄」、「非協力的な行動履歴」などをあげていますが、ペックさんご自身はｅディスカバリに関連して何らかの制裁を科した経験はおありですか。

ペック氏：提出すると約束されていた文書が提出されず、代理人が非協力的であったケースに500ドルの制裁金を科したことはたびたびあります。しかし私はそういった金銭的な処分よりも、当事者間での協力をすることを推奨したかったので、言い争いばかりしているケースでは双方の代理人に「一緒にランチに行くとかビールを飲みに行くとかして少しは互いのことを知るようにしなさい」と命じたことのほうが多いです。

5　日本企業へのアドバイス

――日本の法務関係者にアドバイスはありますか。

ペック氏：どのようなビジネスにおいても、それが関連会社や子会社を通じて、もしくは直接的でも間接的でも何らかの形で米国に関連するものであるならば、米国スタイルの訴訟に備えなければなりません。訴訟が起こってからあわてふためくのではなく、平時から準備をすることが重要です。

昨今、企業はコスト削減に神経質になっており、これが難しいことはわかっていますが、何も起こっていない時点で少し費用をかけて、特に文書保全に関する社内規程や、いつ、どのようにリティゲーションホールドをかけるかという対策について、米国法に詳しい弁護士の助言を仰ぐことです。米国のディスカバリ・システムは“クレイジー”だという印象をもつ他国企業は多いことでしょう。私も以前、日本企業の代理人を務めた際、最初に行ったのはディスカバリについての説明です。しかし、米国でビジネスを行うならば、堅固な文書に関する保管・管理規則は訴訟リスクの防御の第一線であり、それら規則の制定には米国弁護士の専門アドバイスを受けることが非常に重要だと考えます。

また、先ほど裁判所が下す制裁について話しましたが、裁判所が、訴訟の提起は合理的に予測されたと判断し、また、事案に関連していたと裁判所が合理的に判断した情報がすでに破棄され、かつバックアップデータもなかった場合、それらの多くは復元不可能なデータとなるでしょう。たとえその情報が通常の社内文書破棄ポリシーに従い処分されたもので、企業側には決して隠ぺいの意図がなかったとしても、裁判所としては提出できないことに何らかの制裁を加えるしかありません。

米国の訴訟で起こる争議、たとえば、どのような形で文書レビューを行うか、どのカストディアンを調べるかといったことは、たいていの場合、調整可能な話です。しかしそういった争点を裁判所が判断するにも情報が保全されていなければなりません。ところが、破棄してしまった文書の復元はどうしようもできません。また、文書破棄の手順が社内の通常の処分手順に則ったものであったとしても、それ自体が米国の証拠開示法に準じていない場合は、その影響は米国にある子会社だけでなく日本の本社に及ぶ場合もあります。企業にはそのような状況に陥ってほしくありません。ですから私が日本の皆さんに伝えたいのは「準備を怠るな」ということです。

（武田秀樹）

第 8 章
弁護士にかかわるデジタル調査

本章では、紛争が生じた場合や情報セキュリティ体制の問題に弁護士がかかわる場面でのデジタル調査の手法や実務を中心に述べる。第三者委員会調査に関しては、客観証拠を正しく収集し解析するデジタル調査の活用の重要性を理解していただく関係から、まずは供述中心の調査手法の脆弱性から考察した。最後に不適切会計事案の具体例をみる。

Ⅰ　不祥事事案に対する第三者委員会調査

1　供述証拠の脆弱性

企業や組織の犯罪、法令違反、社会的非難を招くような不正・不適切な事象が発生した場合、あるいはその発生が疑われる場合、原因調査のために第三者委員会が設けられることがある。第三者委員会は、企業等から独立した委員のみをもって構成され、徹底した調査を実施したうえで、専門家としての知見と経験に基づいて原因を分析し、必要に応じて具体的な再発防止策などを提言する。第三者委員会は、すべてのステークホルダーのために調査を実施し、その結果をステークホルダーに公表することで、最終的には企業等の信頼と持続可能性を回復することを目的とする。こうした観点を踏まえ、日本弁護士連合会は、第三者委員会のガイドラインを公表した[1]。

第三者委員会ガイドラインは、第三者委員会調査において、委員と調査担当弁護士ら（委員に弁護士が加わることが多い）が行う、関係者に対するヒアリングは基本的かつ必要不可欠な調査手法であることを認識し、十分なヒアリングを実施すべきである、と定める[2]。確かに不適切事象の原因究明のための調査において委員らが関係者に対して行うヒアリングは重要である。また、第三者委員会が調査してその事実認定に誤りがあった場合、処分対象者

1　日本弁護士連合会弁護士業務改革委員会編「企業等不祥事における第三者委員会ガイドライン」（2010年７月15日公表、同年12月17日改訂。以下「第三者委員会ガイドライン」という）参照。

2　第三者委員会ガイドライン（前掲注１）第６．１①。

らは取り返しのつかない被害を受けかねず、調査に要した労力や費用も無駄になる。そのため、委員らは、自身がする事実の判断に誤りがないかを調査を進める過程で常に推敲し、心証を柔軟に修正しながら調査を遂行すべきであり、調査対象者らに対する事実の確認は調査には不可欠である。

ところが、ヒアリング調査における関係者の供述は、有事発覚後の事後説明であるだけに、供述者の話を額面どおりに受け取ってしまうと真実を見誤ることがある。第三者委員会による調査が入るケースでは、同委員会の最終報告を踏まえ、組織は不祥事発生の原因に寄与したと認められる者にはその職責ないし役割、寄与度、被害の深刻さ、悪質の程度その他諸事情を踏まえて相応の処分が下されることが多く、第三者委員会が設置されたケースの結末に何かあることは周知である。また、調査委員会が再発防止策等を打ち出しても、ステークホルダーらの納得が得られないと、株主から代表訴訟（会社法847条３項）などの法的措置がとられることもある。これを警戒する経営陣は、ステークホルダーらが抱く不信感を解消し訴訟提起を回避するため先手を打って、懲戒処分の対象者らに対し民事訴訟[3]や刑事告訴などの措置をとることがめずらしくない。もっとも、先手を打つ経営陣による提訴も、特に訴訟の相手方（被告）が元または現在の経営者である場合には、第三者からは馴れ合い訴訟のようにみえる。それを牽制・監視するため、株主らも提訴して先行する会社提訴の役員責任追及訴訟への補助参加（民事訴訟法42条、会社法849条）や提訴のうえでの併合（民事訴訟法136条）を申し立てることがある。

第三者委員会が設置されたケースにおけるめずらしくないこうした展開から、先を見越し、第三者委員会の設置直後より、組織内で役員や従業員らの間に憶測が飛び交う。以下に述べる現象はすべてのケースにおいて起こることではないが、病理的な現象が生じることがあり、たとえば自己に責任が及ばないよう、スケープゴートをつくり上げる動きが現れる。伝聞と体験事実

3　株主からの提訴請求（会社法847条１項）に応じた会社による役員責任追及訴訟（同法353条、386条）の提起など。

とを区別なく発せられた言葉や、確たる証拠の裏付けもない噂が組織内に流れたり、委員からのヒアリング調査に対し、意図的にか無意識的にか、自己に不利な事実を曖昧にし、逆に、有責としたい者については憶測や意見を交え、誇張して供述する者も現れる。不祥事の発覚後、確証バイアス（Confirmation Bias）が起き、他者を観察して、自分に都合の良い情報だけを集め、これにより自己の先入観が補強される。判明している関連事実を材料にしつつ、真の実態からややずれたストーリーが、ヒアリングを進める中で事後的につくられる可能性もある。また、関係者間の各供述が一致していることは、本来なら供述の信用性を補強するはずであるが、不祥事が発生した組織内では各人の思惑が複雑に絡み、党派グループが自然発生し、内々に事実の擦り合わせをしたうえで調査委員のヒアリングに臨んでくる。そのため、関係者間の一致した供述は、必ずしもそのすべてをそのまま真実であると認定できない場合もある。委員がいくら反対尋問のごとく関係者の供述の信用性を確かめようとしても、調査は任意であるため限界がある。このように、第三者委員会設置後に行われるヒアリングで得られる関係者の事後供述には「バイアス」の問題がつきまとう。関係者の供述を鵜呑みにすることはせず、供述された各事実の信用性は、広く収集した客観証拠との整合性を検証し吟味しながら事実を認定していくことが不可欠となる。

供述証拠が脆弱であるのに対し、発覚前の不適切行為が発生・進行していた当時、通常の業務プロセスにおいてコンピュータがライブで生成・記録し、送受信した機械的電子データは、扱いが適切である限り、その証拠性は高度に客観的である。

2　第三者委員会の客観性・独立公正性

日本弁護士連合会は、第三者委員会と内部調査委員会では、企業等から独立した調査組織で、調査プロセスや調査結果の客観性・中立性を確保し、調査結果の信頼性を担保するため、調査の主体を完全に外部の第三者に委ねる点において根本的に異なっていると解説している[4]。ただ、「第三者委員会である」と対外的にうたいながら、実態は第三者性を欠如し、社会の批判にさらされた第三者委員会もある[5]。

一方、第三者委員会の方式では、調査対象となる組織内部と対決的な緊張関係が生じてしまい、調査も任意であるため関係者から十分な協力が得られず、委員会が核心部分にあるはずの重要なデータを探知できないなど、デッドロックに陥ることがある。このような場合、第三者委員会の看板を掲げたままでは調査目的を達成できないことから、第三者委員会方式を無理に採用しないことも重要な選択肢となる。そこでは、社内で信頼されている内部者を委員に加えることで、外部専門家である調査委員に対し警戒する従業員らの理解と協力を得、同時に、社内文化に精通しない外部専門家委員らのために道案内をしてもらう、外部専門家と内部者が共働する調査委員会の方式をとったほうが合目的々となる。ただし、本方式をとる場合には、当該事案の内容と性質上、純粋な第三者委員会方式と比べて、外部専門家だけでなく、内部者も委員会に加わる本方式のほうがより適切な構成であることについて、当初の段階から対外的かつ具体的に説明できるよう用意しておく必要がある。

なお、不祥事調査のために選定される外部専門家は、当該調査対象となる組織から報酬を得ることから、調査対象組織とは、利益相反を疑われかねない関係に本来的にある。弁護士である第三者委員会の委員および調査担当弁護士に対する報酬は、時間制（タイムチャージ）が原則であり、第三者委員会は、企業等に対して、その任務を全うするためには相応の人数の専門家が相当程度の時間を費やす調査も行われる[6]。この点、第三者委員会ガイドライ

4　日本弁護士連合会弁護士業務改革委員会編『「企業等不祥事における第三者委員会ガイドライン」の解説』（商事法務、2011年。以下「ガイドライン解説」という）17頁参照。

5　厚生労働省の毎月勤労統計調査をめぐる不適切な取扱いに係る事実関係を調査し評価を行って報告書（平成31年２月27日）を公表した「毎月勤労統計調査等に関する特別監察委員会」は「第三者委員会として設置された」と規定していながら、その実態は第三者ではないとして大きく批判された（2019年１月27日付日本経済新聞電子版）。

6　第三者委員会ガイドライン（前掲注１）第６．２参照。

ンは、「委員の著名性を利用する『ハンコ代』的な報酬は不適切な場合が多い。成功報酬型の報酬体系も、企業等が期待する調査結果を導こうとする動機につながりうるので、不適切な場合が多い」とするが、タイムチャージ制を採用したとしても当事者から報酬の適否を争われることがある[7]。調査委員会が何らかの手心を加えたり、対象組織内のキーパーソンとの間であらかじめ落とし所を「握って」いないか、あるいは、ヒアリング調査と称しながら、その内実は関係者にある種の示唆を及ぼすことで事実誘導の場になっていないか、など疑われることがないよう、厳格に公正な態度で調査に臨むことが求められる。

事実誘導に関してしばしば起こりうるのは、調査の過程で特定の情報がインプットされた弁護士が無意識に陥りがちなヒューリスティック（Heuristic）の問題である。ヒアリングの際、弁護士が先行調査の過程で耳にした真偽不明の情報を基に、「20万、30万円はあるだろうか」と口にして、「Ａが資金を流用したとすればいくらか？」との質問をすると、尋ねられた関係者は、数十万円の流用額を推定し、それが錨（いかり）として心に係留され基準化する（Anchoring効果）。同じように金額を質問する場合でも、弁護士が「流用額は500万円を超えるだろうか、500万円以下か？」と述べて質問すると、今度は、質問を受けた関係者は500万円前後の流用額を基準に推定する。先にインプットされた金額によって、インタビューを受ける側からは異なった反応が出る現象があり、特に事実調査の専門家である弁護士の発言であるだけに、関係者の心理への影響は決して弱いものではない。こうした委員から示唆を受けた関係者らの供述が集積すると、真実と微妙に異なるストーリーが形づくられてくる。第三者委員会報告書には、多くの場合どのような質問から引き出された供述に基づく事実認定であるかまでは通常記載されず、その後裁判が提起されその手続の中で調べても、現場でのやりとりの多くはブラックボックスとなる。そのため、委員は、意識して公正を保っ

7　たとえば、東京高判令和元・６・26判例集未登載（平成30年（ネ）第4251号［D1-Law.com 判例体系 ID28272725］）。

た言動を心がけることが必要となる[8]。

3 原本データとその格納状態の確認

第三者委員会ガイドラインは、「関係する文書を検証することは必要不可欠な調査手法であり、あるべき文書が存在するか否か、存在しない場合はその理由について検証する必要がある。なお、検証すべき書類は電子データで保存された文書も対象となる。その際には下記⑦（デジタル調査）に留意する必要がある」と定めた[9]。第三者委員会ガイドラインの公表から10年経過した現在、検証すべき対象となる証拠は、紙ではなく、電子データ形式のドキュメントが通常のフォーマットに変わっている。

元々が紙ではない、生まれながらデジタル・データ形式で生成されているデータ証拠について、関係者が、プリントアウトされた「紙」形式やPDF等にフォーマットを変換して調査委員会に提出してきたときには特に注意が必要であり、なぜ原本データのまま提出しないのか、その理由を確かめるべきである。

原本データを確認しなかったために問題発覚が遅れたケースでは、ドイツのオンライン決済サービス会社のワイヤーカード事件がある。同社は、2020年６月、19億ユーロ（2300億円）の所在不明を認め破産手続を裁判所に申請した。同社の監査をそれまで担当してきたのは世界的に有名な大手監査法人である。報道によると、預金があるとワイヤーカードが主張してきたシンガポールの銀行の預金情報の原本を監査法人は直接確認することなく、ワイヤーカードが監査法人に提供した文書や「スクリーンショット」をみて監査を済ませてきたため、10億ユーロ（1210億円）もの預金が実は架空であった

8 前掲（注７）東京高判令和元・６・26では、免責を示唆されて第三者委員会の描くストーリーに迎合させ、あるいは免責の約束を与えないことによって、思うとおりに供述、証言させたなどとして、当事者は虚偽供述をする動機の存在や供述の信用性を争っている。

9 第三者委員会ガイドライン（前掲注１）第６．１②。

ことを見抜けなかった[10]。

筆者が訴訟代理人として訴訟追行をしている日本のエフオーアイ事件の裁判においても、原本の確認をしなかったことが問題となっている。公開情報の範囲でいうと、この事件の第１審判決によると、エフオーアイは、事件当時、同社従業員らが粉飾を隠ぺいするため、現物の注文書を入手して切り貼りしそれをコピーして偽造し、また、パソコン（以下本章において「PC」という）を使って様式を真似て注文書を偽造していた。工業規格に基づく注文書の偽造も、原本と本来受注者が受信するはずの電子情報が存在しなかったことから、注文書の原本や電子データを実際に確認していたならば早期に不正が判明した可能性が高かったが、主幹事証券会社は原本の確認をしていなかった。外国被仕向送金計算書も、原本ないし原本データを確認していれば偽造が判明し、粉飾を発見できた可能性があった。ところが、主幹事証券会社が、帳票類の「写し」をチェックしたにとどめて見抜けず、原本確認をしなかったことに関する法的責任が裁判上争点となっている[11]。

これらの事件は、関係者が原本データを開示せず、写しを提示するにとどめてきたときは、真の原本データと同一のものか、原本はそもそも存在しているのか、疑ってみるべき場合があることを教える。不正が発覚する前、（表向きは平時の）問題の行為時、コンピュータが機械生成して記録し、あるいは送受信された電子データは、当該データだけでなく、データを格納するハードディスクドライブ（HDD）やSSDなど補助記憶装置内の保存状況を含め、データの改ざんがなされていないかを調べ、もし原本情報に事後変更された形跡があればその変更は合理的に説明がつくものかどうかを確認することが大切である。

10　ブルック・マスターズ「監査法人 直らぬ機能不全」（2010年７月３日付日本経済新聞朝刊）。

11　東京地判平成28・12・20判時2401号45頁（第１審）。その後、東京高等裁判所（第２審）が平成30年３月23日に判決を言い渡し（判時2401号32頁）、本稿執筆時現在、事件は最高裁判所に係属中である（平成30年（受）第1961号）。

4　第三者委員会ガイドラインが定める「デジタル調査」

第三者委員会ガイドラインは、第三者委員会がデジタル調査の必要性を認識し、必要に応じてデジタル調査の専門家に調査への参加を求めるべきであると定める[12]。第三者委員会ガイドラインがこれまで果たしてきた功績は計り知れないほど大きいが、令和の今、規定は古くなっている。現在では重要な証跡の大半はデジタル・データになっていることから、デジタル調査の実施はむしろ必須とすべきケースが多い。ケースの性質や規模に鑑み、特段のことがない限りは、大規模企業でありながら第三者委員会調査でデジタル・フォレンジックを活用しないことは、調査の十分性に疑問を抱かせる。メモリの揮発性（電源をOFFにするとデータが消失する性質）を踏まえた電源の取扱いもさることながら、TB（テラバイト）クラスの補助記憶装置が一般化し、PB（ペタバイト）も目前であり、データ量は爆発的に増加した。同時に暗号技術の高度化が進んだ現在、サイバー攻撃や情報漏えいが疑われるケースなどでは、IT技術に多少長けたという程度のエンジニアが関与したのでは、証拠を収集する過程で重要なデータに汚染を生じさせ、再現性を失うおそれがある。そのため、デジタル・フォレンジックに特化した専門家の関与が求められる。このように、現在では調査に単にデジタル・フォレンジックを活用したか、というだけでなく、どのようにフォレンジックを使ったか、技術活用の適切性が問われている。

第三者委員会ガイドラインの解説は、「調査目的達成のための検索・絞り込みという調査ロジックの構築はあくまで第三者委員会が行う必要があり、全面的に委ねて丸投げすれば証拠を見つけてくれるというものではない」「第三者委員会の調査目的を十分に理解して委員や調査担当弁護士と対等に議論しながら検索・絞り込みロジックを構築していく力をもつ優秀な専門家を選任できれば調査の効率は著しく高まる」[13]というが、真実発見の手がか

12　第三者委員会ガイドライン（前掲注１）第６．１⑦。
13　ガイドライン解説（前掲注４）106頁。

りとなるのは、一般の人がみて実用的で可読な文字表記のテキストや画像などの「コンテンツ」だけではない。キーワード検索は基本的に効果的ではあるが、キーワードによる「検索・絞り込み」はあくまで「コンテンツ」を念頭においた調査にすぎない。たとえば、贈賄のケースでは、賄賂（わいろ）の文字をデータに残すはずはなく、通常、隠語が使われる。コンテンツに依存するキーワード検索ではヒットしないのであり、重要なドキュメントを見逃すことになる。そのため、データ量の急増を背景に、わが国でもAIを活用した調査を必要とするケースが現われてきている。

第三者委員会が設置されることで、不正が発覚しないように「コンテンツ」が書き換えられることもある。たとえば、Wordファイルを開いたところ、本文末尾に「2015年10月１日作成」の文字表記があった場合、このファイルの作成はいつだろうか。コンテンツにのみ着目していたのでは、字面（じづら）どおり、作成日を「2015年10月１日」と考えるであろう。しかし、Wordのタグの「ファイル」→「情報」→「プロパティ」→「作成日時」をチェックし、また、ディレクトリのファイル配置の不自然を点検してみる。別の端末との間で、電子メールに添付する形で送受信されたドキュメントであれば、ソートをかけ、特定してヘッダー情報やログの確認をする。こうしたPCに標準装備された通常の機能を使うだけでも、コンテンツの「2015年10月１日」ではなく、実際は「2020/10/30 11：44」に作成されたドキュメントであることがすぐにわかる。

証拠の収集を適正に行い、収集した証拠を正しく評価して事実を認定する作業には法的な思考が不可欠であり、エンジニアに「全面的に委ねて丸投げすれば証拠を見つけてくれるというものではない」。しかし、デジタル・データがもつ固有の性質を何ら顧慮することなく、コンテンツをみただけでドキュメントの作成日が「2015年10月１日」であるとの心証を固める弁護士が調査を担当した場合、事実認定に必要な正しい証拠評価ができない。的確な証拠の収集をエンジニアに対し指示もできない。結果的にエンジニアに「丸投げ」したのと同じになる。デジタルの証拠を収集し、評価する以上は、委員や調査担当弁護士にも、最低限のコンピュータとネットワークの知見が求められる。裁判上の重要な補助証拠となる証跡の収集・解析をエンジニアに的確に指示できているか、また、当該エンジニアが証拠や機密の汚損を冒さずネイティブ・フォーマットを適切に扱えているかどうかを弁護士は自身を自問し、もし事案の内容と性質に照らし十分ではないと感じるところがあれば、エンジニアと実効的な協調が可能となるように体制を補強することが求められる[14]。

Ⅱ 法律実務家が知っておくべきデジタル・フォレンジックの基礎

1 証拠収集の複合的な視点

ガイドライン解説は、デジタル・フォレンジックをPCとサーバーに限定して調査対象としているが[15]、ケースによっては、これでは調査対象が狭すぎる。

不正アクセスや情報漏えいを例にすると、データ通信は、直接問題となるPCやサーバーだけではなく、送信から受信までに通過するあらゆるノードに痕跡を残す。ノードとは、語源が「節」であり、ルータやスイッチのよう

14 電子的保存情報（ESI）の取扱い実務に関するコメントであるが、セドナ会議は、大量のネイティブ・フォーマットの電子的保存情報を管理するのに必要な技術的能力の有無も懸念され、機密の汚損や不注意な開示の危険を冒さずにネイティブ・フォーマットの電子的保存情報を扱える技術的能力がない弁護士は、専門家の援助を受けるか、代理を辞退すべきであるという。The Sedona Principles, Third Edition: Best Practices, Recommendations & Principles for Addressing Electronic Document Production (2018), Comment 12.b.ii. セドナ会議とは、無党派の総意による注釈と裁判官・弁護士のための高度な法律教育を通じ、合理的かつ公正な方法で法律を前進させることを目的とする、複雑訴訟等の分野の法律と政策の高度な研究に特化した、米国の無党派かつ非営利の研究教育機関である（〈https://thesedonaconference.org/〉）。第7章脚注20も参照。

15 ガイドライン解説（前掲注4）98頁。

なネットワークの中継機器のほか、ネットワークに接続したクライアントPC、サーバー、携帯電話などの端末（エンドポイント）のことである。データの改ざんや不正アクセスは、データやシステムを単体でみて不自然さを探知できることもあるが、単体での判断には限界があり、他の証跡との突合（とつごう）によって異常や矛盾点を探すのが効果的である。不正アクセスのログ調査に導入されるSIEM（Security Information and Event Management）を例に説明すると、ユーザのウェブクライアント（ブラウザ）との間でデータ転送をするウェブサーバー、DB（データベース）サーバー、LAN（Local Area Network）などのネットワーク上の資源を記憶し検索するディレクトリサービスのためのサーバーや、上述のネットワーク機器、ファイアウォール、IDS（Intrusion Detection System）、IPS（Intrusion Prevention System）、アンチウィルスソフトなどがログソース（ログの供給源）となり、これらが記録するさまざまなログをSIEMは収集し一元管理する。

ファイアウォールとは、ローカルネットワークとリモートネットワークの境界に設けられる、不正な通信の通過をせき止めるシステムであり、パケット（送信データの単位）のIPアドレスやポート番号をチェックするフィルタリング方式などがある。

IDSは、システムへの不正侵入を検出して知らせるシステムであり、また、IPSは、それに加え、不正な通信を遮断するシステムである。

一種類のログからでは検知できないような不正でも、SIEMでは、異なる種類のログを相関分析することによって、ウェブサイトへのアクセスログが、サイトの脆弱性を悪用する攻撃として検出することを可能にしている。

ログに限らず、証拠となるデータの収集対象は、PCやサーバーだけと考えるのではなく、USBメモリ、SIMカード、スマートフォン、バックアップ先のクラウド、同一LAN内の他の端末など、より広い複合的な視点から証跡のありかを検討し、突合することが有益である。

2 各種のフォレンジック手法と証拠保全

(1) 各種のフォレンジック手法

デジタル・フォレンジックには、さまざまな手法がある。その中で機動的、効果的な一つとして、近時ライブ・フォレンジックが実践されており、特に法曹実務には親和性のあるフォレンジック手法である。ライブ・フォレンジックは、電源ONの状態のままコンピュータのデータ保全を行うフォレンジックの総称であり、インシデント発生への初動対応で行うファスト・フォレンジックやメモリに対するメモリ・フォレンジックも、広義ではライブ・フォレンジックに含まれる。

ファスト・フォレンジックとは、インシデント発生現場での初動対応者に本格的な調査を行う時間的余裕のない場合に、必要最低限のデータの抽出・コピー・解析を行う手法である[16]。また、メモリ・フォレンジックは、フォレンジックの保全対象がメインメモリ（主記憶装置）の場合で、メインメモリのうち、RAM（Random Access Memory）は電源を切ると内容を失う（揮発性が高い）ため、電源を切らずにライブのまま保全を行う手法である[17]。これは、未使用部分を含む補助記憶装置を無通電状態でクローンの複製（完全複製）を行う伝統的な手法[18]では、ファイルレス攻撃や、正常に振る舞うサイバー攻撃に対しては保全目的を達し得ないケースも出てきたことにも関連する[19]。通信情報やプロセス情報は通電状態のままで保全する必要があり、

16 特定非営利活動法人デジタル・フォレンジック研究会「証拠保全ガイドライン」改訂ワーキンググループ編「証拠保全ガイドライン 第８版」（2019年。以下「証拠保全ガイドライン」という）〈https://digitalforensic.jp/wp-content/uploads/2020/06/guideline_8thv1.10.pdf〉7-7-1。

17 佐々木良一編著『デジタル・フォレンジックの基礎と実践』（東京電機大学出版局、2017年）93～94頁〔野﨑周作〕参照。

18 HPA（Host Protected Area）やDCO（Device Configuration Overlays）などのいわゆる隠し領域は、領域設定を解除してコピーする。

19 上述のIDS等では、ウィルス対策ソフトのパターンマッチングのように、既知の攻撃データをシグネチャ（特徴的なパターンないしルール）としてデータベース化し、通信パケットの中に登録済みのビット列が入っていれば遮断するが、シグネチャのないファイルレス攻撃はIDSも検出できない。そこで、EDRフォレンジックが注目されて

不正な挙動を動的に解析するためメモリダンプを行う。

トラフィック情報をリアルタイムで処理し、トラフィック監視することでインシデント対応したり事後にログを収集して原因究明と被害状況を把握し、あるいは前出のパケットを取得して解析する「パケット・キャプチャ」を行うネットワーク・フォレンジックもある[20]。

クラウド・フォレンジックの手法もいくつかあるが、たとえばOSに備わっているエクスポート機能を使うことがある。ただ、コンテンツ・データのみが保存され、メタデータやハッシュ値等の付属情報がとれない場合もあるため、ファイル構造やフォルダ構造を保ったままデータのコピー・保存を行うには、AWSではEBSボリュームの保全のように、特定時点のインスタンス（仮想専用サーバー）のスナップショットをとる。スナップショットでは、データの完全復旧を可能とするバックアップと異なり、保存するデータ量は少ないものの、ある瞬間の全データを保存する。トラフィックの重さで途切れないのであれば、SSH（Secure Shell）[21]経由でddコマンドを使ってローカルからイメージをつくる方法もある。

クラウド・フォレンジックではサーバーのありかが不明でも、嘱託先に訴訟法上の回答義務が課される（ただし、拒絶しても制裁はない）調査嘱託（民事訴訟法186条）や送付嘱託（同法226条）を裁判所を通じて行うと情報が得られることがあるので、これらの申立てを検討する。

⑵　フォレンジック手法の選択

調査のターゲットとするコンピュータの台数と種類、想定される対象データ量、現場の状況と、所用時間、保全の目的、対応体制など諸事情を総合して、各種の保全手法から合目的々な手法を選択することになる。暗号技術が

いる。EDR（Endpoint Detection and Response）は、内部に侵入されることを前提に、端末等における挙動や攻撃手法をリアルタイムで分析し、可視化して対処するシステムで、機械学習を活用し、秒間数百万回のビッグデータ解析を行うものもある。

20　佐々木・前掲書（注17）171～182頁〔佐々木良一＝八槇博史〕参照。

21　Secure Shell（セキュアシェル：SSH）は、暗号や認証の技術を利用して、安全にリモートコンピュータと通信するためのプロトコル。パスワードなどの認証部分を含むすべてのネットワーク上の通信が暗号化される。

高度になり、また、テラバイトクラスのドライブの大容量化が常態化した現在、要証事実から距離のあるデータまで含めた保全の完全性は、やはり必要なケースもあれば、過剰になるケースもある。調査の「目的」(サイバー攻撃の原因探知か、機密情報の持ち出しは内部者か外部者か、など)、選択するフォレンジック「手段」との合理的関連性（物理コピーまで必要か、局所または部分保全で目的を達するか、など)、さらには調査に投入可能な人的リソースと物的リソース、許容されるコストと所用の期間など、予備調査の段階でヒアリングや状況を踏まえ総合的に判断する。

(3) デジタル・フォレンジックを活用した国内民事訴訟手続

ライブ・フォレンジックは、国内の民事訴訟手続への応用可能性が高い。目視を基本に、必要な原本状態を画面キャプチャや動画撮影等で証拠化を柔軟に行う。ただし、デジタル情報は複雑であるため、人証のみの証拠化は避け、人証はプロセスや現場状況を踏まえた補強的な証拠にとどめる。フォレンジックの専用ツールは、リスクが大きく浮上したり、特に慎重を期すべき局所に対して使用する（リスクアプローチ)。状況にもよるが、ライブ・フォレンジックは、事実の確認・発見の効率性と、関係者のニーズ（ないし負担軽減）の調和を図る合理的な手法となる。

近時民事裁判手続IT化に伴う法改正の準備が進んでいるが、生まれながらデジタル・データ形式の電子証拠の原本データとその格納状態の確認にはライブ・フォレンジックが効果的である。メタデータは、改ざん、削除が可能である。フォーマット変換は原本情報を削ぎ落とし、付け替えができる。そのため提出データ単体では改ざんを見破ることができない事態が生じる。そこで、フェーズ1で活用されているMicrosoft Teamsのウェブ会議システムに接続するなどして、ネイティブ・データを格納状態とともに、裁判所にいながら直接取り調べるのが有効である。ライブであればコストもかからず、作業も簡便である。

民事訴訟法の証拠保全（民事訴訟法234条）によって相手方領域内にあるデジタル・データの検証を行う場合、裁判所や申立人（代理人）は、事前には対象機器の数や保全が必要なデータ容量を知ることは通常できず、実施当日、相手方の同意を得て現場で保全に着手するまでわからない。また、申立人の動きを相手方が知ってしまうと、証拠隠しや準備体制を敷き、二度目の証拠保全の成功率は極端に低くなる。証拠保全は、いわゆる「ワンチャンス」である[22]。後悔しないためには、申立人は事前準備を広めに、かつ周到にし、また裁判所と十分打合せをしたうえで当日現場に臨むことが必要となる。相手方の支配領域での保全では、いったん相手方が保全に同意しても途中で中止を求めてくることがしばしばある。コピー先ハードディスクドライブ（HDD）を複数用意して、ファイルを、たとえば２GBずつイメージコピーをとっていくフォレンジックを実施しても、途中で止められると、保全データの断片化のため事実上再現できない場合もある。数あるフォレンジック手法のうちのいずれを現場で用いるか、（現地での配置の詳細を事前に知らない中でも）システムとネットワークの中の何から、いかなる順番で保全をかけるか、キーワード検索を併用するとしてもどのワードから、どのような順番で検索するか、現場に臨む弁護士とフォレンジック専門家はどのような役割分担をするか、など、事前に可能な限りシミュレーションをしておく必要がある[23]。

22　その成功例である東京地決平成29・３・30判例集未登載（平成28年（モ）第51698号［LEX/DB25566445］・同第51905号［LEX/DB25566446］）では、裁判に提出された証拠が改ざんされたものであることが証拠保全によって判明し、法人格の濫用が認定された。

23　デジタル・フォレンジックを活用した民事訴訟法の証拠保全実務については、佐々木・前掲書（注17）239～242頁、245～253頁、260～261頁、安冨潔＝上原哲太郎編著『基礎から学ぶデジタル・フォレンジック』（日科技連、2019年）156～162頁。

Ⅲ 情報漏えいの有無の調査

1 個人情報保護法改正

2020年6月に可決成立し、公布された「個人情報の保護に関する法律等の一部を改正する法律」（令和2年法律第44号。以下「改正個人情報保護法」という）によると次の規定が新設されている。

① 報告義務（22条の2第1項）

個人情報取扱事業者は、個人データの漏えい、滅失、毀損その他の個人データの安全の確保に係る事態で個人の権利利益を害するおそれが大きいものとして個人情報保護委員会規則で定めるものが生じたときは、個人情報保護委員会規則に従い、その事態を個人情報保護委員会に報告しなければならない[24]。

② 本人通知義務（22条の2第2項）

上記①の場合は、個人情報取扱事業者は、本人に対し、個人情報保護委員会規則に従ってその事態を通知しなければならない[25]。

③ 違反の場合の法人の罰金（87条）

1億円以下である。

このように改正個人情報保護法は、個人情報を取り扱う組織に厳格な取扱いを求めるものとなっており、特に個人データの漏えい等被害を受けた者が膨大な人数に上るケースでは、被害を受けた者への通知に要するコストが多額に及び、違反に対する法人の罰金も高額であって、経営陣の善管注意義務

24 個人情報取扱事業者が、他の個人情報取扱事業者から個人データの取扱いの委託を受けた場合で、個人情報保護委員会規則に従ってその事態発生を当該他の個人情報取扱事業者に通知したときは、例外的に個人情報保護委員会への通知は不要になる（改正個人情報保護法22条の2第1項ただし書）。

25 本人への通知が困難で、本人の権利利益を保護するため必要な代替措置をとるときは、本人への通知は不要である（改正個人情報保護法22条の2第2項ただし書）。

にも関係しうる。そのため、今後は、組織が、個人データの安全の確保の点において漏えい、滅失、毀損等がないこと、または少なくとも「個人の権利利益を害するおそれ」は大きくない、といったいわゆる不存在の証明のためのデジタル・フォレンジック技術活用が必要になると予想される。なお、不存在、不作為の証明は、世上では「悪魔の証明」だから証明は不可能であるという者がいるが、裁判実務では不存在や不作為を証明する活動はめずらしいことではない[26]。

2　チェック・ポイント

それぞれの組織の目的や経営戦略その他の事情により、とるべきセキュリティ体制は異なる。以下の各項目も、各組織の個別事情を勘案したものではないため、いずれかの不備が法的責任に直ちに結び付くというものではなく(後記3参照)、例外も多いが、情報セキュリティ上の一般的なポイントを、技術、物理、人、組織その他の観点から例示する。

(1)　技術的観点

(A)　ウィルス対策ソフトや脆弱なソフトウェアの対策

ウィルス対策ソフトを最新の状態にする。脆弱なソフトウェアにセキュリティパッチをあてる。

(B)　入口・内部・出口の対策

システムに不正侵入させず（入口)、侵入された場合に内部で被害が拡大せず（内部)、情報が外部に流出しない（外部）措置をとる。

(C)　不正アクセス対策

IDとパスワードを適切に設定し管理する。適正範囲外または無用に広範なファイルの共有を無効にする。内部ネットワークと外部ネットワークの不接続や、ファイアウォールを設け、バックアップをとる。

26　佐々木・前掲書（注17）229～230頁。

(D) 送信者側からの不正メール対策

電子メールの通信プロトコルは、メールクライアント（送信者のPC）から送信者側のメールサーバーを通り、受信者側のメールサーバーまで電子メールを送信するSMTP（Simple Mail Transfer Protocol）と、受信者が自身のメールサーバーから電子メールを受け取るPOP（Post Office Protocol）3からなる。ただ、SMTPは第三者中継点があると不正使用（なりすまし等）のリスクがあり、また、POP3にはパスワードを平文（ひらぶん）で送るなどの問題がある。そのため、①SMTPに認証機能を追加したSMTP-AUTH、②認証が成功したユーザに一定時間だけ接続を許可するPOP before SMTP、③電子メール本文を共通鍵で暗号化し、共通鍵の受渡しは認証局（Certification Authority：CA）が保証する公開鍵を使うS/MIME（Secure/Multipurpose Internet Mail Extensions）、④ISP（Internet Service Provider）[27]のユーザは、外部のメールサーバーには電子メール送信をさせないOP25B（Outbound Port 25 Blocking）[28]などの通信プロトコルを使用する。

(E) 受信者側からの不正メール対策

電子メールを受信する側は、受信メールが詐称されたものでないことを確認するために、送信者側のDNS（Domain Name System）サーバーに送信者側メールサーバーのIPアドレスを問い合わせるSPF（Sender Policy Framework）や、受信メールに付されたデジタル署名を、送信元のDNSサーバーから公開鍵を取得して検証するDKIM（DomainKeys Identified Mail）などを使う。

27 いわゆるプロバイダである。
28 各通信網の品質のばらつきを補い、エラー検出や再送などデータ転送の品質を保証する通信階層（トランスポート層）において、通信の要求を識別する番号をポート番号で表す。ポート番号25の要求はSMTPである。ウィルスメールは、ISPのメールサーバーを経由せず、ISPの外のメールサーバーに直接SMTP通信をしようとするため、OP25Bは25番ポートを遮断する。

⒡　その他電子メール問題対策

迷惑メールのフィルタリングや、誤送信対策として電子メールの暗号処理や誤送信防止ソフトを使う。

⒢　ウェブ対策

URL を指定して許可あるいは拒否したり、コンテンツをベースに、業務と無関係なウェブサイトの閲覧を制限する。業務と無関係なソフトウェアのダウンロードや管理外アカウントの設定を制限する。

⑵　物理的観点

⒜　入退室管理・監視

施設への入退場を管理し、立入り可能なエリアを区画として明確化し、立入り制限のレベルを区別する。外部者の入場者を記録し、重要な情報資産の保管区画へは原則立ち入らせない。機密情報を扱う区画で稼働する従業員はその区画内にはスマートフォンは持ち込まない（後記６参照）。必要に応じて防犯カメラを要所に設置する（後記８参照）。

⒝　情報の取扱い

機密情報や個人情報を記録した有体物を外部との間で物理的に移動する際には最新の注意を払う。

⒞　認証等

業務上認められていないUSBメモリの社内システムへの接続を禁止する。端末のユーザ認証・ログアウト・持出制限などをする。

⑶　人的観点

⒜　権限管理

各自の業務に必要なプログラムとファイルに対してのみアクセス可能な設定にし、それを超えた権限は付与しない（Need-to-Know Access）。１つの業務は、複数の人間に担当させて互いにチェックされる関係にする（Separation of Duties）。従業員が単独で１つの業務に従事している場合はもちろん、複数からなる担当者らが共謀して不正を行うことを防止するために定期的に配置転換をする（Rotation of Duties）。

(B)　パスワード管理

第三者に推知されやすいパスワードにはせず、知られやすい保管場所でのパスワードの保管はしない。なお、かつてはパスワードの定期的な変更が求められていたが、暗号が危殆化した証拠があれば変更を強制すべきであるものの、そうした証拠がなければ、定期的に変更すべきではない[29]。むしろ定期的な変更をすることで、パスワードのつくり方がパターン化し単純化したり、使い回しの弊害が生じる。

(C)　ログ管理

OSやアプリケーションが正常に動作しているかどうか、問題があるならば何が原因なのか、などの情報を記録したログをイベントログという。イベントログはさらに分類され、OSの稼働状況を記録する「システムログ」、アプリケーションの稼働状況を記録する「アプリケーションログ」、ログオンや警告設定の結果を記録する「セキュリティログ」などに分かれる[30]。ログ調査では、複数の機器に残されたそれぞれのログを時系列にみて相関関係を分析する。

(4)　その他

(A)　規程整備、社内教育、守秘

責任の明確化、記録整備、連絡体制などの規程を整備して従業員が必要に応じて閲覧可能な状態で保管する。個人情報の扱いやセキュリティの社内教育をする。入社時や就業規則で機密保持の誓約をさせ、守秘義務は退職後にも及ぶようにする。一般財団法人日本情報経済社会推進協会（JIPDEC）によるプライバシーマーク（Pマーク）の認定を受ける。

(B)　随時指摘

セキュリティ体制が広範に及ぶため必ずしも万全に整っていないこともある。その場合は、監査者は発見した不備を伝え、良い方式が何か適宜助言す

29　2017年６月に、米国政府機関であるアメリカ国立標準技術研究所（NIST）が作成した「Electronic Authentication Guideline（電子的認証に関するガイドライン）」の最新版である「NIST SP800-63b」参照。

30　証拠保全ガイドライン（前掲注16）７頁。

ることが肝要である。

3　法的義務としてのセキュリティ対策

情報セキュリティの実務で求められる内容・程度と、法的義務として課される内容・程度には相違がある。理想的なセキュリティ体制を業務の全般に求めると、業務遂行の円滑性（ひいてはそれにより得られる利益）とトレードオフし、セキュリティ・コストが企業規模や業態からみて不均衡に過大になることがある。取り扱う対象データの性質を重視しつつも、完全性や機密性だけでなく、業務収益を実現するための可用性・効率性などの観点も踏まえ、経営戦略との整合性を勘案し、効果的で実効性のある合理的なセキュリティ体制を構築する工夫が求められる。

個人情報の管理する法的義務が争われた近時の裁判では、個人情報を提供していた原告らが個人情報漏えいの被害を主張して株式会社ベネッセコーポレーション（以下「ベ社」という）とその業務委託先である株式会社シンフォーム（以下「シ社」という）に対して損害賠償を求めて提訴した複数ある裁判のうち、最高裁判所が平成29年に原判決を破棄差し戻した[31]後の差戻控訴審である大阪高等裁判所の令和元年判決[32]と、東京高等裁判所が令和２年に言い渡した判決[33]が注目される。

大阪高等裁判所も東京高等裁判所も、シ社の再々委託先従業員Ｘによる個人情報の不正持出しについて、シ社には、漏えい当時、MTP（Media Transfer Protocol）対応のスマートフォン（OS はAndroid4.1）を使ってシ社からの個人情報のデータ転送があり得ることを予見でき、かつ、書き出し制御措置を講ずべき注意義務があったとして過失責任を認定した。MTP と

31　最判平成29・10・23裁判所ウェブサイト（平成28年（受）第1892号）。

32　大阪高判令和元・11・20裁判所ウェブサイト（平成29年（ネ）第2612号）。以下「大阪高裁令和元年判決」という。

33　東京高判令和２・３・25判例集未登載（平成31年（ネ）第1058号［D１-Law.com判例体系判例 ID28281108］、平成30年（ネ）第3660号［D１-Law.com 判例体系判例 ID28281107］）。以下「東京高裁令和２年判決」という。

は、WindowsをOSとするPCと携帯機器との間で音楽・動画等のマルチメディア・データを簡便に共有・連携できるようにするためにMicrosoftが開発した規格であり、デジタルカメラの画像転送プロトコルPTP（Picture Transfer Protocol）[34]をベースに、音楽・動画ファイルなどの転送を可能にした技術仕様である。

4 シ社の予見可能性を基礎づけた事実

東京高等裁判所は、以下の事実を認定して、本件漏えい当時のシ社の予見可能性を肯定した。

⑴ 厚生労働省・経済産業省「個人情報の保護に関する法律についての経済産業分野を対象とするガイドライン」[35]

経済産業分野ガイドラインは、「個人データを入力できる端末に付与する機能の、業務上の必要性に基づく限定（例えば、個人データを入力できる端末では、CD-R、USBメモリ等の外部記録媒体を接続できないようにする。）」と記載し、外部記録媒体をPCに接続する方法による情報漏えいのリスクを指摘していた。

⑵ データ転送の容易性

シ社事務所でスマートフォンの充電のため当時行っていたのと同様、市販のUSBケーブルを使って業務用PCに接続するだけでスマートフォンにデータ転送でき、格別専門的な知識や道具等は不要である。

⑶ MTP対応機能の容易入手性

当時は、MTP対応のスマートフォンが多数発売され、MTP対応へのバージョンアップも可能であった。

⑷ 社会一般の認識

相当数の大手業者が、本件漏えい発覚以前からMTP使用制限機能に対応

34 OSによって制御可能にするソフトウェア（デバイスドライバ）を追加することなくデジタルカメラから画像を転送できるプロトコルである。
35 平成21年10月9日告示。以下「経済産業分野ガイドライン」という。

した商用デバイス制御ソフトの製品を販売していた。

⑸　書き出し禁止に関するシ社の方針

シ社も、平成23年７月、業務用PC登載のセキュリティソフト「秘文」を当時最新のVer.9.0にバージョンアップする際、特定のUSBメモリ以外の外部記録媒体への書き出し禁止の方針をとっていたが、「リムーバブル、CD/DVD、外付けHDD」のほか、終端機器としてイメージングデバイス、WPD[36]、Windowsモバイル、ブラックベリー等のデバイス、通信機器として無線LAN、モデム、赤外線等の接続制御が可能であった。WPDを含む一部のデバイスは、書き出し制御のみの設定はできず、接続制御のみ可能であったものの、デバイスのすべてを制御した場合は、PCからのデータ書き出しを不可能にすることができ、セキュリティソフト設定を変更して、WPDについて接続制御する設定にすれば、業務用PCからWPDの一機種であるMTP対応のスマートフォンへのデータの書き出しは防止できた。

⑹　スマートフォンの多機能化

スマートフォンは、従来の通話機能のみを基本的な機能とする携帯電話と異なり、小型PCともいえる多彩な機能を有する機器であって、年々バージョンアップによる機能の高度化が進むものである。

⑺　MTPの当時の普及状況と雑誌紹介

平成24年夏発売のAndroid4.0以降のバージョンはMTPの通信方法に対応し、また、NTTドコモ、KDDI、ソフトバンクは、OSをAndroid4.0とするスマートフォンを多数発売していた。電気通信事業者各社も、これ以降Android4.0より前のバージョンのスマートフォンに対し、OSのバージョンアップを提供した。

平成24年８月発売のGALAXY製品の取扱説明書には、「MTPでUSBケーブルを用いてPCとスマートフォンを接続すると、PCにスマートフォンがポータブル・デバイスとして認識され、スマートフォンとPCとの間でデー

36　Windowsポータブル・デバイス。

タのやりとりができる」と明記されていた。

雑誌紹介でも、平成23年４月、「モバイルトレンド」は、「スマートフォンのPC接続は大容量デバイスからMTPへ」「スマートフォンやタブレットでは、PCとの接続にMTPを使うものが増えてきた」とする記事を掲載した。

平成24年12月発売の「日経PC21」も、「スマートフォンならより簡単なMTP」と記載し、スマートフォンとPCをケーブル接続するだけでスマートフォン内の記憶装置がリムーバブルディスクとして表示されることを紹介した。

平成25年６月、この記事は「日経トレンディネット」のウェブサイトにも掲載されていた。

⑻ 小　括

以上のように、東京高等裁判所は、MTPの機能と入手容易性、書き出しの操作性、セキュリティソフトの設定変更の具体的な機会だけでなく、公表ガイドラインや、一般の市販状況や雑誌紹介など、シ社の個別事情から離れた、当時の社会状況までも根拠とした。こうした「四囲の事情」を根拠として認定する例は、少なくない。

たとえば、SQLインジェクション対策の不備の責任が問われた２つの東京地裁判決でも示されており、そのうち東京地裁平成30年判決[37]は、サイバー攻撃発生時（平成24年）までに、カカクコム、OZmall、ワコール・オンラインショップへの不正アクセスが発生し（平成17年）、OWASP（Open Web Application Security Project）[38]の脆弱性ランクでインジェクションの欠陥が２位にランクされ（平成19年）、トレンドマイクロのウェブサイトが改ざんされて、IPA「SQLインジェクション対策について」の対策を周知

37　東京地判平成30・10・26判例集未登載（平成29年（ワ）40110号［LEX/DB25558038］）。もう１件は、東京地判平成26・１・23判時2221号71頁。

38　ウェブを始めとするソフトウェアのセキュリティ環境の現状、またセキュアなソフトウェア開発を促進する技術・プロセスに関する情報共有と普及啓発を目的としたプロフェッショナルが集まる、オープンソース・ソフトウェア・コミュニティ。

徹底し（平成20年）、その後OWASPリリースノートでインジェクションは脆弱性の１位になった事実を認定している。

5　MTP対応スマートフォンを含めた書き出し制御措置を講ずべき義務

東京高等裁判所は、次の(1)～(4)を指摘して、シ社には、MTP対応スマートフォンを含めて書き出し制御措置を講ずべき注意義務があったにもかかわらず、その義務を怠ったとして過失を肯定した。

(1)　接続制御措置が可能であるとの当時の認識

平成23年８月、シ社は、セキュリティソフトのバージョンアップの際、当該ソフトの取扱説明書の記載や設定作業を行った販売代理店からの説明から、セキュリティソフトの設定内容次第で、あらゆるデバイスの接続制御措置が可能であることを認識することができ、かつ、自らも作業手順を踏むことで設定内容を変更できた。

(2)　事件後のシ社の行動（設定変更）

本件漏えい発覚後、現にシ社は、セキュリティソフトの設定を変更して、WPDの接続制御機能を有効にした。こうすることに、漏えい以前、シ社の業務に特段の支障を来した事情はなく、かつ、WPDを業務用PCに接続させるデバイスとして使う業務上の必要性も認められない。

(3)　業務への制約度合いの比較

漏えい防止のためにスマートフォンの持込み禁止やUSB接続の禁止をしたのでは、業務従事者に過度の制約となる。他方、書き出し制御措置は実効性があり、かつ、業務従事者に対し必要以上に制約が生じない。

(4)　ガイドラインの不存在と他社状況

書き出し制御措置をとることについてガイドライン等に記載がなかったことや同様の措置をとっている会社が少なかったことは、過失の判断に影響しない。

6　執務室への私物スマートフォンの持込みを禁止すべき義務

⑴　東京高等裁判所の判断

東京高裁令和２年判決は、以下の理由から、本件当時、執務室内に私物のスマートフォンの持込み禁止措置を講ずべき注意義務を否定した。それに対し、大阪高裁令和元年判決では、原告が異なる同じ事件において、シ社の私物のスマートフォンの持込み禁止措置を講ずべき注意義務を肯定した。

⒜　経済産業省「情報システム安全対策基準」[39]

東京高等裁判所は、情報システム安全対策基準について次の判断を示した。

上記基準は、「入退館及び入退室」の「搬出入物」について、「情報システム等の運用に関連する各室の搬出入物は、必要な物に限定すること」「搬出入物は内容を確認し、記録をとること」を規定していることから、スマートフォンのオフィスへの持込みは必要な物でない限り搬入できないようにも一見すると読むことができる。しかし、東京高等裁判所は、上記基準の最終改正が平成９年であること、同年当時、スマートフォンが市場で流通していたとの証拠がなく、少なくとも、安全対策基準が具体的にスマートフォンを念頭においていないことを理由に、情報システム安全対策基準は、シ社の執務室内へのスマートフォン持込み禁止の根拠にはならないと判断した。

⒝　独立行政法人情報処理推進機構（IPA）「組織における内部不正防止ガイドライン」[40]

東京高等裁判所は、内部不正防止ガイドラインについて次のように判断した。この内部不正防止ガイドラインは、「個人のノートPCやスマートデバ

39　制定平成７年８月29日（通商産業省告示518号）、最終改正平成９年９月24日（通商産業省告示536号）。経済産業省ウェブサイト〈https://www.meti.go.jp/policy/netsecurity/downloadfiles/esecu03j.pdf〉。

40　第1.0版2013年３月25日、直近は第４版2017年１月31日。独立行政法人情報処理推進機構ウェブサイト〈https://www.ipa.go.jp/files/000057060.pdf〉。以下「内部不正防止ガイドライン」という。

イス等のモバイル機器及び携帯可能な USB メモリ等の外部記録媒体の業務利用及び持込を適切に制限しなければならない」と定める[41]。一方、同ガイドラインは、重要情報の重要度により重要情報格納サーバーやアクセス管理サーバー等が設置されているサーバールーム、および重要情報を取り扱う業務フロア等には、個人所有のノート PC やタブレット端末、スマートデバイス等のモバイル機器、その他の携帯可能な情報機器の持込み・利用を厳しく制限することも定めている[42]。内部不正防止ガイドラインのこうした定め方から、東京高等裁判所は、「いかなる業務が行われている部屋であっても同様の持込み制限を講じる必要があるという趣旨を示すものではな」いと述べたうえで、通常の執務室のように、「直接的なアクセスではなく、別のサーバや機器を経由して、当該情報（筆者注：サーバに格納された重要な情報）に接することができるにすぎない場合」には内部不正防止ガイドラインは必ずしも厳しい制限を要求していないと判示した。

(C)　日本データセンター協会（JDCC）「データセンターセキュリティガイドブック」[43]

東京高等裁判所は、セキュリティガイドブックについて次のように判断した。セキュリティガイドブックは、オフィスとサーバー室を区別したうえで、サーバー室では、脅威として情報の不正持出しの指摘があり、管理策として記録媒体の持込み禁止ルールをあげるのに対し、オフィスでは、脅威として不正侵入の指摘だけで、管理策として画像監視システムと入退管理システム（IC カード・生体認証）があるにとどまっている[44]。

(2)　大阪高等裁判所の判断

以上の東京高裁令和 2 年判決とは反対に、前出の大阪高裁令和元年判決

41　内部不正防止ガイドライン（前掲注40）4 -3. 物理的管理（11）。
42　内部不正防止ガイドライン（前掲注40）4 -3. 物理的管理（11）「対策のポイント」5 。
43　最新版は2017年版。日本データセンター協会ウェブサイト〈https://www.jdcc.or.jp/pdf/DCSGB2017.pdf〉。以下「セキュリティガイドブック」という。
44　セキュリティガイドブック（前掲注43）3.3.1「全体プランニング」表 5 データセンターにおいて実施される管理策の例。

は、業務委託先の従業員がMTP対応スマートフォンを執務室内に持ち込んで個人情報に接することのないように適切な措置をとるべき注意義務を負っていたのにこれを怠った、として、以下の理由からシ社の過失を肯定している。

① 私物のスマートフォンの持込み制限措置は、シ社にとって、コストも手間もかからない最も容易かつ効果の大きい不正防止対策である。

② Xの担当業務は、サーバーにアクセスしてデータベースを扱うシステム開発であり、機密性の高い個人情報に直接、頻繁に接する。作業場所は、執務室ではあるが、サーバールーム内での作業と遜色ない。

③ Xはシステム以外の通常の事務作業を並行して行う必要がなく、私物スマートフォンを使う必要性が高くなかった。私物スマートフォンの持込みを禁じても業務に支障はない。

④ 情報システム安全対策基準は、「搬出入物は必要な物に限定する」との基準をおいているから、その趣旨に沿わない物は、将来開発される機器を含めて持込みを排除すべき趣旨である。

⑤ 内部不正ガイドラインは、重要情報に接触する機会が多いのがサーバールームであるから例示したのであり、サーバールーム以外の場所を対象外とする趣旨ではない。

⑥ セキュリティガイドブックも、作業場所の名称だけで判断すべきではない。

7　業務用PCへのUSBの接続

PCのUSBポートを物理的に塞いでPCにUSB接続できないようにしてしまえば、USBを接続する方法での情報漏えいは防ぐことが可能である。この点に関し、東京高等裁判所は、次の理由からUSBポートを塞ぐ義務はシ社にはないとした。大阪高裁令和元年判決も、USBデバイスであるマウスやキーボードの接続もできなくするので制約として過度であり、現実的措置とはいえないと判示している。

① PCのUSBポートは、マウスの接続などにも業務上使用するからUSBポートを塞ぐ以外で業務支障のない代替方法があればそのほうが望ましい。

② 個人情報の持出しに使われた、MTPによる通信方法に対応したスマートフォンへのデータの書き出しを防止するには、シ社が当時使っていたセキュリティソフトの設定を変更してWPDについて接続制御する設定にする方法があり、これで対応すべきであった。

③ 経済産業分野ガイドラインには、個人データを入力できる端末ではCD-R、USBメモリ等の外部記録媒体を接続できないようにするとの記載があるが、これは、望まれる事項の例の中で、「個人データを入力できる端末に付与する機能の、業務上の必要性に基づく限定」の例示にすぎないから、この記載から、当然に物理的にPCのUSBポートを塞ぐ義務があるとはいえない。上記ガイドラインと同様の指摘をする「JIS Q 15001:2006をベースにした個人情報保護マネジメントシステム実施のためのガイドライン－第2版－」[45]からも義務は出てこない。

④ 内部不正防止ガイドラインは、個人の情報機器および記録媒体を持ち込まれた場合の情報持出しのリスクや、外部記録媒体の業務利用を制限することを対策のポイントとして掲げているが、具体的な制限の方法までは指摘していない。

8　監視カメラによる監視義務とアラートシステムの設置義務

(1)　東京高等裁判所の判断

東京高裁令和2年判決は、次のように述べて、シ社の監視カメラによる監視義務も、アラートシステムの設置義務も否定した。

45　一般財団法人日本情報経済社会推進協会（JIPDEC）プライバシーマーク推進センターが2010年公表していたガイドライン。その後、2017年のJIS Q 15001改正に伴い、2018年に改訂「プライバシーマーク付与適格性審査基準」が公開され、JIS Q 15001のガイドラインの公開は終了している。以下「マネジメントシステム実施ガイドライン」という。

① 監視カメラによる監視義務

ⓐ 情報漏えいの可能性がある執務室内に監視カメラを設置して従業員を常時監視していれば、情報漏えいの発生時に、行為者の特定に一定の効果はあるものの、Xにはシステムへのアクセス権限があった。

ⓑ 監視カメラで確認でき、かつ通常の業務でしないような行動でもしない限り、本件漏えいは回避できなかった。

ⓒ 現に事件当時、執務室内に監視カメラが設置されていたが、漏えいを回避できておらず、より高精度な監視カメラを設置したとしても効果があったか疑問がある。

② アラートシステムの設置義務

ⓐ アラートシステムは、一定量の情報が一度に移動すると責任者に警告が送信され、対応を判断する機会を与えるシステムであり、情報漏えいを未然に防ぐものではない。

ⓑ 警告送信の情報移動量の設定次第で、その閾値未満の情報量の場合、アラートは発せられない。

ⓒ 本件の情報漏えいはシステムの開発作業の中で行われたが、システムに種々の不具合があり、サーバーと業務用PCの間で大量のデータ移動があり、アラートシステムを設定するとシステム開発の業務に支障が生じる。

ⓓ 上記ⓒを勘案して、アラートの発生基準値を相当高く設定した場合、有効に防止が可能であったとはいえない。

⑵ 大阪高等裁判所の判断

大阪高裁令和元年判決は、監視カメラとアラートシステムの問題に関して次の理由から義務を否定している。

① 本件の漏えいは、外部インターネットを利用した不正アクセスの事案ではない。

② シ社事業所の執務室内で個人情報に接する権限あるXが、犯罪者が特定されることを意に介さずにした情報侵奪・漏えいであるから、犯罪

抑止効果を狙う監視カメラやアラートシステムでは効果がない。

9　両判決の検討

東京高裁令和２年判決も大阪高裁令和元年判決も、書き出し制御措置を講ずべき注意義務を認め、業務用PCへのUSBの接続、監視カメラによる監視、アラートシステムの設置、の３つの注意義務を否定した。判断が分かれたのは、執務室への私物スマートフォンの持込み禁止義務の有無である。

大阪高等裁判所は、サーバールームの区画という物理セキュリティよりも担当の業務内容のほうを重視した。そのため大阪高等裁判所の論理ではスマートフォンの持込み禁止義務の外延はどこまで広がるかは不明である。一方、東京高等裁判所は、区画の物理障壁ではなく、「別のサーバや機器を経由」してアクセスするから執務室へのスマートフォンの持込み禁止義務はないとしたが、「別のサーバや機器を経由」するとなぜスマートフォンを持ち込んでよいのかは根拠が不明である。個人情報を扱う作業をどこで行っても自由ということはなく、作業の場所はおのずと制約が出てくる。スマートフォンでは証跡を残すケーブル接続だけでなく、監視カメラの死角で証跡を残さず写真撮影を行うことも可能であり、サーバールームでなくとも、個人情報を業務上扱うエリアに私物のスマートフォンを持ち込むことは、特別の理由がない限りは通常許されない。本件でも、シ社事務所内の一定の区画内で個人情報を扱う業務を行う以上は、外部従業員は私物のスマートフォンを出社時に別室のロッカーに保管し、執務室には持ち込まないことをシ社はルール化し、従業員らに誓約させておくべきで、東京高等裁判所は持込み禁止の注意義務を肯定してもよかったように思われる。

USBポートについてはポートを物理的に塞ぐというのではなく、業務内容からして、シ社は、会社が特に認めるUSB機器以外は業務用PCへの接続を禁止し、充電は他のエリアでさせるルールを定めることはあり得た。

もっとも両判決とも、書き出し制御措置を講ずべき注意義務を認めた以上、他の注意義務に関する判断はせずに損害額の争点に入ることもできたが、当事者が主張する注意義務のすべてに対して判断している。両判決とは対照的に、前掲（注31）最判平成29・10・23の原審は、個人情報が漏えいしても、「通常人の一般的な感覚に照らして、不快感のみならず、不安を抱くことがあるものと認められる。しかし、そのような不快感や不安を抱いただけでは、これを被侵害利益として、直ちに損害賠償を求めることはできない」と述べただけで、「不快感や不安を超える損害を被ったことについて主張」の補充を当事者にさせず、（損害立証がないから請求棄却の結論も変わらない、という理由からか）裁判当事者にとって非常に重要な争点である過失の有無の判断をしなかった[46]。この原審判決と比較すると、東京高裁令和２年判決も大阪高裁令和元年判決も、判断は丁寧である。

10　委託元の委託先に対する適切な監督をすべき注意義務

東京高裁令和２年判決は、以下を根拠に、委託元のべ社には、漏えい当時、委託先のシ社に対する適切な監督をすべき注意義務があり、これを怠った過失があったと認定した。大阪高裁令和元年判決も、べ社のシ社に対する適切な監督義務の違反を認め、不法行為責任（民法709条）を肯定している。

⑴　個人情報保護法22条

個人情報保護法22条は、個人情報取扱事業者は、個人データの取扱いの全部または一部を委託する場合は、その取扱いを委託された個人データの安全管理が図られるよう、委託を受けた者に対する必要かつ適切な監督を行わなければならない旨を規定している。

⑵　経済産業分野ガイドライン

経済産業分野ガイドラインには、「必要かつ適切な監督」に関し、委託先を適切に選定すること、委託先に個人情報保護法20条に基づく安全管理措置を遵守させるために必要な契約を締結すること、委託先における委託された個人データの取扱い状況を把握することが含まれる旨の記載がある。

46　大阪高判平成28・６・29判時2351号９頁。

(3) JIS Q 15001:2006

JIS Q 15001は、「3.4.3.4 委託先の監督」に下記①②を定めている。

① 事業者は、個人情報の取扱いの全部または一部を委託する場合は、十分な個人情報の保護水準を満たしている者を選定しなければならない。このため、事業者は、委託を受ける者を選定する基準を確立しなければならない。

② 事業者は、個人情報の取扱いの全部または一部を委託する場合は、委託する個人情報の安全管理が図られるよう、委託を受けた者に対する必要、かつ、適切な監督を行わなければならない。

(4) マネジメントシステム実施ガイドライン

マネジメントシステム実施ガイドラインは、「審査の着眼点」に、「委託先を選定する基準として、該当する業務については少なくとも自社と同等以上の個人情報保護の水準にあることを客観的に確認できること、選定基準は具体的で運用可能なものであること」などを例示している。

(5) 予見可能性

ベ社も、本件当時、シ社と同様の予見可能性があった。

(6) スマートフォンへの書き出し機能等の対応状況の報告徴求

ベ社が、シ社に対し、セキュリティソフトのスマートフォンへの書き出しまたは接続制御機能への対応状況について適切に報告を求めていれば、MTP対応のスマートフォンに対する接続制御機能に対応した設定・変更の指示が可能であったし、この監督を行うことは、ベ社には過度の負担にもならない。

(7) 経済産業大臣からの勧告

漏えい発覚後の平成26年９月、経済産業大臣は、ベ社に、改正前個人情報保護法に基づき、シ社に対する定期監査でアラートシステムの対象範囲を監査の対象としていなかったなど、委託先に対する必要かつ適切な監督を怠り違反するとして、安全管理措置および委託先に対する監督の徹底を勧告していた。

Ⅳ 不正会計が疑われたケースの調査例

次の不正会計のケースは、上記Ⅲの情報管理体制の組織不祥事の事案とは調査のアプローチが相当異なり、情報管理の視点は適用されないが、具体的な対応を知るうえで参考になることから匿名処理のうえ紹介する。

なお、この報告書の開示に関しては、公表版のほかに非公表版が存在するかは明らかではない。一般論としていうと、調査報告書が外部への開示を予定していない文書であることを明確にしておかないと文書提出義務が肯定される場合があるので注意を要する[47]。

1 事案の内容

A社の連結子会社（海外法人）において、基本契約と異なる任意契約が締結されて処理された売上計上や不適切な会計処理等が疑われたことから、第三者機関（会計事務所および法律事務所）に事実関係の把握と再発防止策の検討を目的とした調査が依頼され、フォレンジック調査が実施された。第三者機関は、調査結果の報告と改善策の提案を行い、A社は、翌月、過年度の有価証券報告書等の訂正報告書を関東財務局に提出し、決算短信等の訂正を行い、翌々月、第三者機関の調査報告書を公表した。

2 第三者機関による調査の計画手順

第三者機関は、問題点と利用可能なデータソースを理解するため、経営陣と面談し、システムに対するリティゲーションホールド[48]を助言した。また、データストレージとバックアッププロセスを理解し、会社の文書要求リストを準備し、経営陣作成の文書等を確認した。調査の範囲と計画は、監査法人の意見も踏まえ協議したほか、現従業員へのインタビュー計画を作成するな

47 大阪高決令和元・7・3判タ1466号96頁。
48 リティゲーションホールドについては、第3章Ⅱ 2参照。

どしている。

電子的保存情報のデータ収集とレビューについては、次の手順を計画し、その後見直しも行っている。

① 当初の理解に基づく、社長の電子メールおよびラップトップデータを含む電子データの収集
② 会社の経営陣との話合いに基づき、複数のカストディアン（データ保有者）の電子メールデータを収集して処理し、必要に応じて追加の収集と処理を実行
③ 関連する検索用語のリストを作成し、会社経営陣と確認し、必要に応じて修正するため監査法人と共有
④ 収集データに対するキーワード検索やフレーズ検索の実行
⑤ 特定のキーワードまたはフレーズで検索された電子メールおよびその他の電子文書の数と質を確認
⑥ 特定された文書をレビューするための計画を策定
⑦ ⑥の計画に従い文書をレビューし、結果／観察結果を他の調査手順（インタビューまたは財務分析）に組み込む等

調査では以上に加え、財務分析も行われた。財務分析は、関係資料の確認と関係者に対するインタビューなどからなるが、そこでは、受注から入金、販売プロセス、収益認識に関連するポリシーやプロセスワークフローなどを確認した。改ざんされた出荷実績等を分析し、販売／収益勘定、特定の取引先、製品などに関連する潜在的な異常やパターンを特定し、異常な活動についてサードパーティのキャリアデータを分析し、必要に応じて通常のビジネスコースで通常使用されないキャリアで追加の手順を実行した。

3　データ収集とレビュー

不適切会計が行われた海外法人の調査では、電子的保存情報を電子メール、クラウドサービス、社内共有ドライブ、および従業員のノートPCから取得し、ハードコピーの収集も実施している。

⑴　海外子会社B

海外子会社Bでは、ドキュメントレビューにおいて、同社の主要な者らの電子メール、文書、データを収集、選定し、フォレンジック技術を使って、100個以上のキーワードを使用し、数百万の文書の母集団から対象文書を絞り込み、疑わしい販売取引やコミュニケーションなどの関連性を調査した。請求書データの分析では、特定の注文、顧客、運送業者に対して追加の検索を実行した。不適切会計の処理で重要な役割を果たした特定の社員とB社との間の通信を含む100通を超える電子メールのレビューを実施した。

財務レビューでは、フォレンジック技術を使い、すべての受注データの分析や異常値検出の目的で、4万を超えるアイテムや1億ドルを超える関係データを分析した。ハードコピーの財務文書等も確認し、オフィスコンピュータのデータ、サードパーティの貨物データ、電子メールその他追加情報を分析し、手動レビューによるデータ分析も行った。データ分析ソフトとともに、レッドフラッグ（危険信号）テストの際の面談や電子メールのレビュー、出荷、発注書、サードパーティの貨物ログ、およびクレジットメモのデータを分析した。

また、下記をレッドフラグテストとし、そのサンプル結果などに基づいて電子メールデータを検索した。

①　発注書と配送データの配送条件の違い

②　注文では「受取人払い」と識別されているのに、運送費はB社から直接支払われている

③　注文では「受取人払い」と識別されているのに、運送費はB社によって払い戻されている

④　半期末に運賃条件が「元払い」から「着払い」に変更された顧客

インタビューはB社の13名に対して行われた。

⑵　海外子会社C

海外子会社Cでは、複数の同社社員の電子メール、ドキュメント、およびデータを選定した。フォレンジック技術とターゲットを絞ったキーワード

検索により収集された約100万ドキュメントの母集団から関連文書をスクリーニングした。同社の経営陣は、すべての不適切な偽の販売トランザクションと対応するクレジットの明細を記録したスプレッドシートを第三者機関に開示した。

また、Ｃ社は、本来、販売促進費やマーケティング費に使われるリベートにつき、収益を増額するために不適切に記録されたスプレッドシートも開示した。

そのほか、30個のキーワードを追加して150個以上のキーワードを電子データに適用し、関連性に基づき、100万ドキュメントのうち９万ドキュメントを確認し、特定の注文、顧客、従業員、財務情報については追加の検索をした。

一定の傾向のある異常な販売およびクレジットデータと、Ｃ社の管理職が開示した販売およびクレジットを選択したリストを比較分析した。売掛金の回収や支払いの遅滞等を調べ、異常債権を発見する手法により詳細を分析し、各請求書につき時効の中断（現民法下では時効の更新）がなされた件数を特定し、特定の販売および信用取引に係る電子メール通信を追跡、調査し、社内作成のスプレッドシートのメタデータを検証した[49]。

（櫻庭信之）

49　本論稿中の見解等は執筆者個人の意見であり、所属団体の意見ではない。また、論及した各種の手法等は、今後の技術の進展により変更がありうる。

執筆者一覧

（執筆順）

第１章　リーガルテックとは

池上 成朝

株式会社 FRONTEO　取締役副社長

第２章　デジタル・フォレンジックによる企業内不正調査

第３章　大規模調査と AI の活用

第４章　知財調査における AI の活用

野崎 周作

株式会社 FRONTEO　執行役員、技師長

公認不正検査士、日本大学危機管理学部非常勤講師

第５章　規制対応――金融・広告・製薬分野での AI 活用事例

Ⅰ　金融商品販売におけるコンプライアンス違反検知

伊賀崎 賢哉二世

株式会社 FRONTEO　行動情報科学研究所 AI BizDevOps Team 部長

Ⅱ　広告審査業務の効率化

野崎 周作

前出参照

Ⅲ　MR の日報／週報審査業務の強化・効率化

髙橋 真人

株式会社 FRONTEO　ライフサイエンス AI 事業本部副本部長

薬剤師、経営学修士（MBA）

第６章　契約業務

橋詰 卓司

弁護士ドットコム株式会社　クラウドサイン事業本部アライアンスビジネス部リーガルデザインチーム

第７章　米国でのリーガルテック最新事情――インタビューを中心に
武田 秀樹
株式会社 FRONTEO　取締役 CTO、行動情報科学研究所所長

第８章　弁護士にかかわるデジタル調査
櫻庭 信之
弁護士・シティユーワ法律事務所、東京電機大学国際化サイバーセキュリティ学特別コース講師、デジタル・フォレンジック研究会理事（CDFP 認定試験委員）

（2020 年 10 月現在）

リーガルテック活用の最前線
AI・IT技術が法務を変える

令和２年11月１日　第１刷発行

編　著　㈱FRONTEO

著　者　弁護士ドットコム㈱、櫻庭信之

発　行　株式会社ぎょうせい

〒136-8575　東京都江東区新木場1-18-11
URL：https://gyosei.jp

フリーコール　0120-953-431
ぎょうせい　お問い合わせ　検索　https://gyosei.jp/inquiry/

〈検印省略〉

印刷　ぎょうせいデジタル株式会社

※乱丁・落丁本はお取り替えいたします。

ISBN978-4-324-10872-7
(5108633-00-000)
〔略号：リーガルテック〕